高等院校经管类精品课程系列教材

个人理财实验课教程

李 薇 编著

中国财富出版社

图书在版编目（CIP）数据

个人理财实验课教程 / 李薇编著 . —北京：中国财富出版社，2016.1
（高等院校经管类精品课程系列教材）
ISBN 978 - 7 - 5047 - 5983 - 2

Ⅰ.①个…　Ⅱ.①李…　Ⅲ.①私人投资—实验—高等学校—教材
Ⅳ.①F830.59 - 33

中国版本图书馆 CIP 数据核字（2015）第 291548 号

策划编辑 李彩琴		**责任编辑** 于　淼　李彩琴		
责任印制 何崇杭		**责任校对** 饶莉莉		**责任发行** 敬　东

出版发行	中国财富出版社		
社　　址	北京市丰台区南四环西路 188 号 5 区 20 楼	**邮政编码**	100070
电　　话	010 - 52227568（发行部）	010 - 52227588 转 307（总编室）	
	010 - 68589540（读者服务部）	010 - 52227588 转 305（质检部）	
网　　址	http://www.cfpress.com.cn		
经　　销	新华书店		
印　　刷	北京京都六环印刷厂		
书　　号	ISBN 978 - 7 - 5047 - 5983 - 2/F·2519		
开　　本	787mm×1092mm　1/16	**版　　次**	2016 年 1 月第 1 版
印　　张	13.5	**印　　次**	2016 年 1 月第 1 次印刷
字　　数	304 千字	**定　　价**	33.00元

前　言

随着我国居民可支配收入的上升、可投资渠道的不断扩展，个人理财成为近年来的热门讨论话题，市场对理财专业人才的需求也日益旺盛。同时对每个人来说，个人理财的知识和技能，也是从个体生命周期的角度，对个人/家庭的可控资源进行全面、综合的规划，是实现财务丰富、财务自由、生活稳定、人生圆满的必备能力。

为适应强烈的市场需要，很多高等院校都开设了理财课程，但是国内还没有知识结构全面、内容与时俱进、侧重实务操作的配套教材。

本书系统介绍了个人理财理论基础、个人/家庭的收入、支出、消费与财富管理、储蓄、债券、基金、股票、保险、银行理财、互联网理财、房地产投资、贵金属投资、艺术品投资等相关理论和实务操作方法。

本书的特点是内容全面系统，基本包括了理财投资的主要领域；内容更新，包括了最新的互联网理财产品的介绍；最主要的是引入实验环节，指导学生进行实务操作，增强学生的投资实战能力；最后，采用大量资料，启发学生思考、讨论进而得到概念的认知，而不是传统的灌输式教学，每章还附有大量的数据，鼓励学生组成科研小组，从数据分析中发现投资规律。

由于编写时间仓促，编写水平有限，书中难免存在不足，恳请使用者提出修改意见和建议，以便不断完善。

李薇

2015 年 8 月

目　录

第一章　个人理财概述

第一节　生命周期与个人理财

 阅读材料

穷人与富人的人生七年

英国有部纪录片，导演选择了 14 个不同阶层的孩子进行跟踪拍摄，每七年记录一次：从 7 岁开始，14 岁、21 岁、28 岁、35 岁、42 岁、49 岁，一直到 2012 年 56 岁，因此这部片名字叫作《56 UP》。在这浓缩的 150 分钟里，我们可以看到普通的英国人的人生。

几十年过去，还是那个导演——从青年到老年，还是那群人——从儿童步入中老年。

7 岁的孩子大多天真烂漫，上层阶级读私立学校的小孩安德鲁（Andrew）和约翰（John）已经每天在看《金融报》或者《观察家》了，他们明确知道自己会上哪个高级中学—然后上牛津大学—然后成为著名律师、著名人物等；中产阶级的男孩也有一些梦想：反对种族歧视、帮助有色人种或者到较好的学校上学读书、从事份体面职业，女孩子则想着长大了可以嫁个好人家；而在穷人区贫民窟上寄宿学校的、下层阶级的孩子甚至谈不上什么梦想，有人希望当驯马师赚钱，有人希望能有机会见到自己的爸爸，吃饱饭、少罚站、少挨打这也成了他们的愿望。

在他们 56 岁的时候，当年那几个上私立学校的孩子已经按照既定路线上了牛津大学，然后都做了著名律师，过着上层社会的优越生活，受人尊重、家庭幸福。他们的孩子也无一例外地走着父亲的老路——好中学，好大学，好工作；中产阶级的男孩子有三个也上了大学，布鲁斯（Bruce）从牛津大学数学系毕业后成了一个中学教师，按照他的理想帮助穷困地区的学生，后来回到英国在一个普通的公立学校教书，过着平淡也还安静的生活。另外一个来自农村的孩子尼克（Nick）从牛津大学物理系毕业后，到美国成为美国著名大学的教授，第二次婚姻中娶了一个身材、外貌、气质极佳的美国妻子，他是这里面唯一一个成功晋级精英阶级的人；男孩彼特（Peter）年轻的时候政治思绪很激烈，英姿勃发，大学毕业后做了教师，后因为发表政治言论被民众抨击退出了电影拍摄，56 岁时候重回拍摄组，已经改行做了公务员，家庭稳定、幸福，儿女双全且都很优秀，和自己的美丽妻子业余时间一起创办乐队进行创作表演并在业内取得很不错的成绩，他们依然稳定地处在中产阶级这个梯度里。不过那些中产阶级出来的女孩子则表现都很平

淡；结婚、生孩子，她们的人生幸福程度几乎与她们的婚姻美满程度完全挂钩。而那几个来自底层社会阶级的孩子（有色人种居多），年老以后，都当了一堆孩子的爷爷、奶奶，而他们的孩子，极少能上到大学，从事的是普通的服务性工作——修理工、保安等，而他们自己常与失业相伴，如果没有好的社会制度，他们的处境堪忧。

其实从 42 岁的时候开始，他们的生活基本已经没有了什么变化，人生的一切似乎已经成为了定局，那些曾经意气风发剑指江湖的有志少年也变成了今日平静祥和头发稀少的中老年男人，那些曾经愤世嫉俗的女孩也成为现在淡淡评阅自己人生的中年娴静妇女。在这个年纪，回首过去，他们都很惊讶自己小时候的模样。

如果他们在年轻的时候就都知道了未来的自己是什么样的人过着什么样的生活，他们是否更充满信心还是会觉得沮丧？导演问他们对自己的现状还满意吗？他们大多回答"满意"，但是即使不满意，又能如何呢？

或许就像剧中人所说，如果有机会重来，会在年轻的时候好好读书，因为知识是谁也拿不走的，那样可以更有力地掌控人生；如果能重新来过，一定不会像当年那么懒，会很努力工作，把握每一次机会，或许还有可能改变整个人生。

在这部纪录片中，精英阶级的人基本只生个两个孩子，因此有更多的时间来享受自己的人生，进行自己的理想规划，喜爱园艺、带领板球队、组建乐队等，他们的孩子都按部就班地上中学、大学，毕业以后也有很不错的、体面、高薪的工作。而底层阶级的那些长大后很容易有三五个孩子，两段婚姻甚至更多，因为他们在很年轻的时候就因为冲动无序而导致孩子们更无序地出生，他们年轻的儿子在也很年轻甚至不到二十岁的时候也会生了三五个孩子。因此他们还未到衰老的时候甚至只有 49 岁的就已经是一大堆小孩的爷爷奶奶了，经济压力可想而知，他们的生活质量也是可想而知，片中，他们被一大家子围着忙忙碌碌，一刻不得闲，他们在五六十岁时为自己的儿女辈找到了一个体面的工作比如邮递员而感到很欣慰，如果家族偶尔出现了一个大学生，则更是满面荣光。

那些结婚的人基本都是找的是门当户对阶级的人，这很正常，一个人在自己所属的阶级里有更广泛的人群交集和价值共鸣，里面精英阶级和上层的中产阶级在婚姻上倒是更为稳定，是因为理性的选择还是物质的保证？而其他很多人在 35 ~ 42 岁的时候经历了离婚再婚的过程。当然，一段失败的婚姻会让人生更为不幸，除了让人对婚姻的某种信念散失而让人觉得沮丧，更是因为修正上一段错误需要花更长的时间和精力，如果上段婚姻又留下一堆要负责的孩子而爸爸们也都不知道去了哪里的话，这生活更是雪上加霜。

另外精英阶层的人都有着健硕的身材，而中下层的人多半是肥胖的。也许，一个连自己嘴都不能控制的人，又怎么能控制得了人生呢？

🏠 思 考

是不是理性的人更容易拥有幸福、井然有序生活，人生的一切也都在掌握中？

还是感性的人更容易有幸福生活，走到哪里算哪里，随心所欲？

或者，表面上的有序看起来乏味无趣，但是在有序之中却有游刃的空间；而表面上自由随心却带来后续的混乱，最终是否能拥有自由和惬意是个未知。

精英阶级表面上所拥有的更为丰厚的物质基础和社会资源，是必然还是偶然？他们能拥有并保持传承这种实力的潜在特质是什么？

讨 论

1. 物质财富对人们生活起什么作用？

2. 你的人生幸福的标准是什么？它与物质财富有什么样的关系？

实验一　生命周期与人生阶段划分

实验内容：

1. 结合阅读材料1，总结人生过程可分为几个阶段，每个阶段的核心事件是什么？并在人生的时间轴上标绘出来。

2. 结合阅读材料1，分析人生每个阶段及其特点、核心需求及可能成为阻碍发展的限制性因素是什么？

3. 结合阅读材料1，对不同人群的人生进行评价，写出你认为"好"的人生标准是什么？由哪些内容构成？达成这种"好人生"的必备要素有哪些？

实验报告一

1. 人生时间轴（年龄阶段、核心事件）。

2.

人生阶段	特点	核心需求	限制性因素

3. 你认为"好"的人生标准是什么？由哪些内容构成？达成这种"好人生"的必备要素有哪些？

人的一生是由一系列事件构成的，包括受教育、工作选择、结婚成家、培养子女、赡养父母、退休养老等。每一代人、每一个人的人生内容会不一样，但都逃不开这几件事。从这个角度上说，我们的祖辈、父辈、我们自己、我们的子女都是在重复着相似的生命过程，像是一个轮回，如表1－1所示。

表1－1　　　　　　　　　　　　人生时间轴

父母	事业上升	事业巅峰	退休—生命终结			
子女的时间轴	出生～17	18～24	25～34	35～44	45～54	55～64	65～生命终结
子女的一生	基础教育	高等教育 就业选择	初入职场 恋爱结婚	事业方向 确定	事业上升	事业巅峰	退休生活
孙子孙女 的一生			出生		基础教育	高等教育	初入职场 恋爱结婚

所以我们完全有可能在还没有经历的时候就已经提前为未来做好打算，为自己人生的每一个阶段做好充分准备。而这个准备之中必不可少的一项，就是财务准备。中国有句俗语：钱不是万能的，但没有钱是万万不能的。物质财富很大程度上决定我们的生活质量、受教育程度、婚姻选择、事业发展等。

而每个人生阶段面临的财务约束也是不一样的。我们来看看生命周期理论是如何分析不同人生阶段财务特点的。

生命周期理论是由经济学家莫迪利阿尼、布伦博格与安多共同创建的。该理论从个人的生命周期消费计划出发，最终建立了消费和储蓄的宏观经济理论。

生命周期理论的主要观点可以归纳为：消费者的一生可以分为三个阶段：少年、壮年、老年；在少年和老年阶段，消费大于收入，而在壮年阶段则收入大于消费；多数人偏好一生均衡消费，壮年阶段多余的收入通常用于偿还少年时期的债务或存储起来用于养老（如图1－1所示）。消费者的消费决策不仅考虑当前收入，也考虑未来收入，即消费是取决于现期工作收入和总资产的函数，一个家庭的生活水平和消费支出同它的财产水平之间保持稳定的比率，当各种社会、经济因素使得家庭财产状况发生变化时，其生活水平和消费支出就会受到影响（如图1－2所示），故生命周期理论也被称为持久财产理论。

根据美国理财师资格鉴定委员会的定义，个人理财是指如何制定合理利用财务资源实现个人人生目标的安排。其核心是依据自身的资产状况与风险偏好来实现个人的需求与目标，其目的是为实现整个人生目标准备雄厚的经济物质基础，同时降低人生未来财务约束的风险及缓解财务焦虑。

具体来说，个人理财是为实现阶段性生活目标，结合个人收入、资产、负债情况和风险偏好水平，运用储蓄、证券、收藏等多种工具，制定并依随情势变化而不断调整的财务计划，以达到个人收益最大化的过程。

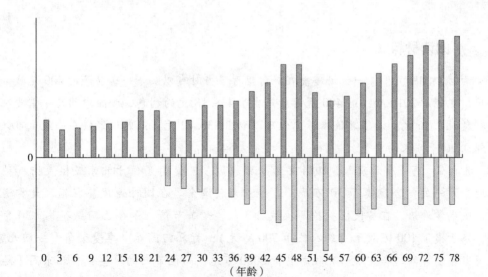

图1-1 不同年龄收入支出示意图

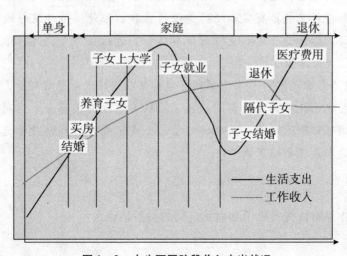

图1-2 人生不同阶段收入支出状况

第二节 个人理财目标

 阅读材料1

2009年春节晚会上的一个小品，其中有句很经典的台词：人生最痛苦的事情是，人死了，钱没花了；人生最最痛苦的事情是，人活着呢，钱没了！

 阅读材料 2

素材 1：1977 年，一位汤婆婆在银行里存了当时可以买下一套房子的 400 元钱。33 年后，也就是 2010 年，这 400 元存款产生了 438.18 元的利息，扣除中间几年需要征收的利息税 2.36 元，汤婆婆连本带息仅可以取出 835.82 元，此时这笔钱在一线城市只能买到 0.06 平方米的房子。

素材 2：有一个北京人，1984 年为了圆出国梦，变卖了位于北京鼓楼大街（纯中心地段）一处四合院凑了 30 万元，远赴意大利淘金。在国外他风餐露宿，大雪送外卖，夜半学外语，在贫民区被抢 7 次被打 3 次，辛苦节俭，如今已两鬓苍苍。30 年过去，终于攒下 100 万欧元（约人民币 700 万元），打算回国养老享受荣华。一回北京，发现当年卖掉的四合院现中介挂牌售价 8000 万元，而他带回的这些钱在北京同等地段也只能换到 80 平方米左右的楼房。不禁感慨：或许，人一生多半是瞎忙。

素材 3：2005 年 93 号汽油 4.26 元一升，400 元的油可以行驶 1328 千米。

到了 2010 年，同号汽油已涨至 7.17 元每升，400 元的油只能行驶 789 千米。

纸币本身不是财富，它只有交易媒介、计算单位、价值储藏的功能。人们储藏纸币是为了在未来将它换成具有实际使用价值的资源。但是纸币超发等因素会使纸币的购买力下降。因此你付出一定数量资源赚取纸币，通胀条件下，再将纸币换回有用资源时，其数量已大大降低了。

《富爸爸财务自由之路》一书中提到：储蓄在农业时代是个好观念，但是一旦进入工业时代，储蓄就已经不再是明智的选择了。从美国政府抛弃金本位制，疯狂地印刷纸币使我们遭遇通货膨胀时起，简单的储蓄已经成了非常糟糕的投资选择。在通货膨胀时期，储蓄的人最终都赔了钱。

思 考

那么什么才是财富呢？纸币和财富之间的关系是什么？

讨 论

在通货膨胀条件下，哪些资产可以起到保值的作用？

 阅读材料 3

在《富爸爸财务自由之路》一书中有这样一个故事，在一个小村庄里，村民常年除了雨水没有其他水源。为了彻底解决这个问题，村长决定对外签订一份送水合约，保证每天有人把水送到村子里。有两个人愿意接受这份工作，村长认为一定的竞争能使水的价格低廉，所以和这两个人都签了合约。

这两个人中的一个叫埃德，他立刻行动起来。他买了两只大号铁桶，每天奔波于两公里外的湖泊和村庄之间，用这两只桶运送水源，倒入村中的蓄水池。每天早晨他都必须比其他人起得早，这样才能保证村民需要用水时蓄水池中已经有了足够的水。埃德起早贪黑地工作，很快就赚到了钱。虽然辛苦，但是他很高兴，因为他能不断赚钱。

另外一个获得合约的人叫比尔，令人奇怪的是合约签完之后比尔就消失了。一连几个月，人们都没见到他。这也令埃德兴奋不已，因为没人跟他竞争，他就可以赚所有的钱。

比尔干什么去了呢？原来他没有像埃德一样买桶，而是做了一份详细的商业计划书，找到4个投资者，和他们一起开了一家公司，6个月后，比尔带着一个施工队，用了一年的时间，修建了一条从村庄通往湖泊的、大容量不锈钢管道。这条管道可以每天24小时，一周7天不间断地为村民供应无灰尘的水源，而且他收取的水价格比埃德低75%。

为了与比尔竞争，埃德也降价75%，又买来两只大桶，还让他的两个儿子帮忙，四个人轮流换班，不分昼夜地工作。而此时比尔却在思考，其他的村庄是不是也需要水源，于是他继续制订商业计划，开始向全世界的村庄推销他的送水系统。每送出一桶水，他只赚1便士，但是每天这系统可以为他送几十亿桶水。无论他是否工作，几十亿的人都要消费水，而所有的钱都流入了比尔的银行账户。显然，比尔不只是开发了一条送水系统，他实际是开发了一条使钱流向自己口袋的管道。

从此以后，比尔幸福地生活着，而埃德在他的余生里需要不停地拼命工作，最后还要陷入"永久"的财务问题。

🏠 思 考

结合上述材料，分析比尔和埃德的收入模式和财务特点有什么不同？你认为生活中哪些人的工作是埃德类型的？哪些人是比尔类型的？

 阅读材料4

素材1：来自《南国早报》的一篇报道称，阿里巴巴上市至少会造就两个超级富豪：马云和他的第一副手、阿里巴巴副董事长蔡崇信。据2014年9月12日的彭博亿万富翁榜单，马云身家达到219亿美元，成为新的中国内地首富。蔡崇信持有阿里巴巴3.6%的股份，目前其资产净值达到48亿美元成为超级富豪。而阿里巴巴的员工们也因此受益。阿里巴巴目前总共约有一万多人拥有股权，分享200亿美元，平均每人约182万美元（约合人民币1100万元）。此前，百度上市创造了8位亿万富翁，50位千万富翁，240位百万富翁。毋庸置疑，阿里巴巴的上市创下了国内IT类上市公司最大规模的员工"造富"纪录。此外，阿里巴巴上市还造就了日本新首富——阿里第一大股东软银集团的创始人孙正义。软银集团当初投资了8000万美元，如今收获了1000亿美元。受阿里上市的消息刺激，软银股价大幅上涨，把孙正义推上了日本首富宝座，挤下迅销董事长柳井正。

素材 2：来自网易新闻的一则新闻中是这样说的，在娱乐圈摸爬滚打，虽然收入不菲，但激烈的竞争以及并不稳定的工作性质，让不少明星存在着强烈的危机意识。平时除了演戏、代言、参加商业活动等，不少人开始开展副业或是涉足各大投资行业为自己的身家保值增值。眼下股市行情火爆，不少明星搭上了这趟"财富直通车"，运气好的话，做个亿万富豪太简单了。

2014 年 12 月 20 日，赵薇及丈夫黄有龙斥资 31 亿港币，按每股平均价 1.6 港币购入逾 19.3 亿股阿里巴巴影业股份，相当于阿里影业 9.18% 的股权，成为阿里影业第二大股东。截至 2015 年 4 月 19 日，赵薇夫妇在阿里影业的投资大赚近 50 亿港币。

素材 3：2004 年 12 月 16 日《中国经营报》做了一个中国富翁财富追踪调查，结果是广州地区 1990 年排名前 100 位的富翁到 2000 年仅有 5 人，中国最早产生的十大千万富豪到 2004 年只剩 1 人。

 讨 论

1. 哪些因素会使人们的物质财富状况产生巨大差异？
2. 理财和投资的区别？

阅读材料 5

素材 1：成为中国首富的马云在接受《信息时报》等媒体采访时笑言，阿里上市之后他还没有想过买什么公司、投什么行业，他说"钱多了怎么花，我还真没想过。阿里上市不是为了钱，而是要成为一家透明运作的国际化的公司。一家公司要真走得长，必须是透明的，这是互联网透明、开放、分享的特征，所以对于阿里来说这是必须走的路。上市不是为了钱，这是第一点。"马云表示，虽然阿里在美国上市，但他觉得不能把美国的钱都拿到中国去，可以把钱花在海外多一些，要放眼世界。"怎样把钱投在全世界，吸引全世界的人才，买全球的公司，帮助全世界中小企业。我们不能像穷人一样，全世界的钱搜集起来拿到自己家，而是要像美国一样，吸引你们家的人才，买你们家的公司……我们也学习学习。"

素材 2：《瞭望东方周刊》记者于达维的一篇文章中写道，2006 年 6 月 26 日，世界第二大富豪、75 岁的美国投资家沃伦·巴菲特在纽约公共图书馆签署捐款意向书，正式决定向 5 个慈善基金会捐出其所持有的财富——伯克希尔·哈撒韦公司股票的 85%，按照当前市值计算，这笔捐赠约合 375 亿美元。375 亿美元，相当于 3000 亿人民币，用来建设三峡工程的话，可以完成一个半，他的拥有者没有把这笔财富留给子孙后代，而是把它投向了一项比三峡工程更为复杂的事业，就是战胜第三世界国家的贫穷和疾病。

美国汽车大王福特曾经说，只赚钱的公司是一个穷公司。卡内基也曾经说："在巨富中死去，是一种耻辱。"所以他们在有生之年就把自己的巨额财富回馈给社会。卡内基基金会帮助建立了美国大多数的公共图书馆，而洛克菲勒基金会不仅帮助奠定了现在研究型大学的雏形，而且提高了医生们的培训条件，并且为黄热病找到了疫苗，它所倡导的绿色农业革命让世界上许多国家摆脱了饥饿，有估计说这次革命挽救了15亿人的生命。在前人的感召下，比尔·盖茨也说："巨额财富对我来说，不仅是巨大的权利，也是巨大的义务。"

思考

如何理解马云所说的"我们不能像穷人一样，全世界的钱搜集起来拿到自己家"。美国汽车大王福特曾经说的"只赚钱的公司是一个穷公司"。卡内基也曾经说"在巨富中死去，是一种耻辱"。

讨论

1. 财富是什么？
2. 创造物质财富的终极意义是什么？

你是如何理解"财务自由"的？

在《富爸爸财务自由之路》一书中，罗伯特·清崎把人们按照财务状况分成了四类（如图1－3所示）。

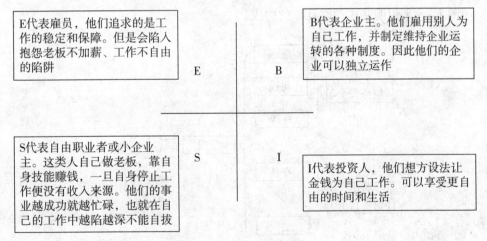

E代表雇员，他们追求的是工作的稳定和保障。但是会陷入抱怨老板不加薪、工作不自由的陷阱

B代表企业主。他们雇用别人为自己工作，并制定维持企业运转的各种制度。因此他们的企业可以独立运作

S代表自由职业者或小企业主。这类人自己做老板，靠自身技能赚钱，一旦自身停止工作便没有收入来源。他们的事业越成功就越忙碌，也就在自己的工作中越陷越深不能自拔

I代表投资人，他们想方设法让金钱为自己工作。可以享受更自由的时间和生活

图1－3 四类人的财务状况

传统的学校教育致力于把学生培养成左侧象限的人。这个象限的人的共同点都是停止工作就没有收入来源。

右侧象限的人是投资理财的类型，他们或者投资在实体产业，或者投资在金融市场。他们是让金钱为自己工作，也就是说即使他们停止工作，也有可能实现财务收入的类型，也就是说可以实现财务自由。

综上，我们总结出理财的两大目标，一是保障财务安全，另外就是实现财务自由。

（1）保障财务安全，是个人理财要解决的首要问题。财务安全是指个人对自

已的财务现状有充分的信心，认为现有的财富足以应对未来的财务支出和其他生活目标的实现，不会出现大的财务危机。财务安全的前提是财务充裕，广泛的收入来源与合理的消费支出是财务安全的保障。从这个意义上讲，我们理财要满足的目标如图1-4所示。

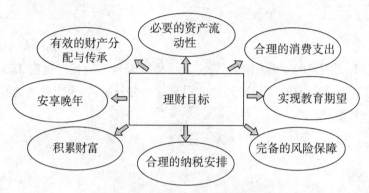

图1-4　理财应满足的生活目标

（2）实现财务自由是个人理财的最终目标。它是指个人的收入主要来源于主动投资而不是被动工作。投资收入可以完全满足生活各项开支，个人可以从被迫工作的压力中解放出来。一定的储蓄积累和有效的投资是实现财务自由的最佳路径。

用图1-5来说明总体理财目标的构成。

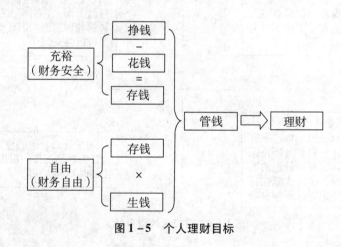

图1-5　个人理财目标

实验二　不同人群的理财目标

实验内容：

1. 在现实生活中找到真实人物原型，分析他（她）的财务象限、财务特征、理财目标，他（她）如何实现财务安全和财务自由的目标。

2. 结合自己的人生目标，预计你何时可以财务独立，未来将处于何种财务象限，如何实现你的财务安全和财务自由目标。

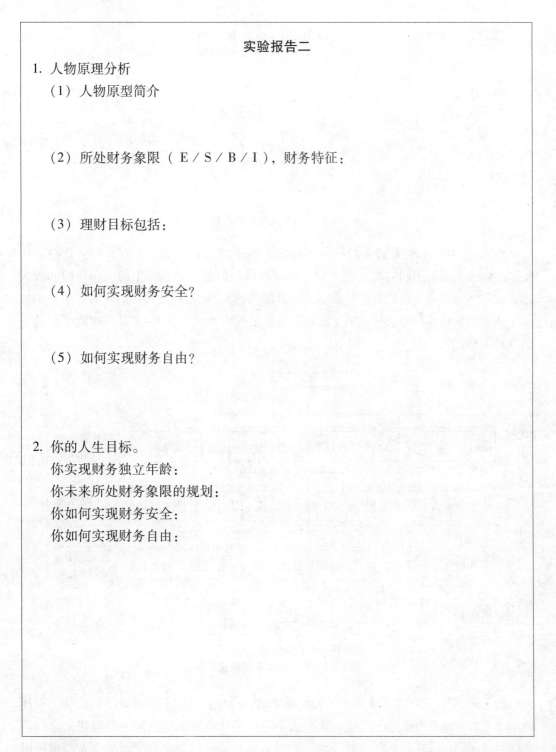

实验报告二

1. 人物原理分析

    （1）人物原型简介

    （2）所处财务象限（E／S／B／I），财务特征：

    （3）理财目标包括：

    （4）如何实现财务安全？

    （5）如何实现财务自由？

2. 你的人生目标。

    你实现财务独立年龄：

    你未来所处财务象限的规划：

    你如何实现财务安全：

    你如何实现财务自由：

第三节　个人理财的内容

理财学都学什么内容？我们可以用图1-6来说明。

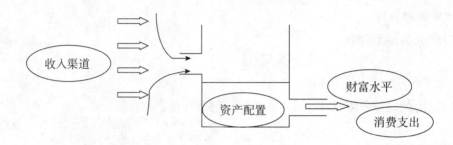

图1-6　个人理财的内容

图1-6中，左侧的箭头是所有创造收入的渠道，它可能是工资，可能是投资所得。不同的人会有不同的收入模式，比如前面讲到的四个不同象限的人，他们的收入模式就是不一样的。我们要尽可能多地"开源"，即尝试发掘更多样的收入渠道。一般除了从工作中获得报酬之外，主要的收入来源是投资所得。图1-7是在理财中常使用的投资工具。

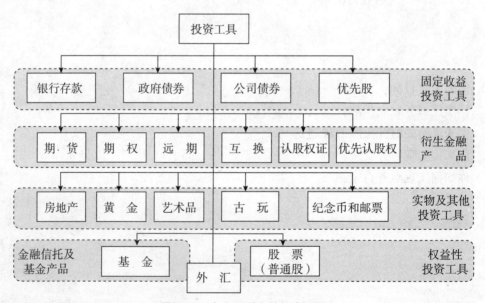

图1-7　个人理财中的投资工具

图1-6中，右侧的箭头是人生的消费支出。同样，不同人的消费习惯也是不一样的。每个人的消费习惯没有对错。我们也不应该去让所有人都按同一种模式去进行消费，但是我们可以在分析每一种消费习惯形成的社会原因、家庭原因、个人心理原因

的基础上，进行更理性、更科学地改善和提升。

人生的财富状况就像箱中的水量。一方面它是收入减去支出的结果：当收入大于支出时，财富上升；收入等于支出时，结余财富为0；收入小于支出时，财富水平下降。另一方面它也是资产配置的结果。结余财富可以配置成现金及等价物，或是实物资产（如房地产、黄金）。也可以是金融资产（如股票债券）。不同的经济环境下，不同的资产配置选择会产生财富增减的变化，因此需要根据不同的经济环境进行资产配置的科学合理调整。

正是因为每个人都有不一样的收入渠道、消费习惯及资产配置方式，这也就解释了为什么不同人会有不同的财富状况。

 阅读材料1

美国专栏作家芭芭拉·艾伦瑞克在1998年，为了体验底层美国人民的生活，选择了六个不同的城市去打工。为了确保她能真实体验当地底层人民生活，每到一处她隐瞒自己身份，断绝和过去朋友来往，全靠1000美元的积蓄开始。

不过她还是给自己做了一个决定，必须要有一部自己的车子，否则太不方便了。在美国养车成本比国内便宜很多，所以一些有车族很可能是穷人。

在这些地区，一个没有学历的普通人能找到的工作一般时薪是6～7美元，一天八小时工作下来，也就是50美元，一个月工作25天也就是1250美元。但是如果想离工作地点近一点的话，往往房租就得占到600美元以上，这对一个月收入1000多美元的人负担太重了。所以她不得不到离工作地点几十公里的地方租房，但这样养车的成本，还有吃便宜且没有营养的快餐，一个月还得拿出400～500美元买食物和汽油然后就所剩无几了。

在一个陌生城市最开始找工作的几天会更难，因为还没找到稳定的住处，不得不去旅馆过渡几天，这几天的住宿会很快把1000美元积累耗光，等找到工作，拿到第一笔薪水，钱得赶紧支付房租。

芭芭拉在不同的城市换了六种工作，有零售，有清洁，有老人服务，但是结局都一样，她发现自己陷入一个困局：因为没钱，不得不住在偏远地方。因为住在偏远地方，所以不得不花费大量时间在路上。因为花费很多时间在路上，她用于提升自己和发现更好工作机会的时间越来越少。为了应付房租和生活成本，她不得不说服自己承担更多小时工作或者兼职。因为花了太多时间做各种劳苦的工作，她渐渐成为一个工作机器，无力做任何其他的事情，直到情绪爆发离开。然后换一个地方，进入下一个循环。

 阅读材料2

《环球》杂志曾在一篇文章中描述了这样一个真实的美国中产家庭的生活片段：

菲利普一家住在美国的西雅图，夫妇二人都在当地一家 IT 公司工作。几年前，两人贷款 35 万美元（约合 210 万元人民币）买了一栋 200 平方米的房子，车库、草坪等一应俱全，街边绿树成行，环境幽静。夫妻二人每天上班、买菜、做饭，周末开着车去附近的奥林匹克国家公园徒步。但是，除去每月房贷、车贷、税金、保险、汽油和其他生活必需费用，一个月两人虽不至于"月光"，但存款也所剩无几。

这是一个典型的美国中产阶层的家庭，有房、有车、有闲，但存款也不多。

 阅读材料 3

李嘉诚，广东潮安人，1928 年 7 月出生于广东潮州市一个贫穷家庭，身为长子的他，为了养家糊口及不依赖别人，决定辍学，先在一家钟表公司打工，之后又到一个塑胶厂当推销员。

1950 年夏天，李嘉诚立志创业，向亲友借了 5 万港元，加上自己全部积蓄的 7000 元，在筲箕湾租了厂房，正式创办"长江塑胶厂"。

有一天，他翻阅英文版《塑胶》杂志，看到一则不太引人注意的小消息，说意大利某家塑胶公司设计出一种塑胶花，即将投放欧美市场。李嘉诚立刻意识到，战后经济复苏时期，人们对物质生活将有更高的要求，而塑胶花价格低廉，美观大方，正合时宜，于是决意投产。

他的塑胶花产品很快打入香港和东南亚市场。同年年底，欧美市场对塑胶花的需求越来越大，"长江"的订单以倍数增长。直到 1964 年，前后 7 年时间，李嘉诚已赚得数千万港元的利润；而"长江"更成为世界上最大塑胶花生产基地，李嘉诚也得了"塑胶花大王"的美誉。

不过，李嘉诚预料塑胶花生意不会永远看好，于是急流勇退，转投生产塑胶玩具。果然，两年后塑胶花产品严重滞销，而"长江"却已在国际玩具市场大显身手，年产出口额达 1000 万美元，为香港塑胶玩具出口业之冠。

1965 年 2 月，香港发生了严重的银行信用危机，人心惶惶，投资者及市民纷纷抛售房产，离港远走。香港房地产价格暴跌，地产公司纷纷倒闭。

不过，李嘉诚却看好香港工商业的前景，他反行其道，在人们贱价抛售房产的时候，却大量购入地皮和旧楼。不出 3 年，风暴平息，香港社会恢复正常，经济复苏，大批当年离港的商家纷纷回流，房产价格随即暴涨。李嘉诚趁机将廉价收购来的房产，高价抛售获利，并转购具有发展潜力的楼宇及地皮。

另外，自 20 世纪 70 年代起，李嘉诚已开展了海外投资，至 20 世纪 80 年代，他逐步有目的扩大有关的投资比重，进行企业全球性战略。分别在加拿大、美国、英国、新加坡，设立根据地。业绩一年比一年好，还未到 20 世纪 90 年代，他已成为香港的首富，并且一直保持着这个地位。

1990 年后，李嘉诚开始在英国发展电讯业，组建了 Orange 电讯公司，并在英国上市，总投资 84 亿港元。到 2000 年 4 月，他把持有的 Orange 四成多股份出售给德国电讯集团，作价 1130 亿港元，创下香港有史以来获利最高的交易记录。Orange 是于 1996年在英国上市的，换言之，李嘉诚用了短短 3 年时间，便获利逾千亿港元，使他的资产暴升一倍。

进入 2000 年，李嘉诚更以个人资产 126 亿美元（即 983 亿港元），两度登上世界 10 大富豪排行榜，也是第一位连续两年榜上有名的华人。李嘉诚并多次荣获世界各地颁发的杰出企业家，还 5 度获得国际级著名大学颁授的荣誉博士学位。

经过 20 多年的"开疆辟土"，李嘉诚已拥有 4 间蓝筹股公司，市值高达 7810亿港元，包括长江实业、和记黄埔、香港电灯及长江基建，占恒生指数两成比重。集团旗下员工超过 3.1 万名，是香港第四大雇主。1999 年的长江集团赢利高达1173 亿港元。

 阅读材料 4

1970 年，美国斯坦福大学的沃尔特·米歇尔（Walter Michell）教授以 4～5 岁的孩子为对象，进行了一项糖果实验。

孩子们被分别安排坐在放好糖果的桌子前，然后教授告诉孩子们他要出去，15 分钟之后才能回来。"你们随时都可以把糖吃掉，但如果你们中有谁能在老师回来前都忍住没吃糖的话，那么我会再奖励他一颗糖。"

自我控制力较弱的孩子等不了 15 分钟，甚至在老师刚刚走出房门就急着把糖吃掉了。

自我控制力强的孩子能忍耐超过 15 分钟的糖果诱惑，从而得到第二颗糖。

若干年后，当时忍住的孩子与没忍住的孩子，不论是在学习成绩上，还是与同龄人的相处上，甚至自我成长上都体现出了很大的差异。

成功通过糖果考验，忍耐 15 分钟后，拿到两颗糖果的孩子，在未来的成长中，每当遇到这样的诱惑考验时，都可以很好地控制自己。与之相反，那些没能通过考验，在 15 分钟之前，就迫不及待地吃掉糖果的孩子，往往禁不住诱惑，很容易就会选择先让自己满足"瞬间"的需求。

其实，对于孩子来说，看着眼前放着的糖果，坚持 15 分钟不吃，确实是个不小的考验。那么，那些顺利通过考验的孩子，到底是用什么方法让自己忍耐住的呢？

没能战胜糖果诱惑的孩子，被放在桌上的糖果和显示时间的钟表折磨得痛苦不已。

而成功战胜诱惑的孩子，则表现出了不同的行为。他们要么闭上眼睛不去看，要么用唱歌或找些其他事情做来分散自己的注意力。

只有那些面对眼前的诱惑，依然能很好地控制自己的人，才能顺利达成人生中更大的目标，才能拿到人生中更大更甜的糖果。

从这个实验可以看出，"满足延迟"对我们自身的控制力会产生多大的影响。

这里的满足延迟，是指"为了更多的东西而克服自己眼前的欲望，以及为了达到目的可以忍耐多长时间"。

思考

阅读材料1、2中的人物都没有办法形成储蓄，所以无法进行投资，因此离财务自由的目标很远。结合阅读材料3和阅读材料4，思考"储蓄"在实现财务自由目标中的作用。

讨论

结合上述阅读材料分析穷人、中产、富人的收入消费模式有什么不同？以下三种收入消费模式分别符合哪类人群？

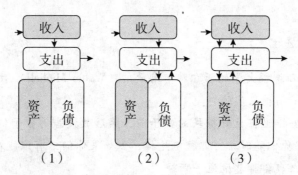

阅读材料5

我有一位大学同学，电脑没有、手机没有。这样的好处是她可以全身心地投入学习，每年都能得到国家奖学金。第一次听到她拿奖学金的消息，我想她可以买一台普通的电脑，或者买一个智能手机了，这样，她就可以上网了解外面的大千世界了。但结果是她什么都没买。

有一天，我问她："你的奖学金怎么花的啊？"她说："怎么花？还账还来不及呢？除了学费以外，还有我爸妈过去借的钱都得还上。"想想也是，借钱的滋味不好受，先还上也是不错的方案。等到第二年，发了奖学金，她的生活依旧没有什么起色，我又问她钱怎么花了，她有些骄傲地说："我哥哥结婚，买房子缺钱，我把一万多块钱给他了。"我气急败坏地说："如果你哥哥没有你那一万块钱，是不是就买不起房子了？"她说："当然可以买得起，只不过还得借别人的，我有钱，先给他就是了。"到第三年再发奖学金时，我没有再问她。

大四那一年，她决定考研。学习这么优秀，而其他的技能都没有，好像也只有考研这一条途径了。考研需要买报考学校的真题，因为那个学校保密比较好，所以试题只能通过一些辅导机构是可以买到的，不过价格贵很多。她愁眉苦脸地对见到的每个人说："怎么办，真题都找不到。"别人劝她说："花二三百块钱买一套得了，多省事儿。"每次她都说："太贵了，买不起呢。"于是，她花了一个多月的时间，每天去学校的电子阅览室，七零八落地找全了资料。她觉得这是一件很有成就感的事情，用一个月的时间省掉了二三百元钱！

考研结束，她的成绩在边缘上。按说，在这种时候，你得一刻不停地盯着电脑，刷新页面，看有没有最新的消息出现。可她没有电脑，很不方便，只能有空的时候就去学校的机房去看看。那一天，学校出了校内调剂的信息，但是下午两点出的，让四点之前就得把信息发过去。我在考研网站上看到这个消息已经三点半了，而她在自习室，没有看到。我给她招生办的电话，让她直接先报上名，没想到的是，名额已满，就算分数再高，也不行了。她哭得昏天暗地，埋怨学校给的时间太短，却没有想过：在那个关键的节点，及时得到信息要比多学几个知识点重要得多。

幸运的是，因为分数高，她有好几个很好的学校可以选择。她选择了北京的一个，然而面试时被刷了下来。我说，你再尝试几个吧，她的第一反应是："去北京这一趟，花了五六百块钱，白花了。再去别的学校，花了钱，再考不上，怎么办？"这是什么逻辑？在未来和金钱面前，她最先考虑的就是金钱，此时的她，似乎忘记了一年的挑灯夜战以及白白浪费的那么高的分数。

后来有一天，她的钱包被偷，我问："你的银行卡在里面吗？"她说"在，但小偷应该取不出来，我存的是定期。"然后，我就瞬间石化了。如果五千块钱没有存定期，可以花，那么就不用花费一个月的时间去找资料了，用这一个月用来备考，可能分数就会多几分；就可以多去几个学校复试，说不定，能去个比第一志愿更好的学校；就可以不用跟家里要钱，在学校继续备考半年，全身心投入，一次成功了；当然，更可以买个哪怕几百块钱的智能手机，刷新一下网页，就不会错过调剂信息了。

我们老家评价这种人做什么事情都是先考虑钱的问题。殊不知，越是先考虑钱，越是丧失了赚更多钱的机会。

贫穷的人总爱谈论这个世界的不公平，可归根结底，那都是自己一次次选择的结果。如何在有限的物质基础上，做出最大的成绩，才是我们真正要思考的，而不是只想着如何去丰富物质财富。一个再富有的人，如果没有阔大的格局，也会有衰败的一天。格局的大小，在很大程度上就决定了我们人生会有怎样的走向。赚钱比省钱重要得多。

 阅读材料6

潮州新闻网的一则报道：观念决定消费习惯。作者在对60、70后和80、90后调查了解中发现，这些不同年代的人，由于观念不一样，在日常消费过程中，习惯也截然不同。60后大多出生在经济困难的年代，受小时候家庭拮据生活的影响，习惯节俭过日子。同时，他们现在是人到中年，上有老下有少，所以，尽管现在经济水平比过去好多了，但他们仍习惯精打细算消费。70后顺延了60后的某些消费习惯，也比较顾

家，他们消费的主题始终是一家人的衣食住行，但他们也追求适当的享受。80后已经逐渐成为职场的主力军，也成了消费市场的主力之一。他们愿意消费，愿意花钱来追求生活的品质，热衷于购买品牌。90后是时代的宠儿。在父母的宠爱下，在电子信息时代，他们的消费欲望更加强烈，消费观念更张扬和自主。他们喜欢的东西常常没理由，只要是喜欢的就是最好的。

 阅读材料7

日本的山下英子著有一本书，名叫《断舍离》，她在书中写道：我们每天从早到晚都在不断地接收着各式的物品，我们为了这些物品而疲于奔命。我们物质为上，却根本不曾发觉自己已经被物品死死地困住，失去了自在的生活空间。

所以我们必须通过斩"断"不必要的物品流入，"舍"去形同废物的物品，才能使人从物品的拘束中脱"离"出来。断舍离的机制是，断绝不需要的东西，舍弃多余的物品，最终达到脱离对物品的执念的状态。时时以"需要、合适、舒服"为标准选择，让生活空间恢复原本该有的清爽与自在。只有让外在的生活空间和内在的心灵空间都拥有"余裕"，我们才能真正将自己从自顾不暇的状态中解放出来，才有能力、有精神去吸收新的能量。

思 考

经常会听到有些人说"节省1分钱就等于挣到1分钱"，或者"我是为孩子们节省"。事实上，是某种深层次的不安全感支配着他们和他们的生活。其结果是，他们通常"怠慢了"自己和他们为之省钱的人。你怎么理解和评价这种消费心理。

如何理解"会花钱的人才会赚钱"这句话？

讨 论

1. 你如何评价月光族、名牌控、吝啬鬼这三种消费模式？
2. 阅读材料5中第一个同学可以说成是"勤俭"吗？
3. 你认为最科学的消费模式应是怎样的？

实验三　消费模式

实验内容：

1. 查阅文献，了解消费模式、消费行为、消费心理。

2. 根据对上述问题的了解，设计一份问卷，了解受访者的消费模式及消费问题。

3. 使用你设计的调查问卷进行调查，并对调查结果进行分析，找出受访者的消费模式及消费问题，并试从心理、社会、家庭等方面解释形成这种消费问题的原因，最后提出改善方法。

实验报告三

1. 消费模式。

（1）消费模式概述。

（2）消费行为概述。

（3）消费心理概述。

2. 调查问卷（可附后）。

3. 问卷分析。

实验四　认识资金

实验内容：

1. 理解不同数额的资金价值。

2. 如何规划运用不同数额的资金。

3. 调查分析人群中的消费倾向与投资倾向。

实验报告四

1. 运用以下数额资金可以完成什么事?

   100 元:　　　　　　　　　　　1 亿元:

   1000 元:　　　　　　　　　　　10 亿元:

   1 万元:　　　　　　　　　　　100 亿元:

   10 万元:　　　　　　　　　　　1000 亿元:

   100 万元:　　　　　　　　　　1 万亿元:

   1000 万元:

2. 假如你有以下数额的资金,你将如何使用,写出你的消费计划。

   100 元:

   1 万元:

   100 万元:

   1 亿元:

3. 根据第 2 题的答案,在样本人群中统计,每个资金段以消费为主的人数比例和以投资为主的人数比例。

4. 结合回答第 2 题的过程,思考"花小数额钱"和"花大数额钱"要考虑的问题有哪些不同?

第二章 银行储蓄

第一节 储蓄的种类

一、我国的银行储蓄的种类

（1）活期储蓄存款，储户随时可凭存折（卡）存取，1 元起存，灵活方便。适用于居民小额随存随取的生活零用结余存款，有利于家庭和个人养成计划开支、节约储蓄的习惯，最适宜青年人和学生。资金安全，能得到利息，但是利息较低。

（2）整存整取定期存款，存期固定，到期凭单支取本息，存期越长，利率越高，适用于居民手中长期不用的结余款项的存储。一般有约定转存和自动转存的功能。但是如果在到期日前提前支取，将只能获得活期存款的利息，损失定存的利息。

（3）零存整取储蓄存款，是在约定的存款期限内，每月按与银行约定的固定数额（5元起存）存入，集零成整，到期一次支取本息的一种定期储蓄。中途如有漏存，应在次月补齐。这种储蓄的利息低于同期定存但高于活期。具有计划性、约束性和积累性的功能。适合收入稳定，为特定目标而攒钱的人群；或者作为一种培养储蓄习惯的储蓄种类。

（4）整存零取存款，是指一次性存入一笔较大的金额（1000 元起存），在约定的存期内（1 年、3 年、5 年），分期（支取期分 1 个月、3 个月、半年支取一次）陆续平均支取本金，到期一次性支取利息。这种储蓄适合有计划安排生活费用开支的人群。

（5）存本取息存款，是一次性存入本金（5000 元起），在存期内（1 年、3 年、5年）分次支取利息（可以每月取，也可以几个月取息一次，具体次数与银行协商确定。若到期未取息，以后可随时取），到期支付本金的一种储蓄。如果储户急用钱，可按定期存款提前支取的手续办理。

（6）通知存款，指客户存款时不必约定存期，支取时提前通知（1 天通知或 7 天通知）银行约定支取日和支取金额的一种储蓄。一次性存入，可分一次或多次取出。最低起存金额和最低支取金额都为 5 万元。

（7）定活两便存款，不约定存期，一次性存入一次性支取全部本金和利息。利率根据存期，最低为活期利率，最高为一年定存利率的 60%。适合存款期限不确定的储户。采用记名存单的形式，存单上载明"通知存款"字样，不记载存期和利率，按支取日挂牌利率和存期计息，利随本清。适用于大额、有短期资金需求、期限不足定期最低限的客户。

（8）外币储蓄，有活期、定期（1个月、3个月、6个月、1年、15个月、18个月、2年，七个档次）、通知存款（7天通知或30天通知）三个种类（见表2-1）。起存金额为至少等值100元人民币的外币。目前我国银行开办的外币储蓄币种有美元、加拿大元、英镑、日元、澳大利亚元、瑞士法郎、新加坡元、欧元、港币共9种。

表2-1　　　　　　　　　　　　我国储蓄品种说明

名称		起存金额	存期	存/取方式	利率
活期	活期存折	1元	不限	一次/不限	支取日公告的活期利率
	活期支票	5000元	不限	一次/不限	支取日公告的活期利率
定期	整存整取	50	3个月/半年/1年/2年/3年/5年	一次/一次	存期内：存入时同档次定期利率超过存期：支取日公告的活期利率（自动转存除外）
	零存整取	5	1年/3年/5年	每月/一次	
	整存零取	1000	1年/3年/5年	一次/按期	
	存本取息	5000	1年/3年/5年	一次/分次	
	通知存款	5万元	不限	一次/不限	
	教育储蓄				
定活两便		50元	不限	一次/一次	存期<3个月，按支取日活期利率。3个月≤存期<6个月，按支取日整存整取3个月利率六折计。6个月≤存期<1年，按支取日整存整取6个月利率六折计。1年≤存期，按支取日整存整取1年利率六折计

第二节　存款利率及计息方法

一、存款利率

1. 基准利率

表2-2和表2-3是中国人民银行决定，自2015年9月6日起下调金融机构人民币存贷款基准利率后的利率表。

表 2 - 2 我国存贷款利率表

项目	年利率（%）
一、城乡居民及单位存款	
（一）活期	0.35
（二）定期	
1. 整存整取	
三个月	1.60
半年	1.80
一年	1.75
二年	2.60
三年	3.25
五年	4.50
2. 零存整取、整存零取、存本取息	
一年	1.60
三年	1.80
五年	2.75
3. 定活两便	按一年以内定期整存整取同档次利率打 6 折
二、协定存款	1.5
三、通知存款	
一天	0.80
七天	1.35

数据来源：东方财富网。

2. 外币存款利率

表 2 - 3 外币存款利率表

	活期	七天通知	一个月	三个月	六个月	一年	二年
澳大利亚元	0.2500	0.3000	1.2500	1.3150	1.3250	1.5000	1.5000
＊港币	0.0200	0.0200	0.1000	0.2500	0.5000	0.7000	0.7500
加拿大元	0.0100	0.0500	0.0500	0.0500	0.3000	0.4000	0.4000

	活期	七天通知	一个月	三个月	六个月	一年	二年
美元	0.1000	0.3750	0.4500	0.6500	0.9500	1.1000	1.1500
日元	0.0001	0.0005	0.0100	0.0100	0.0100	0.0100	0.0100
瑞士法郎	0.0001	0.0005	0.0100	0.0100	0.0100	0.0100	0.0100
新加坡元	0.0001	0.0005	0.0100	0.0100	0.0100	0.0100	0.0100
英镑	0.1250	0.1750	0.2500	0.3500	0.6000	0.7500	0.7500

数据来源：东方财富网。

二、计息方式

1. 利率计算

利率一般分为年利率、月利率、日利率。

月利率 = 年利率 ÷ 12

日利率 = 月利率 ÷ 30

   = 年利率 ÷ 360（我国）

2. 计息规则

（1）计息周期内单利计息，不记复利，支取时利随本清。

（2）计息起点金额为元，角、分不计利息。

（3）利息算至厘位，计至分位，分位以下四舍五入。若有分段计息，每段计息至厘位（厘位以下不保留），加总后四舍五入，计至分位。

（4）存期算头不算尾，即存入日应计息，支取日不计息。

三、关于计息规则的几点详细说明

1. 是否复利

国内银行的存款，在一个计息周期之内，都是不计复利的，满一个计息周期则利息归本，下一个计息周期纳入计息（也就是复利计算）。

对于活期存款来说，一个计息周期是 3 个月（国内银行活期存款的结息日是固定的 为每个季度末的 20 号结息 21 号利息计入本金 结息日分别为：3 月 20 日 6 月 20 日 9 月 20 日 12 月 20 日），定期存款则是存期即计息周期（你存 1 年就是 1 年，你存 3 年就是 3 年）。

2. 存期的计算

（1）算头不算尾，计算利息时，存款天数一律算头不算尾，即从存入日起算至取款前一天止。

（2）不论闰年、平年，不分月大、月小，全年按 360 天，每月均按 30 天计算。

（3）对年、对月、对日计算，各种定期存款的到期日均以对年、对月、对日为准。即自存入日至次年同月同日为对年，存入日至下月同一日为对月；如遇开户日为到期月份所缺日期，则以到期月的末日为到期日。

（4）定期储蓄到期日，如遇法定假期不办公，可以提前一日支取，视同到期计算利息，手续同提前支取办理。

例如：

1 月 1 日存入，2 月 1 日计算利息天数为 30 天，利息 = 本金 × 活期存款利率 × $\frac{30}{360}$。

1 月 15 日存入，2 月 18 日计算利息天数为 33 天，利息 = 本金 × 活期存款利率 × $\frac{33}{360}$。

1 月 15 日存入，2 月 10 日计算利息天数为 25 天，利息 = 本金 × 活期存款利率 × $\frac{25}{360}$。

练习题

（1）若 8 月 2 日存入，11 月 7 日取出，计息时算多少天？

（2）若 201× 年 2 月 5 日存入，当年是闰年，次年 3 月 9 日取出，计息时算多少天？

（3）若 11 月 30 日存入，存期三个月，则到期日是哪天？

四、几个储种的存款计息规则

1. 七天通知存款

七天通知存款是通知存款的一种。通知存款是一种不约定存期、支取时需提前通知银行、约定支取日期和金额方能支取的存款。计息情况如下：

（1）若超过预约期限，则所取钱款按存款日的活期利率计算。

（2）未提前通知银行而支取的钱款，支取部分按活期利率计息。

（3）已办理通知手续而提前支取或逾期支取的，支取部分按活期存款利率计息。

（4）支取金额不足或超过约定金额的，实际取出部分按活期存款利率计息。

（5）支取金额不够最低支取金额的，按活期存款利率计息。

（6）通知存款如已办理通知手续而不支取或在通知期限内取消通知的，通知期限内不计息。

（7）通知存款部分支取，留存部分高于最低起存金额的，从原开户日计算存期；留存部分低于起存金额的，按清户日挂牌公告的活期存款利率计息。

2. 存本取息

储户于开户的次月起每月凭存折取息一次，以开户日为每月取息日。储户如有急需可向开户银行办理提前支取本金，提前支取部分按支取日挂牌公告的活期储蓄存款利率计付利息并扣回每月已支取的利息。逾期支取时其逾期部分按支取日挂牌公告的

活期储蓄存款利率计付利息。该储种利息计算方法与整存整取定期储蓄相同，在算出利息总额后再按约定的支取利息次数平均分配。

3. 定活两便

定活两便储蓄具有定期或活期储蓄的双重性质。存期三个月以内的按活期计算；三个月以上的按同档次整存整取定期存款利率的六折计算。存期在一年以上含一年无论存期多长整个存期一律按支取日定期整存整取一年期存款利率打六折计息。用公式表式为：

$$利息 = 本金 × 存期 × 利率$$

因定活两便储蓄不固定存期，支取时极有可能出现零头天数，出现这种情况适用日利率来计算利息。

练习题

（1）一笔 1 万元的定活两便存款，若 4 月 2 日存入，6 月 28 日取出，应如何计息？

（2）若 8 月 9 日取出，应如何计息？

4. 零存整取

到期时以实存金额按开户日挂牌公告的零存整取定期储蓄存款利率计付利息。逾期支取时其逾期部分按支取日挂牌公告的活期储蓄存款利率计付利息。

一般家庭宜采用月积数计息方法计算零存整取的利息。

$$利息 = 月存金额 × 累计月积数 × 月利率$$
$$累计月积数 = （存入次数 + 1）÷ 2 × 存入次数$$

据此推算一年期、三年期、五年期的累计月积数分别为 78、666、1830。储户只需记住这几个常数就可按公式计算出零存整取储蓄利息。

练习题

若每月存入 200 元，存期 1 年，则到期时如何计息？

也可以利用网上的理财计算器计算。图 2-1 是每月存入 1000 元，存期 1 年，年率 2.35%，计算的到期本息和为 12152.75 元。图 2-2 是存期 1 年，到期期望得到本利和 15000 元，则每月应零存的金额为 1234.29 元。

5. 教育储蓄

教育储蓄是指个人为其子女接受非义务教育［指九年义务教育之外的全日制高中（中专）、大专和大学本科、硕士和博士研究生］积蓄资金，每月固定存额，到期支取本息的一种定期储蓄。作为零存整取储蓄将享受整存整取利息。三个学习阶段可分别享受一次 2 万元教育储蓄优惠（超额或一次性趸存的不享受优惠）。最低起存金额为 50 元，本金合计最高限额为 2 万元。存期分为一年、三年、六年。

（1）开户时，须凭客户本人（学生）户口簿或居民身份证到储蓄机构以客户本人

图 2-1　零存整取到期本息计算

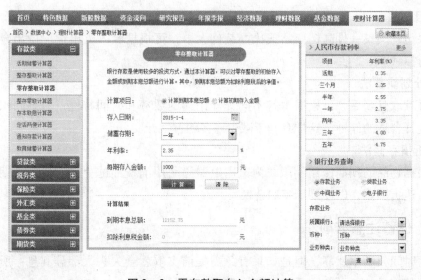

图 2-2　零存整取存入金额计算

的姓名开立存款账户，金融机构根据客户提供的上述证明，登记证件名称及号码。开户对象为在校小学四年级（含四年级）以上学生。开户时客户须与银行约定每次固定存入的金额，分次存入。

（2）到期支取：客户凭存折、身份证、户口簿（户籍证明）、学校提供的正在接受非义务教育的学生身份证明，一次支取本金和利息。

（3）教育储蓄提前支取时必须全额支取。

（4）教育储蓄超过原定存期部分（逾期部分），一年期、三年期教育储蓄按开户日同期同档次整存整取定期储蓄利率计息，六年期按开户日五年期整存整取定期储蓄存

款利率利息（储户提供接受非义务教育的录取通知书原件或学校开具的相应证明原件，一份证明只能享受一次优惠利率，按一般零整业务办理）。

受利率市场化改革和金融产品日益丰富的影响，一些业务没有优势，很多银行已于 2014 年 1 月 1 日起暂停办理教育储蓄、整存零取的新开户业务。

练习题

经济学里有一种"72 法则"可以估算出财富翻倍的年限，计算方法是：

$$财富翻倍年限 = 72 \div（年化收益率 \times 100）$$

如果按照我国当前一年期定存利率存款，多少年可以实现存款翻倍？

第三节　储蓄策略

一、储蓄理财法

1. 目标储蓄法

如果想购买某一件高档商品或操办某件大事，可根据收入支出情况做出合理储蓄标准进行攒钱。

2. 计划储蓄法

每月领取月薪后，可根据本月不同开支用途的数额和时间特性，为不同用途的资金分别选择合适的储种，这样有利于减少许多随意性开支。

3. 折旧存储法

可根据物品的预期使用年限，为家用电器等耐用消费品的更新换代，每期按分摊金额存一笔折旧费，以便到期支取替换。

二、储蓄注意事项

储蓄时间长利率就高，但是如果有急需提前支取就会失去大部分利息。所以储蓄中最重要的就是如何平衡利息与支取灵活度。这就要求：

（1）规划好存取时间；

（2）采用合理的存款组合；

（3）将一笔大额存款拆分成几张存单；

（4）根据加（降）息预期合理选择存期。

练习题

刘女士 2011 年 4 月 9 日存了一笔 10 万元的 5 年定期存单，当时 5 年期存款利率为 5.25%。但是 2015 年 6 月时有急用取出，因为是提前支取，所以只能按支取日活期利率 0.35% 计息。请计算她的利息损失。

📖 **思 考**

当初有什么更好的储蓄策略，可以避免类似的损失？

三、储蓄理财策略

1. 阶梯存储法

假设你有 3 万元，可以这样存：初期各存 1 年、2 年、3 年定存。每到期一笔都转存 3 年定期。如表 2 - 4 所示：

表 2 - 4	第 1 年存款		
每张存单金额	1 万元	1 万元	1 万元
每张存单存期	1 年期	2 年期	3 年期

一年后，1 年期的 1 万元到期，用到期的这 1 万元再开一个 3 年期，此时如表 2 - 5 所示：

表 2 - 5	第 2 年存款		
每张存单金额	1 万元	1 万元	1 万元
每张存单存期	3 年期	2 年期（还有 1 年到期）	3 年期（还有 2 年到期）

再过一年，第二个 1 万元到期，用到期的这 1 万元再开一个 3 年期，此时如表 2 - 6 所示：

表 2 - 6	第 3 年存款		
每张存单金额	1 万元	1 万元	1 万元
每张存单存期	3 年期（还有 2 年到期）	3 年期	3 年期（还有 1 年到期）

这种策略的效果是：每年都有一笔 1 万元的存单到期，也就是说可以实现 1 年的支取灵活性，却获得 3 年期的高利息率。

2. 存单四分法

如果你有 1 万元并且在一年内有急用，但每次用钱的具体金额和时间不确定，那就最好选择存单四分法，即把存单分为 4 张：1000 元一张、2000 元一张、3000 元一张、4000 元一张。然后根据所需金额灵活支取。

3. 交替存储法

如果你有 3 万元，可以把它分为两份，每份 1.5 万元，分别按半年期和一年期存入。若半年期存单到期，有急用就取出，若不用就再按一年期再存。以此类推，每次存单到期后都存为一年期，这样每半年都有一笔钱到期，但是每笔钱都能获得一年期

的利息。这种方法不仅不会影响急用，还会取得较高的利息。

4. 利滚利存储法

利滚利存储法是存本取息储蓄品种和零存整取储蓄的一种结合。假如你有3万元，可以把它存成存本取息储蓄，一个月后取出第一个月利息，再用这一个月的利息开设一个零存整取的账户，以后每个月都将利息取出，转存入零存整取账户，这样不仅存本取息得到利息，而且其利息也能获得利息。这种方法只要长期坚持就会有显著效果。

5. 约定自动转存

客户可以与银行签订协议，只要活期账户余额超过一定金额，银行会在每月固定的时间将客户活期账户内的指定金额自动转为定期，具体的定期年限由客户在与银行的协议中约定。这种方法适合青年人，让活期账户的闲钱利益最大化。

练习题

小杨夫妇手头有10万元现金，其中2万元为应急备用金，8万元目前没有想到确定的用处。每月家庭消费支出6000元左右、每月能够结余5000元，每年年底年终奖共计1万元。请根据收益性、流动性和安全性这三个要求，为他们做出一个五年的家庭储蓄策划。

实验五　银行储蓄的抗通胀测试

实验内容：

1. 将表2-7换算成以1951年为基期的CPI（居民消费价格指数）数据(1951—2013)，并绘出折线图，分析我国在1951—2013年的通胀特点。

2. 利用1978—2013年的CPI、存款利率数据，设计统计模型，分析储蓄的抗通胀能力。

3. 利用1978—2013年全国人均可支配收入、1999年家庭生活消费支出以及同期CPI、存款利率等数据，设计实验，分析如果只选择储蓄这一种理财方式，一般人的生活水平在1978—2013年发生了怎样的改变（见表2-8至表2-12）。

表2-7　　　　　　　　　　1951—2013年居民消费价格指数CPI

年份	CPI	年份	CPI	年份	CPI	年份	CPI	年份	CPI
1951	112.5	1966	98.8	1981	102.5	1996	108.3	2011	105.4
1952	102.7	1967	99.4	1982	102	1997	102.8	2012	102.6
1953	105.1	1968	100.1	1983	102	1998	99.2	2013	102.6
1954	101.4	1969	101.0	1984	102.7	1999	98.6		

续 表

年份	CPI	年份	CPI	年份	CPI	年份	CPI
1955	100.3	1970	100	1985	109.3	2000	100.4
1956	99.9	1971	99.9	1986	106.5	2001	100.7
1957	102.6	1972	100.2	1987	107.3	2002	99.2
1958	98.9	1973	100.1	1988	118.8	2003	101.2
1959	100.3	1974	100.7	1989	118.0	2004	103.9
1960	102.5	1975	100.4	1990	103.1	2005	101.8
1961	116.1	1976	100.3	1991	103.4	2006	101.5
1962	103.8	1977	102.7	1992	106.4	2007	104.8
1963	94.1	1978	100.7	1993	114.7	2008	105.9
1964	96.3	1979	101.9	1994	124.1	2009	99.3
1965	98.8	1980	107.5	1995	117.1	2010	103.3

表 2 - 8　　　　　　1978—2013 年居民消费价格指数 CPI

年份	CPI	年份	CPI	年份	CPI
1978	100	1992	238.1	2006	471.0
1979	101.9	1993	273.1	2007	493.6
1980	109.5	1994	339.0	2008	522.7
1981	112.2	1995	396.9	2009	519.0
1982	114.4	1996	429.9	2010	536.1
1983	116.7	1997	441.9	2011	565.0
1984	119.9	1998	438.4	2012	579.7
1985	131.1	1999	432.2	2013	594.8
1986	139.6	2000	434.0		
1987	149.8	2001	437.0		
1988	177.9	177.9	433.5		
1989	209.9	2003	438.7		
1990	216.4	2004	455.8		
1991	223.8	2005	464.0		

表 2 - 9 1999 年高低收入家庭人均年生活消费支出对照情况

单位：元

分组 项目	高收入组	中下收入组	低收入组
食品	2082.06	1348.99	1067.15
衣着	1306.88	765.66	370.32
设备用品及服务	967.71	292.19	276.56
医疗保健	483.14	133.13	236.01
交通通信	408.80	301.94	182.75
娱乐文化服务	776.06	385.18	185.74
居住	496.83	204.88	225.29

表 2 - 10 1991—2013 年北京市职工工资水平

单位：元

年份	金额	年份	金额	年份	金额	年份	金额
1991	2877	1997	11019	2003	24045	2009	48444
1992	3402	1998	12285	2004	28348	2010	50415
1993	4523	1999	13778	2005	32808	2011	56061
1994	6540	2000	15726	2006	36097	2012	62677
1995	8144	2001	18092	2007	39867	2013	69521
1996	9579	2002	20728	2008	44715		

表 2 - 11 1978—2013 年中国城镇居民人均可支配收入

单位：元

年份	金额	年份	金额	年份	金额	年份	金额
1978	343	1987	1002	1996	4838	2005	10493
1979	387	1988	1181	1997	5160	2006	11759
1980	477	1989	1373	1998	5425	2007	13786
1981	491	1990	1510	1999	5854	2008	15781
1982	526	1991	1700	2000	6280	2009	17175
1983	564	1992	2026	2001	6860	2010	19109
1984	651	1993	2577	2002	7702	2011	21810
1985	739	1994	3496	2003	8472	2012	24565
1986	899	1995	4283	2004	9421	2013	26955

表 2－12　　　　　　　　　历年存款利率调整

单位:%

调整时间	活期	三个月	半年	一年	二年	三年	五年
1952.09.15	5.40	10.80	12.60	14.40			
1953.01.01	5.40	9.60	10.80	14.40			
1954.09.01	5.40	9.72	10.80	14.40			
1955.10.01	2.88	5.04	6.12	7.92			
1959.01.01	2.16		3.60	4.80			
1959.07.01	2.16	2.88	4.68	6.12	6.30	6.50	
1965.06.01	2.16		3.24	3.96			
1971.10.01	2.16			3.24			
1979.04.01	2.16		3.60	3.96		4.50	5.04
1980.04.01	2.88		4.32	5.40		6.12	6.84
1982.04.01	2.88		4.32	5.76		6.84	7.92
1985.04.01	2.88		5.40	6.84		7.92	8.28
1985.08.01	2.88		6.12	7.20		8.28	9.36
1988.09.01	2.88		6.48	8.64	9.18	9.72	10.80
1989.02.01	2.88		9.00	11.34	12.24	13.14	14.94
1989.06.01	2.88	7.56					
1990.04.15	2.88	6.30	7.74	10.08	10.98	11.88	13.68
1990.08.21	2.16	4.32	6.48	8.64	9.36	10.08	11.52
1991.04.21	1.80	3.24	5.40	7.56	7.92	8.28	9.00
1993.05.15	2.16	4.86	7.20	9.18	9.90	10.80	12.06
1993.07.11	3.15	6.66	9.00	10.98	11.70	12.24	13.86
1996.05.01	2.97	4.86	7.20	9.18	9.90	10.8	12.06
1996.08.23	1.98	3.33	5.40	7.47	7.92	8.28	9.00
1997.10.23	1.71	2.88	4.14	5.67	5.94	6.21	6.66
1998.03.25	1.71	2.88	4.14	5.22	5.58	6.21	6.66

调整时间	活期	三个月	半年	一年	二年	三年	五年
1998. 07. 01	1. 44	2. 79	3. 96	4. 77	4. 86	4. 95	5. 22
1998. 12. 07	1. 44	2. 79	3. 33	3. 78	3. 96	4. 14	4. 50
1999. 06. 10	0. 99	1. 98	2. 16	2. 25	2. 43	2. 70	2. 88
2002. 02. 21	0. 72	1. 71	1. 89	1. 98	2. 25	2. 52	2. 79
2004. 10. 29	0. 72	1. 71	2. 07	2. 25	2. 70	3. 24	3. 60
2006. 08. 19	0. 72	1. 80	2. 25	2. 52	3. 06	3. 69	4. 14
2007. 03. 18	0. 72	1. 98	2. 43	2. 79	3. 33	3. 96	4. 41
2007. 05. 19	0. 72	2. 07	2. 61	3. 06	3. 69	4. 41	4. 95
2007. 07. 21	0. 81	2. 34	2. 88	3. 33	3. 96	4. 68	5. 22
2007. 08. 22	0. 81	2. 61	3. 15	3. 60	4. 23	4. 95	5. 49
2007. 09. 15	0. 81	2. 88	3. 42	3. 87	4. 50	5. 22	5. 76
2007. 12. 21	0. 72	3. 33	3. 78	4. 14	4. 68	5. 40	5. 85
2008. 10. 09	0. 72	3. 15	3. 51	3. 87	4. 41	5. 13	5. 58
2008. 10. 30	0. 72	2. 88	3. 24	3. 60	4. 14	4. 77	5. 13
2008. 11. 27	0. 36	1. 98	2. 25	2. 52	3. 06	3. 60	3. 87
2008. 12. 23	0. 36	1. 71	1. 98	2. 25	2. 79	3. 33	3. 60
2010. 10. 19	0. 36	1. 91	2. 20	2. 50	3. 25	3. 85	4. 20
2010. 12. 26	0. 36	2. 25	2. 50	2. 75	3. 55	4. 15	4. 55
2011. 02. 09	0. 40	2. 60	2. 80	3. 00	3. 90	4. 50	5. 00
2011. 04. 05	0. 50	2. 85	3. 05	3. 25	4. 15	4. 75	5. 25
2011. 06. 08	0. 50	3. 10	3. 30	3. 50	4. 40	5. 00	5. 50
2012. 06. 07	0. 40	2. 85	3. 05	3. 25	4. 10	4. 65	5. 10
2012. 07. 05	0. 35	2. 60	2. 80	3. 00	3. 75	4. 25	4. 75
2014. 11. 23	0. 35	2. 35	2. 55	2. 75	3. 35	4. 00	4. 75
2015. 03. 01	0. 35	2. 10	2. 30	2. 50	3. 10	3. 75	4. 75

第三章　银行理财产品

第一节　银行理财产品概述

一、银行理财产品定义

银行理财产品是商业银行自己设计并发行，将募集到的资金根据产品合同约定投入相关金融市场及购买相关金融产品，获取投资收益后，根据合同约定分配给投资人的一类理财产品。在理财产品这种投资方式中，银行只是接受客户的授权管理资金，投资收益与风险由客户或客户与银行按照约定方式承担。

二、中国理财产品市场发展概况

1. 中国理财产品市场发展历程

（1）理财产品的萌芽时期（2004 年）。第一款外币理财产品诞生于 2003 年—中国银行"汇聚宝"外汇理财产品。第一款人民币理财产品诞生于 2004 年—光大银行"阳光理财 B 计划"。

（2）理财产品的快整发展时期（2005—2006 年）。第一款结构型理财产品诞生于 2006 年—光大银行阳光理财"A＋计划"，第一款 QDII（合格的境内投资者，Qualified Domestic Institutional Investor 的缩写）理财产品诞生于 2006 年，即工商银行 2006 年代客境外理财计划。

（3）新股申购类理财产品成为热点（2007 年）。

（4）银信合作产品成为主流（2008 年）。

（5）信贷类理财产品成为主流（2009 年）。

（6）资金池理财产品成为主流（2010 年至今）。

2. 中国银行理财产品市场发展特点

（1）银行理财产品发行数量与规模爆发式增长。如图 3－1 所示。

（2）人民币理财产品市场地位进一步巩固。如图 3－2 所示。

（3）产品收益结构稳定，非保本产品成为主力。如图 3－3 所示。

（4）短期理财占据半壁江山。如图 3－4 所示。

（5）资产配置高度灵活。如图 3－5 所示。

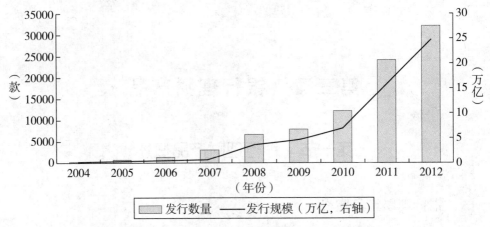

图 3-1　银行理财产品发行数量及规模（2004—2012 年）

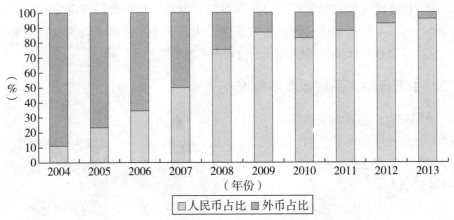

图 3-2　人民币理财产品分布比例（2004—2013 年）

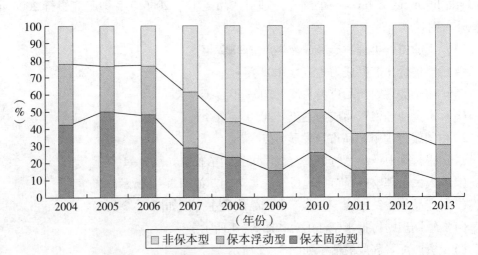

图 3-3　银行理财产品收益类型分布（2004—2013 年）

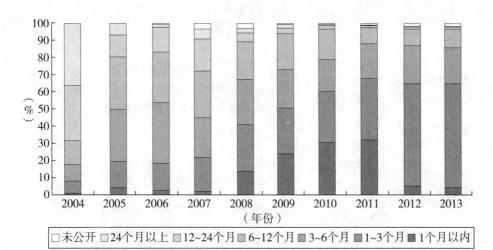

图 3 - 4　银行理财产品收益类型分布（2004—2013 年）

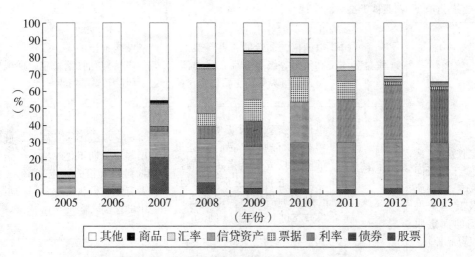

图 3 - 5　资产配置高度灵活（2005—2013 年）

三、银行理财产品分类

（1）按标价货币分类，银行理财产品分为外币理财、人民币理财和双币种理财三类。

（2）按收益风险类型分类，银行理财产品分为保证收益类（保本固定收益）和非保证收益类（保本浮动收益和非保本浮动收益）两种类型。如表 3 - 1 所示。

（3）按产品存续形态分类，分为开放式产品和封闭式产品。

（4）按发行方式分类，分为期次发行产品和滚动发行产品。

（5）按投资方向分类，分为固定收益类理财产品、现金管理类理财产品、国内资本市场理财产品、代客境外理财产品、结构化理财产品。如表 3 - 2 所示。

表 3 - 1   按收益风险类型分类

收益风险	类型	特点
保证收益类	保本固定收益	商业银行按照合同约定（固定收益率）向客户承诺支付固定收益，并由银行承担合同的投资风险，超出固定收益的部分由银行和客户按照合同约定，共同承担投资风险
非保证收益类	保本浮动收益	商业银行向客户保证本金支付，本金以外的投资风险由客户承担，依据实际投资收益决定客户实际收益
	非保本浮动收益	商业银行根据约定条件和实际投资收益情况向客户支付浮动收益，并不保证客户本金安全

表 3 - 2   按投资方向的分类

投资方向	具体类型	产品投向	产品特点
固定收益类（投资于银行间市场、交易所以及其他金融市场的固定收益投资品种）	债券型	以国债、金融债和央行票据、高信用等级企业债、公司债、短期融资券等为主要投资对象	产品结构期限固定，投资风险较低。产品具有收益稳定、期限固定、风险较低的特点
	信托贷款型	以信托贷款为投资对象，由银行发行理财产品，将募集的资金投资于其指定的信托公司设立的信托贷款计划，产品到期后银行按照约定向客户支付本金收益（例1）	其特点是期限固定，能够准确测算出客户预期年化收益率（信托贷款利率减相关固定费率），投资者有望获得较高收益但需承担一定的投资风险
	票据型	以已贴现的商业汇票为投资对象，由银行发行理财产品，将募集的资金投资于商业银行已贴现的商业汇票，产品到期后，银行按约定向客户支付本金和收益	特点是收益固定，风险较低
现金管理类		主要投资于国债、央行票据、债券回购以及高信用级别的企业债、公司债、短期融资券等安全性高、可随时变现的投资工具	大多可以随时变现，流动性近似于储蓄，申购和赎回交易都非常方便。特点是投资期短、交易灵活、收益较活期存款高。通常作为活期存款的替代品，用来管理短期闲置资金

投资方向	具体类型	产品投向	产品特点
国内资本市场类（主要投资于在上海、深圳证券交易所上市交易的投资品种，包括交易所股票、开放式基金以及交易所债券等）	新股申购型	此类产品用于申购A股新发行的新股（例2）	一般风险较低，收益可观。此类型实质上是一个集合理财计划或信托计划。基本上是由银行同券商或信托公司合作，由券商或信托公司主管投资运作，银行负责资金的募集和监管
	证券投资型	分散投资股票等证券标的	
	股权投资型（基于投资银行业务的理财产品均属于直接或间接的股权投资类产品）	私募股权类主要指理财产品直接或间接地投资于拟上市企业的股权或上市公司的定向增发。该类产品所投资的股权通常具有一定的锁定期，但是由于入股价格相对较低，因此在具有较大安全边际的同时，上市后的资本溢价亦较为丰厚	
		非上市公司股权类理财产品所直接或间接投资的股权不以上市退出为主要投资目的，而是更多地强调所投资股权增值后，通过非公开市场向确定或不确定的受让方转让。这种投资方式，类似于国外通行的"优先股"模式，即享受固定收益、优先获得分配、优先获得公司剩余财产的清偿；与之不同的是，该类理财产品所获得的股权并不放弃对应的表决权，甚至可能影响股权价值的投资决策，拥有一票否决权	
		股权收益权是指在标的上市公司的股权上派生出来的财产性权利，在法律上通常认定为基于合同的将来债权。由于该类产品能够在不改变股权名义归属的情况下，为企业盘活存量资产，因此受到了持有股票且不具备减持能力或减持意愿的企业广泛追捧	
代客境外理财		指具有代客境外理财资格的商业银行，受境内机构和居民个人的委托，以其资金在境外进行规定的金融产品投资的经营活动	产品特点是，投资者可以直接用人民币投资境外市场产品，但是可投资的境外金融产品和金融市场是有限的
结构化理财产品		运用金融工程技术，将存款零息债券等固定收益产品与金融衍生产品（如远期、期权、掉期等）组合在一起而形成的一种金融产品，简而言之，就是将产品分为"固定收益（本金）＋期权"的复合结构（如图3-6所示）	产品特点是，固定收益部分对投资本金的保障程度非常灵活，可以根据客户的需求具体设定，包括不保证本金安全、部分保本、完全保本以及承诺一个大于零的最低收益四种情况。期权部分可以挂钩不同标的，如利率挂钩（例3、4、5）外汇挂钩、指数挂钩或商品挂钩

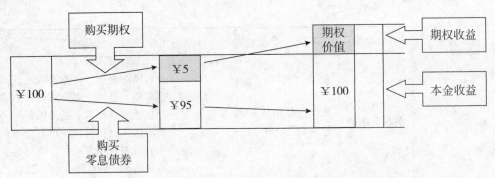

图3-6 结构化理财产品示意图

例1 建设银行利得盈信托贷款型（全）2008年第59期

产品期	2008年4月29日至2008年6月2日
预期收益率	认购金额5万~5000万元，预期年收益率3.90% 认购金额5000万元以上，预期年收益率4.02%
产品投资	通过信托计划用于向中国电信股份有限公司四川分公司发放贷款
提前终止条件	如基础资产项下债务人中国电信股份有限公司四川分公司提前全部还款，建设银行有权提前终止该产品 投资者不能提前赎回

例2 北京银行"心喜"系列2008110号："新动力"系列1年期新股申购理财产品

投资方向	信托产品的资金主要用于申购沪、深股市发行的新股，在不申购新股的时间，将投资于信贷资产、银行承兑汇票、同业存款、银行间债券等高收益资产
业绩报酬	如果该产品实现的年化收益率高于6%时，将收取超过部分的30%作为信托公司收取的信托报酬和北京银行收取的手续费

例3 农业银行—汇利丰美元3个月利率挂钩型

产品期	2008年3月17日至2008年6月17日
挂钩对象	3个月美元LIBOR
收益率计算	$4.5\% \times (N/M)$ N为计息期内3个月美元LIBOR在$[0, 6\%]$之间的天数 M为计息期内总天数 到期利息 = 本金×年收益率×天数/360

例 4   **星展银行—1 个月利率挂钩人民币保本产品**

产品期	2008 年 4 月 25 日至 2008 年 5 月 26 日
挂钩对象	1 个月美元 LIBOR
收益率计算	若定价日定价时间 1 个月美元 LIBOR≤3.25%，年率为 A% 若定价日定价时间 1 个月美元 LIBOR>3.25%，则年率为 1.80% A% 指银行于认购申请截止日当日北京时间约下午 4 时决定，并规定于投资产品确认书内的百分比年收益率，A%≥3.3%

例 5   **星展银行—3 个月利率挂钩人民币保本产品**

产品期	2007 年 12 月 4 日至 2008 年 3 月 4 日
挂钩对象	3 个月美元 LIBOR
收益率计算	若 3 个月美元 LIBOR≥3.75%，年率为 X% X% 指银行于认购申请截止日当日北京时间约下午 4 时决定，并规定于投资产品确认书内的百分比年收益率，X%≥3.40%。 若 3 个月美元 3.25%≤LIBOR<3.75%，则年率为 2.30% 若 3 个月美元 LIBOR<3.25%，则年率为 00%

例 6   **汇丰银行—保本投资产品货币挂钩**

挂钩对象	欧元兑美元汇率
收益率计算	累积回报 = 0.4583% × （N/M） N 为观察期内厘定汇价保持于协定兑换率范围内之香港营业日日数总和 M 为观察期香港营业日之日数总和 协定兑换率范围：交易日汇价 ±0.06～0.08

例 7   **交通银行—"得利宝·深红 3 号"产品澳元款**

挂钩对象	该产品挂钩一篮子汇率：马西里尔、丹麦克朗、挪威克朗、土耳其里拉等兑美元的汇率
收益率计算	货币篮子表现 = 期末巴西、丹麦、挪威、土耳其四国货币对美元汇率与期初汇率相比的变化幅度的平均值。 货币篮子表现>18%，实际年化收益率 = 篮子实际表现 货币篮子表现为 ［0%，18%］，实际年化收益率 = 18% 货币篮子表现<0%，实际年化收益率 = 0%

例8　　　　　**华侨银行—"聚保利"汇率挂钩产品美元6个月**

挂钩对象	欧元兑美元汇率
收益率计算	投资年收益率 = 红利年利率 + 最低保障年利率 最低保障年利率 = 0.5% 红利年利率：若观察期内：下限 ≤ 欧元兑美元汇率 < 上限，投资者可获得红利收益，否则经利收益为0%。 红利年利率 = （最终汇率 − 下限）×100%；最低为0%，最高为8.99% 上限为期初汇率 + 450点，下限为期初汇率 − 450点

例9　　　　　**中银北京分行"博弈"人民币1个月期**

挂钩对象	日元兑美元汇率
收益率计算	若在观察期（1月25日至2月2日）内的任意一个观察日内挂钩汇率达到或超过基准汇率（1月24日基初汇率 − 4），则客户获得年化收益为6.1%，否则为1%

例10　　　　　**上海浦东发展银行"汇理财"2006年第9期F2计划**

产品期	2006年12月30日至2007年12月30日
提前终止条件	银行每3个月有权提前终止理财产品，投资者不能提前赎回
挂钩对象	一篮子港股：建设银行、中国人寿、中银香港、招商银行
收益率计算	到期收益 = 最大值［16% − （最好的股票表现值 − 最差的股票表现值），0］

练习题

例10挂钩的4只股票涨幅分别为96.2%、47.41%、31.29%、−2.62%，则该产品的到期收益率是多少？

例11　　　　　**汇丰银行一篮子中国农业股票挂钩**

收益率计算	累积回报Ⅰ = 最高累积回报 ×（在观察期Ⅰ内篮子中每只股票收市价均等于或高于其相关下限股价之预计交易日的日数总和/在观察期Ⅰ内预计交易日之日数总和）/8 最高累积回报为22%，下限水平为93.5% 该产品每3个月为一个观察期
提前终止条件	在任何一个估值日期（不包括最后估值日期），如果表现水平 ≥ 触发水平（100%），结构性投资将会被自动提前赎回。 表现水平：篮子内所有股票当中股票表现最低的股票表现

例12   汇丰银行保本投资产品恒生指数挂钩（1个月）

挂钩对象	恒生指数
收益率计算	累积回报 $I =$ 最高累积回报 $\times N/M$ N 为投资期内每日指数表现水平 $\geq$ 期初指数水平70%的交易天数总和 M 为观察期交易日之和 最高累积回报：0.3092%（年利率3.1806%，按每年360天计）或银行于交易日全权决定的其他比率，而由银行最终决定的最高累积回报比率不会低于0.1944%（年利率2%按每年360天计）

例13   渣打银行保本型股票挂钩投资产品—农产品指数挂钩

收益率计算	每季观察，如果在第 I 季度观察日（$I = 1 \sim 10$），所有挂钩指数的收盘水平不低于其初始水平的92%，则该季度收益率 $= 6\% \times 60/360 = 1.5\%$，否则该季度收益率 $= 0\%$
提前终止条件	每季观察，若在第 I 个季度观察日（$I = 1 \sim 9$），所有指数收盘水平等于或高于各自初始水平的102%，该产品自动终止，投资者获得100%本金和当季相应收益

例14   中银北京分行"博弈"商品指数挂钩产品

挂钩对象	罗杰斯商品指数基金
收益率计算	产品到期收益 $= 60\% \times$ 指标月度平均表现（最低0%） 指标月度平均表现 $=$ 挂钩指标18个月度表现之和/18 挂钩指标月度表现 $=$ 每个月度观察日挂钩指标净值/挂钩指标期初净值 $- 1$

例15   星展银行"鼠"黄金1个月黄金价格挂钩

挂钩对象	美元计价的即期黄金价格
收益率计算	如在厘定日厘定时间的即期黄金美元价格 $\geq$ 800，则年率为 $A\%$ 如在厘定日厘定时间的即期黄金美元价格 $<$ 800，则年率为1.9% $A\%$ 由银行于认购申请截止日当日北京时间约下午4时决定，但不会低于3.3% 厘定日为2008年4月7日

练习题

例15中2008年4月7日黄金收盘价为923.2美元/盎司，则该产品的收益率是多少？

例16 **星展银行"鼠"黄金3个月黄金价格挂钩**

挂钩对象	美元计价的即期黄金价格
收益率计算	如在临监察期内任何时候的即期黄金美元价格曾经≥障碍水平，则年率为A% 如在临监察期内所有时候的即期黄金美元价格均＜障碍水平，则年率为0.75% A%不会低于6.25% 障碍水平：111%×起始黄金美元价格 监察期：申请截止日至厘定日（2008年7月1日）

练习题

例16中起始价格为904.90美元/盎司、障碍水平为1004.44美元/盎司，则产品收益率应如何计算？

例17 **东亚银行"聚圆宝"投资产品**

挂钩对象	芝加哥交易所（CBOT）的一篮子期货：玉米、大豆、小麦
收益率计算	每个季度支付一次 季度投资收益率为： （1）若相关季度观察日挂钩篮子商品内最逊色商品的表现是≥0%，该季度支付日的投资收益率为2.5% （2）否则该季度支付日的投资收益率为0%

例18 **东亚银行"溢利宝"投资产品**

挂钩对象	该产品挂钩标的为：中化化肥、尚德太阳能电力、白金、大豆
收益率计算	投资收益＝投资金额×｛参与率×最大值［（平均表现−88%），0%］｝ 　参与率：150%−180%，交易日厘定 　平均表现：第1个观察日至第8个观察日（包括前后两个观察日）的"最逊色表现"总和/8 　最逊色表现：就任何1个观察日而言，最逊色表现为在相关观察日表现最逊色挂钩标的之表现

例19 **民生银行非凡理财FOF—基金精选**

投资方向	开放式基金、封闭式基金以及其他创新型基金
流动性	封闭期结束后，投资者每月有一次赎回机会，赎回费用为0.5% 若产品余额低于2亿元，银行有权提前终止
业绩报酬	当投资收益超过最大值［10%，业绩比较基准］，银行收取业绩报酬 业绩比较基准：天相开放式基金净值指数 计算方式为：（年化收益−比较基准）×30%

例 20 工商银行首款 QDII 产品

产品期: 2006 年 8 月 15 日至 2007 年 2 月 12 日。

购汇日: 2006 年 8 月 9 日, 当日汇率中间价为 7.9780。

2007 年 1 月 15 日每百美元市值为 102.95 美元, 因为买入票据价格为 $99.70/百元面值, 所以产品的美元收益率为 3.26%。

A 款产品由于按 7.8715 的汇价做了远期结汇, 所以汇兑损失控制在 1.35%, 产品收益率为 1.91%。

B 款产品未规避汇兑风险, 1 月 15 日汇率为 7.7938, 人民币汇率升值幅度已达 2.25%, 截至当日产品的实际收益率只有 1.01%。

四、新型理财产品

1. 挂钩利率的理财产品

此类理财产品多挂钩 1 个月、3 个月与 6 个月美元 LIBOR (伦敦同业拆借利率)。

另外建设银行最新推出了 3 款挂钩利率的理财产品:

香港同业拆借利率 (HIBOR)、欧元区银行间拆借利率 (EURIBOR)、澳洲金融市场协会银行券参考利率 (BBSW)。

挂钩利率理财产品的类型:

固定收益型: 当日 LIBOR 在 [0, X] 之间, 即有收益。

浮动收益型: 观察日 LIBOR 在 X 以下, 即有收益。

2. 挂钩汇率理财产品的类型

(1) 每日累积型: 任一天挂钩的汇率落在预设区间内, 则当天获得约定收益, 否则当天收益为 0。

(2) 单日决定型: 产品期内有一个或数个观察期, 每个观察期最后一天为观察日, 当天如果挂钩的汇率在预设区间内, 则该观察期获得约定收益; 否则该观察期收益为 0。

(3) 期间观察型: 产品期内有一个或数个观察期, 每个观察期内, 如果每一天挂钩的汇率都在预设区间内, 则该观察期获得约定收益; 否则该观察期没有收益。

(4) 突破获利型: 观察期内任一日挂钩汇率超过基准汇率, 则投资者获得约定收益率。

3. FOF 理财产品

FOF (Fund of Fund, 基金中的基金, 即投资于其他基金的基金)。目前基金尚不允许 FOF 形式, 因此 FOF 形式主要存在于银行理财产品及券商理财产品中。其特征是采用间接持有的方式, 即通过持有其他基金而间接持有股票、债券等。

4. QDII

QDII (Qualified Domestic Institutional Investors) 即合格境内机构投资者, 是一项投资制度, 允许在资本账户未完全开放的状态下, 内地投资者往海外资本市场进行投资。此项业务是自 2006 年 4 月 17 日, 中国人民银行、中国银行业监督管理委员会与国家外汇管理局共同

制定并发布《商业银行开办代客境外理财业务管理暂行办法》开启的境外投资渠道。

因为近年来人民币汇率升值趋势明显（如图3-7所示），所以外资银行 QDII 产品多会使用远期结售汇方式来锁定汇率损失。

（时间）

图3-7　人民币汇率走势

五、理财产品的相关日期

一款理财产品的销售分这样几个阶段，首先是宣传期，主要是向潜在的理财产品购买者介绍即将发售的理财产品的期限、风险、收益、起售规模等。其次是销售期，从销售阶段开始，客户可以与银行签订理财合同，购买理财产品，直到销售结束日。但在这个阶段，客户交付的资金是没有任何收益的。最后是投资计息期，即客户投入的资金从投资起始日始，直至投资到期日停止计算收益的。到期日后就是兑付日，本金和理财收益就回到客户的账户里，可以支取。如图3-8所示。

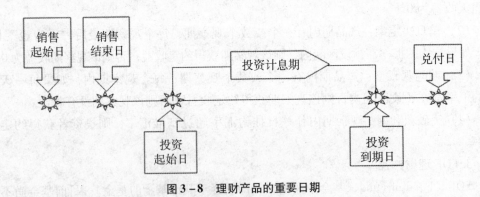

图3-8　理财产品的重要日期

六、理财产品的相关概念

1. 预期收益率

预期收益是根据理财产品组合中的各种产品的收益按照一定比例综合计算出来的收益。预期收益率只是按照历史情况对未来的一种预测，很多时候预期年化收益率与最终的实际年化收益率是不一致的。所以投资者在被一些理财产品的高预期收益率吸引时，要仔细看一下此款产品的投向，并确认是否保本。

到期收益的计算：本金×实际收益率×（实际投资天数/一年360天）

同一款产品投资门槛越高，其预期收益率也会越高。比如同一款产品会设定5万元、20万元、100万元等不同的起售金额，对应的收益也会逐渐增高。

2. 银行风险等级

按照银监会发布的《商业银行理财产品销售管理办法》的要求，银行需对自身的客户、理财产品进行分级，由低到高至少包括五级。有的银行把理财产品风险分为"低""较低""中等""较高""高"至"极高"五级或者六级，另一些银行则采用从1级至5级风险逐渐递增的标识方法，比如"R1"～"R5"，这里的R即是英文Risk（风险）的缩写，通常R1就对应"低"，R5就对应"高"。不同风险评级的产品，只能销售给对应评级以上的投资者。

银行风险等级一般根据理财产品的投资范围、风险收益特点、流动性等不同因素来设定的。比如银行常用的五级分类：谨慎型产品（R1）、稳健型产品（R2）、平衡型产品（R3）、进取型产品（R4）、激进型产品（R5）五个风险等级，对应不同类型的投资者。

一般风险级别R1的为保本保收益或保本浮动收益类；R2级别以上的为非保本浮动收益类型，风险依次升高。

R1和R2级：投资范围基本一样，多为银行间市场、交易所市场债券，资金拆借、信托计划及其他金融资产等，并且规定了各类资产的比例。这两者的主要区别在于，具体品种的投资比例不同。通常来看，R1级别投资低风险部分的比例更高，R2级别投资相对高风险的比例更高，且R1级别的产品通常具有保本条款，也就是我们常见的"保本保收益类"或"保本浮动收益类"产品，本金基本是不会损失的。

R3级：这一级别的产品除可投资于债券、同业存放等低波动性金融产品外，还可投资于股票、商品、外汇等高波动性金融产品，后者的投资比例原则上不超过30%。该级别理财产品不保证本金的偿付，有一定的本金风险，结构性产品的本金保障比例一般在90%以上，收益浮动且有一定波动。

R4级：该级别产品挂钩股票、黄金、外汇等高波动性金融产品的比例可超过30%，不保证本金偿付，本金风险较大，收益浮动且波动较大，投资较易受到市场波动和政策法规变化等风险因素影响，亏损的可能性较高。

R5级：该级别产品可完全投资于股票、外汇、黄金等各类高波动性的金融产品，并可采用衍生交易、分层等杠杆放大的方式进行投资运作。本金风险极大，同时收益浮动且波动极大，投资较易受到市场波动和政策法规变化等风险因素影响，当然，对应的预期收益也会较高。

通常来说，银行理财产品以R1、R2较多，R3较少，R4、R5则很少见，对于普通投资者来说，R1、R2级别就差不多了。产品投资组合里面如果有"股票"，风险级别至少在R3以上。挂钩型产品中保本浮动收益或保本保最低收益一般也属于R2级别。

R1 级别的年化收益率一般在 3%～5%，如果超过 5% 到 8% 或者更高，那就要小心了，很可能这款产品存在虚假销售。

此外，不同评级的产品起点金额也会不同。例如，有的银行规定，风险评级为一级和二级的理财产品，单一客户销售起点金额不得低于 5 万元；风险评级为三级和四级的理财产品，单一客户销售起点金额不得低于 10 万元；风险评级为五级的理财产品，单一客户销售起点金额不得低于 20 万元。

第二节　银行理财产品风险

 阅读材料 1

在过去的十年当中，银行理财业务快速发展，市场规模从 2004 年 1000 亿元的发行量，增长到 2013 年三季度末资金余额接近 10 万亿元（同期我国居民储蓄余额约 40 万亿元），并在很多年保持了 100% 的增长率，不仅成为普通百姓投资理财的首选，也逐渐成为商业银行近年来新的业务增长点。

银行理财产品资金流向从统计数据来看，主要流向以下三个方面：

（1）信贷缺口（受国家收紧信贷影响）。

（2）房地产行业。

（3）地方债务平台。

值得警惕的是，现在这种理财产品不仅仅是很多居民在参与，也有很多实体企业利用股票增发和融资之类的模式将募集的资金投入到短期理财产品中来获得高收益，这是社会成本高企而实体经营环境恶化的另外一种表现方式。一个以高利贷模式为支撑的经济循环，资金链自然会越绷越紧，最终的结果必然是崩溃。对于银行来说，这些都是表外资产，处于央行的监管视线之外，不像储蓄存款一样有国家信用来兜底，如果出现大规模的兑付危机，必然会造成社会危机。

思　考

银行销售的理财产品与银行储蓄有哪些不同？

讨　论

如何解释上述阅读材料中所说的"一个以高利贷模式为支撑的经济循环，资金链自然会越绷越紧，最终的结果必然是崩溃"？

 阅读材料 2

2012 年 11 月 26 日，客户从华夏银行上海嘉定支行购买的"中鼎财富投资中心

（有限合伙）入伙计划"首期产品到期，客户发现本息均无法兑付。华夏银行方面认为，嘉定支行销售的这一投资产品未在总行报备，更未按程序报监管部门审批、报备。涉及亏损的理财产品并非公司出售，而是前员工濮婷婷私自代售行为。

在华夏银行事发后，中金发布报告称，假如监管机构要求华夏银行兜底（赔偿投资人）将后患无穷。在产品并非银行发行、渠道并非银行代销、高收益（11%～13%）非保本条款、50万元认购门槛等情况下，若仍然需要银行兜底，则进一步强化社会对银行兜底的预期，对银行甚至所有金融机构是灾难性的冲击，而且会进一步扭曲金融体系风险定价体系。

继华夏银行、工行皆因员工私售理财产品陷入舆论旋涡之后，银行近期频繁因理财产品陷入是非乱局。

回顾系列事件，不难发现，纠纷背后是投资者对银行的高度信赖，但银行的内控管理漏洞显然辜负了客户"盲目"的信任。

一位曾经私售过理财产品的银行人士说，通常客户购买理财产品时，只要客户不问，他并不会主动去向客户介绍该款产品的详细情况以及可能存在的风险。私售时，更不会主动向投资者说明，该产品并非银行正规渠道产品。

投资者通常认为银行柜台销售的理财产品安全有保障，并不仔细去分辨风险，这份信任为银行理财产品的顺利销售奠定了基础，也为银行员工私售行为提供了便利。

 阅读材料3

就在银监会因"华夏银行上海分行理财产品事件"而祭出重拳、大力整治银行理财业务的时候，又一桩银行员工私卖"理财产品"涉嫌犯罪的事件浮出了水面。

从2011年起，中信银行郑州黄河路支行支行前副行长郭文雅等人以超过银行同期利率数十倍的高额回报，向多位中信银行客户销售"理财产品"数千万元，再将吸纳到的资金通过"发放高利贷"牟利，最终资金链断裂。据初步统计，共有110多名银行客户的4000万元无法追回。

该行相关工作人员称涉事副行长郭文雅早已经辞职，同时该产品也并非中信银行正规发售的理财产品，客户是与借款公司签订的"借款合同"，与中信银行没有关系。

然而据多位受害人提供的资料显示，郭文雅的这份以钱生钱的"生意"从始至终都是在中信银行黄河路支行的营业大厅和办公室里完成的；郭文雅对所有受害客户一直公开称该"理财产品"是中信银行的"联合理财项目"；除郭文雅外，还有多名中信银行黄河路支行的员工"参与项目"。而以上的一系列违规操作持续时间长达数月，该行内部居然"无人察觉"，银行应有的内控可称"失控"。

2011年6月，家住河南郑州的刘先生到中信银行黄河路支行营业大厅办理业务，该支行工作人员随即向他推荐了一款"理财产品"，称每天按1.3‰付息结算，三个月到期。当刘先生询问项目资金的具体投放标的，以及为何会有如此高的收益率时，该支行副行长郭文雅告知他：这款产品为银行发售的联合理财项目，届时银行将把筹集的资金投向企业贷款、汇票等领域，并明确保证了该"理财项目"的安全性和高收益性。

随后，在郭文雅的办公室里，刘先生签下了"理财合同"，并通过POS机支付了110万元。刘先生注意到，他所持有的"理财合同"上的公章并非中信银行，而是一家名为"郑州润泽服装有限公司"的企业，整个合同中也没有出现"中信银行"字样。然而郭文雅及多位中信银行黄河路支行的工作人员信誓旦旦的向他保证"银行的项目绝对没问题"，另外还提供了一家本地"投资公司"（实为担保公司）的担保书，出于对银行工作人员的信任，刘先生最终打消了疑虑。

在随后的几个月里，刘先生投入的首期110万元均能如期还本付息，在高收益率的诱惑下，刘先生加大了投资金额，先后共投入230万元。

2011年11月8日，在约定的新一个还本付息日，刘先生未能按约收到本金及利息。当他向中信银行黄河路支行工作人员询问情况时，却意外得知这款"理财产品"已无法兑付，而经办的副行长郭文雅已经辞职。更让刘先生意想不到的是，当他拿着理财合同去找中信银行时，该行负责人却告知他：这款产品不是中信银行发售的理财产品，合同上并非中信银行的公章，刘先生的损失与中信银行没有关系。

"我当时赶紧给郭文雅打电话，但是已经找不到她了。"刘先生回忆道。

2012年年初，郑州市公安局经侦支队按"个人诈骗"对此事立案，并对主要涉案人员郭文雅进行了批捕。截至案发时，仍有4000万元左右的客户资金无法追回。

随着受害客户的追讨及警方的加入调查，以郭文雅为首的中信银行黄河路支行部分员工的"资金腾挪术"逐渐现形。

据了解，案发前郭文雅在中信银行黄河路支行分管贷款业务，她利用职务之便，指使该行部分员工以银行理财、承兑汇票、定期存单等名义高息揽储，再以月息3分乃至更高的利率，将客户资金通过担保公司投向急需贷款的企业，息差收益除部分支付客户外，大部分被郭文雅等人瓜分。如漯河广东瑞诚制衣厂向其借款501万元，实际仅支付411万元，差额90万元被郭文雅及其他涉案人员以"提前计息"为名扣留。

而受害者所持的"理财项目合同"更为彻头彻尾的骗局：合同上所写的借款公司并非真实的借款公司，如前文刘先生"理财合同"上的郑州润泽服装有限公司，其负责人姚先生就表示"从未取得中信银行黄河路支行的任何贷款"，仅与该支行有过融资意向的接触。而郭文雅正是利用自己的职务之便，从与有融资需求的企业的前期接触中获得了它们的营业执照等各种盖有公章的证明文件，再以这些公司的名义炮制"理财合同"，骗取客户资金"放高利贷"。

但这种"拆东墙补西墙"的资金腾挪法因缺乏对借款企业实力考察的风控环节，而显得极为脆弱。在这数千万元的资金循环路径中，因贷给漯河广东瑞诚制衣厂等三家企业的近4000万元无法如期收回，资金链最终断裂。

骗局曝光后，众多受害客户极为愤慨：银行副行长亲自发售的"理财产品"竟是彻头彻尾的骗术！

据多位受害者事后回忆，郭文雅、贾芳芳（另一涉案中信银行员工）等人平日出手阔绰，出入均是奔驰、途锐等豪车。据警方的调查，贾芳芳还以其丈夫的名义在湖北宜昌长江边上的黄金地段购买了别墅豪宅，并投资800余万元购地建厂。而贾芳芳则向警方供述称："每笔借款，郭文雅都会从中提取20%的合作费。"

郭文雅的骗局曝光后，中信银行在其中扮演的角色成为受害者和媒体关注的焦点。面对媒体的询问，中信银行涉事支行员工矢口否认"存在失察过失"，律师事务所的律师认为银行是否担责，要看员工的违规操作在多大程度上让客户或受害人相信"理财产品"是银行发售的产品或者与其他机构合作的产品，"比如银行员工在与客户签署的文件上用了银行的公章，又或者银行员工在银行办公场所、在工作时间内完成了销售过程"。

部分受害客户事后反思，是短期逐利心理使他们忽视了其中风险；但郭文雅"银行副行长"的"权威"身份也是他们最终上当受骗的重要因素。"如果不是中信银行（支行）副行长的信誉保证，我们决不会这样轻信。我们差不多都是在郭文雅的办公室里谈利息、签合同的。"受害人杨先生表示。

据知情人透露，中信银行的上述"理财乱象"与该行长期以来的管理混乱有着极大的关系。"除了郭文雅之外，其他几位涉案人员其实都不是中信银行的正式工作人员。"如贾芳芳，从进入中信银行工作以来，从未领取过工资，却一直穿着中信银行员工的工作服、以郭文雅的工号进行揽储和理财工作。警方的资料显示，另一位名叫刘雯雯的涉案员工，也是在2011年7月中旬被招募来做理财业务的"临时工"，未经任何考核便上岗工作了。

近年来，随着商业银行理财业务的大发展，一些银行员工非法吸存、私售非银行投资产品、非法集资案件频频被曝出。仅以中信银行为例，短短两年内，前有海南分行前职员邓倩娴以"过桥业务"诈骗公众资金3.5亿元，后有温州分行高某违规挪用客户2000万元资金投向高利贷。

而事发后银行的处理路径也如出一辙：先开除或免职涉事员工，随后对外宣称"其个人行为与银行没有关系"银行员工以银行的名义进行的违规违法行为，给投资者造成了巨大损失，最后却要投资者独自咽下苦果。

所以提醒投资者，在购买银行理财产品前，一是要核对银行公章，确认购买投资理财产品的合同文件、业务凭证与交易行为一致（一般来讲，银行会在自营理财产品的投资合同上加盖银行公章；理财产品发行机构会在委托银行代理销售的理财产品的投资合同上加盖公章，银行则会在汇款等业务凭证上加盖公章）。二是要在银行网点或银行官方网站等正规途径购买银行销售的投资理财产品。三是要通过银行系统直接购买投资理财产品，不能将资金转入他人账户。四是要妥善保管自己的银行卡、密码、网银密钥等，不能交给他人保管，也不能通过他人购买投资理财产品。五是要配合银

行对理财产品的销售过程进行全程录音录像。

 **阅读材料4**

投资人陈先生本以为使用网银购买理财产品更方便，但没想到遭遇了投资陷阱，自动连投了低收益产品导致资金冻结。原来银行理财产品的销售和网络操作中存在多个"陷阱"：

陷阱1，网银默认系统自动转投理财产品。

根据陈先生的表述，2013年年底，他用工行网上银行购买了一笔名为"财富稳利147天"的理财产品，当时年化收益率是4.85%。

"虽然产品收益率跟其他银行相比不高，但是在工行客户可选择的范围内已经是很高的了。"陈先生表示，2014年4月23日产品到期，购买时他没选"是否自动再投"的选项，但它默认为"是"，陈先生说，当时没搞明白啥意思，以为是4月23日到期可以连本带利拿出来。

"结果到期了，除了收到一条迟到的分红短信提醒之外，就没有下文了，我满心等着把本钱赎回可以买别的银行的产品，结果等到4月27日也没动静，再到网上银行一看，才发现工行已经帮我又买了一期，下次到期要到9月份，而且我已经无法撤单。"陈先生当时马上给工行打电话，希望他们帮忙撤单，结果折腾了两天，对方先后多人来电，说是选自动转投的，无法撤单。陈先生表示，他当初没有选择自动转投，但网上银行默认设置为"是"，而不是"否"，存在销售陷阱。此外，既然可以有分红短信提醒，但银行在其续买的时候，却没有提示短信，存在误导。但涉事银行相关人士昨日向记者表示，该行的系统其实已经提示并要求客户确认，因此客户在购买产品的时候一定要看清楚相关细则和选项。

陷阱2，购买时间并非起息时间，到期时间并非到账时间。

购买理财产品的时候，起息时间和到账时间是一个最容易被忽略的陷阱。比如说，银行在某些时间点会推出一些抢购的产品，若抢到了一款30天，年化收益率是5%的理财产品，然而它的起息时间（成立日）却是四天后，那么也就是说，在抢购封闭到起息开始的这四天，购买这款理财的资金都只能按照活期利息计息。"持有这款理财的时间无形中增加了4天的时间，折算后这款理财的有效年化收益率其实也只有4.41%而已。"与此同时，很多理财产品的到期时间（到期日）也并非到账时间。

陷阱3，默认程序"使坏"理财账户资金无利息。

目前银行还会在多个地方设置利于自己的程序。例如黄先生近日通过某股份制银行的网银购买了基金产品，但是基金到期数日后，黄先生一直没有在账户内看到这笔资金。随后黄先生找到银行咨询才发现，自己赎回的资金自动转到了理财账户上。"这笔理财账户的资金和活期账户是相连的，但是理财账户的资金是不计息的。"也就是说，如果这笔钱他不及时操作转到活期账户，那么这笔钱等于是零利率。

阅读材料 5

一位在证券业工作十年、与银行有密切业务往来的资深业内人士表示，银行会将不同期限和类型的理财产品放入一个资金池中，因为银行的理财产品是滚动发售的，这个资金池的资金始终保持着一个大致的规模，这相当于基金产品的运作模式。资金池中一般是由债券、信托投资、同业存款三种类型收益组成。

"简单打个比方，资金池中债券占50%，大概收益可以到3%~5%，信贷资产类一般是指股票或者基金等产品信托计划，占30%，收益预计为8%，另外一些同业存款收益率2%左右，对这些资产收益再进行加权平均计算，这就是对外的预期收益率。"这位业内人士透露。

在这个过程中，银行系统扮演的角色较为主动，银行的经验、技能、判断力、执行力等都可能对产品的运作及管理造成一定影响，并因此影响客户收益水平。银行客观上有调节特定时段理财产品收益率的空间，在"资金池"模式下，银行只要确保付给投资者的加权平均收益率不要高过资金池的加权平均收益率。假设银行给投资者是3%，但运作下来可能是5%，剩下的两点就都进入银行口袋。

分析各上市银行业绩报告可以看出，理财成为拉动中间业务增长的最重要引擎。因为理财产品为银行赚到超过其他中间产品的更高收益，银行就不断地推出新型理财产品，还以业绩、收入、升职等条件要求银行工作人员对产品进行推销。

一位资深业内人士表示，许多股份制银行和外资银行的理财经理的主要职责是销售，只有完成了指标他们才能得到相应的收入，个人的职务升迁也与经济指标挂钩。通常，银行理财经理会向购买者推荐银行与第三方合作的产品，因为销售人员可获得5%~7%的提成奖励。一个营销水平高的理财经理一年仅提成就能挣到四五十万元。

"为了完成任务，实现个人发展目标，因此很多理财经理在销售理财产品时，过多地说了收益，而人为地弱化了风险。"这位资深人士表示，因为只有卖出去理财产品，这些理财经理才有收益，不管最终这个理财产品是否到达预期收益，这个理财产品的提成已经落入理财经理的口袋。

思考

从阅读材料1~5中，分析银行理财产品的风险都有哪些？

讨论

投资者如何防范银行理财风险？

实验六 银行理财产品类型及收益率调查

实验内容：

1. 了解主要银行的银行理财产品类型：期限、投向、预期收益率。

2. 根据所了解的数据，绘制统计图和统计表。

3. 分析当前银行理财产品市场特点和发展趋势。

实验报告六

1. 主要银行理财产品期限。

2. 主要银行理财产品投向。

3. 主要银行理财产品预期收益率。

4. 当前银行理财产品市场特点及趋势分析。

第四章　互联网理财及互联网金融

第一节　互联网理财产品

随着互联网金融的发展，大量的网络理财产品不断涌现，随着"各种宝"等理财产品的火热推出，互联网销售理财产品开始接连掀起"抢钱"活动，不过，投资者不要被所谓的"高收益"忽悠，应更多关注理财产品的历史业绩和投资能力。

互联网理财的内容除了"各种宝"之外，还包括网上股票理财、网上计算存贷款利息、网上投保、网上自助缴费、网上自助转存、网上自助汇款、网上自助贷款、网上账户挂失、网上理财咨询等。

一、"各种宝"类理财产品

"各种宝"类理财产品的本质其实就是投资门槛低、灵活度高、风险较低的各种货币基金投资。表 4－1 是 2015 年 4 月"各种宝"类产品的收益列表。

表 4－1　　　　　　　　　　"各种宝"类产品（1）

产品	对接基金	万份收益	7 日年化	购买门槛	取现限额	变现速度	申购状态	规模（亿元）	区间收益
余额宝	天弘增利宝	1.1355	4.272	1 元	5 万	实时（有条件）	可申购	7117.24	—
零钱宝	广发天天红	1.0822	4.281	1 元	14.99 万	实时（有条件）	可申购	169.51	—
广发钱袋子	广发钱袋子	1.0942	4.168	0.01 元	50 万	实时	可申购	60.22	—
零钱宝	汇添富现金	1.0116	4.498	1 元	14.99 万	实时（有条件）	可申购	331	—
汇添富现金	汇添富现金	1.0116	4.498	0.01 元	500 万	实时	可申购	331	—
微信理财通	华夏财富宝	1.1277	4.254	0.01 元	6 万	延时	可申购	545.14	—

续　表

产品	对接基金	万份收益	7日年化	购买门槛	取现限额	变现速度	申购状态	规模（亿元）	区间收益
百度百赚利	嘉实活期宝	1.073	4.157	0.01元	5万	实时（有条件）	可申购	244.53	—
平安盈	南方现金增	1.02621	4.065	0.01元	100万	实时	可申购	515.12	—
平安盈	平安大华日	1.0803	4.154	0.01元	100万	实时	可申购	121.33	—
现金袋	申万菱信收	0.805	1.251	1000元	50万	实时	可申购	0.48	—
民生如意宝	民生加银现	1.1005	1.395	0.01元	500万	实时（有条件）	可申购	184.28	—
民生如意宝	汇添富现金	1.0116	4.498	0.01元	500万	实时（有条件）	可申购	331	—
交银现金宝	交银货币A	0.8961	4.498	100元	50万	实时（有条件）	可申购	10.1	—
工银薪金宝	工银薪金宝	1.6771	4.144	100元	无	隔日	可申购	104.33	—
百度百赚	华夏现金增	1.0321	3.757	0.01元	20万	实时	可申购	735	—
增值宝	建信货币	0.9742	3.757	0.01元	50万	实时	可申购	178.59	—
博时现金宝	博时现金宝	1.0481	3.934	100元	50万	实时	可申购	5.3	—
活期乐	嘉实货币A	1.0865	4.451	1元	25万	实时（有条件）	可申购	260.68	—
掌柜钱包	兴全添利宝	1.0826	4.633	0.01元	3000万	实时（有条件）	可申购	698.67	—
微信理财通	汇添富全额	1.1103	4.422	0.01元	25万	延时	可申购	110.4	—
华夏活期通	华夏现金增	1.0321	8.367	0.01元	20万	实时	可申购	735	—

产品	对接基金	万份收益	7日年化	购买门槛	取现限额	变现速度	申购状态	规模（亿元）	区间收益
南方现金宝	南方现金增	1.02621	4.065	100元	50万	实时	可申购	515.12	—
现金快线	工银货币	1.0908	4.067	0.01元	100万	实时	可申购	995	—
众禄现金宝	银华货币A	1.023	3.72	100元	50万	实时	可申购	18.92	—
众禄现金宝	海富通货币	1.0862	3.827	100元	50万	实时	可申购	9.74	—
国泰超级钱	国泰货币	1.2446	4.217	100元	50万	实时（有条件）	可申购	9.54	—
国泰超级钱	国泰现金管	0.8114	8.111	100元	50万	实时（有条件）	可申购	2.32	—
易方达E线	昂方达天天	1.0966	4.046	1元	50万	实时（有条件）	可申购	341.86	—
中银活期宝	中银活期宝	1.0041	4.099	1元	30万	实时（有条件）	可申购	43.27	—

1. 余额宝——阿里巴巴

2013年6月诞生的"余额宝"，将天弘基金的基金直销系统前置到支付宝网站里，一元起买，用户购买很方便，门槛相对较低。到2013年11月14日，资金规模就突破了1000亿元。仅不到半年的时间，资金规模已结接近一个中小型银行的水平。

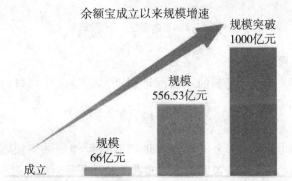

图4-1 余额宝成立以来资金规模

那么"余额宝"的运行机制是怎样的呢？我们从图 4-1 中可以看出，余额宝本身就是一个通道，用户转到余额宝里的钱，其实是直接给了余额宝背后的天弘基金，天弘基金是一支货币基金，它将"余额宝"输送过来的钱集中起来，投资到只有机构才能进入的银行间市场（货币市场），主要投资于短期货币工具，如国债、中央银行票据、银行定期存单、政府短期债券、企业债券、同业存款等短期证券。同时，货币基金保留一定余额，不做投资，这笔余额主要是保证用户可以实时提走自己的钱，满足流动性。

对于银行来说，需要从储户那里吸纳存款也需要一定的成本，比如银行需要维持网点运转、聘请专人去找大客户的物业成本、管理成本、人力成本及利息支付成本。

而"余额宝"的好处是它通过互联网，低成本地吸纳散户的小额资金，凝聚起来通过货币基金投向货币市场，成本不高。于是银行在货币市场上只需要付出利息就可以获得资金，对于网点较少存款较少的银行来说，这种方式可以帮助银行获得更多资金。

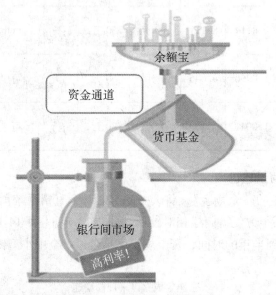

图 4-2 "余额宝"运行机制

2. 百发——百度理财

百度百发，同样是一元起购的互联网理财产品，是百度理财与华夏基金强强联手诞生的互联网金融产品。

3. 微信理财

随着微信 5.0 版本上线，金融机构将理财业务延伸到微信领域。客户通过微信不仅能了解理财产品信息，还能管理账户、缴费充值。开通微信理财，客户可先添加微信上不同金融机构的微信账号，随后通过便捷地互动就能方便地进行一对一业务咨询，也能随时查询自己的账户信息。享受微信理财便捷的同时，不少人担心微信理财的安全性。目前一些金融机构相关账号太多，要识别账号的真假，同时注意个人信息安全。此外，有些机构对微信平台的交易数据全程加密，不在微信中储存客户身份。用户如担心交易信息外泄，可经常清除聊天记录。

4. 网络理财优势

费率低，门槛低。网上理财足不出户，认购、申购、赎回、转换等一系列操作总共只需要几分钟时间。费率方面，网上购买理财产品可为投资者节省一笔不菲的费用。由于过去商业银行基本垄断了理财产品的销售渠道，收取的费用较高。同一款基金的销售，在银行购买基金的标准申购费率为 1.5%，通过网上购买基金的申购费率为 0.6%。此外，很多网上购买基金有第三方"倒贴"基金费率的优惠政策。

除此之外，通过互联网渠道购买基金起点更低，周期更短。在银行购买短期理财产品的投资起点一般为 5 万元，这对于中小投资者而言仍是一个较高的门槛，而"支付宝"等理财产品将门槛放到更低，用一元钱的低价迎合了投资者的心理，吸引了数百万客户加盟；在周期上，以一个月、一周，甚至一天为周期的理财计划"崭露头角"，可以为愿意投资股票和债券的投资者提供极大的便利。

在收益率上，包括"支付宝"在内的理财产品不仅能够提供高收益，同时支持网上购物、支付宝转账等多种功能。

5. 银行理财优势

银行理财是传统渠道。在投资类型上，通过银行渠道可以买到更多类型的基金。银行代销基金公司的基金产品，包括股票型、债券型、指数型、混合型、私募基金、期货基金等。而互联网渠道目前主打的是货币型基金。

在银行买基金可以满足愿意拿出大额资金，愿意投资于成长型基金的投资者。网上买的货币型基金产品就像储蓄，收益率要小一些。

同时，通过传统渠道购买理财产品更有保障。大型国有银行控股的基金公司，资金雄厚，并拥有经验丰富的金融理财队伍，能为为投资者提供及时而权威的理财规划与建议。互联网金融的新兴理财产品风险相对较高，而银行等传统渠道购买基金等理财产品风险较低。业内人士表示，一方面是业务上的风险，包括违约等法律风险；另一方面互联网虽然信息透明度比较高，但同时带来了个人隐私泄露的隐患；此外，第三方支付平台的安全性要较银行账户低，被盗风险大，由"支付宝"等第三方机构出具的电子存款凭证，存在由网络安全问题造成资金损失的风险。

二、互联网金融

互联网金融（ITFIN）是指以依托于支付、云计算、社交网络、搜索引擎、App（App，应用程序）等互联网工具，实现资金融通、支付和信息中介等业务的一种新兴金融。

从互联网特性来看，互联网的便捷性打通资金链条，降低了理财品管理及运营成本，互联网的长尾效应聚合个人用户零散资金，既提高了互联网理财运营商在商业谈

判中的地位，也使个人零散资金获得更高的收益回报。

目前互联网金融主要有以下六种模式：P2P、众筹、大数据金融、第三方支付、信息互联网金融门户、化金融机构。

1. P2P

P2P，即"点对点""人对人"，主要是指投资方通过有资质的网络平台（第三方公司）作为中介，与融资方（理财方）达成借款（投融资、理财）合意，网络平台收取中介费用的行为。受目前我国金融环境和社会环境的影响，P2P 网络贷款的主要模式包括：传统模式、债权转让模式、担保模式、O2O（线上线下结合）模式。

2. 众筹

众筹，即大众筹资或群众筹资，是指用团购＋预购的形式，通过互联网方式发布筹款项目并向网友募集项目资金的模式。众筹利用互联网和 SNS（社会性网络服务）传播的特性，让小企业、艺术家或个人对公众展示他们的创意，争取大家的关注和支持，进而获得所需要的资金援助。相对于传统的融资方式，众筹更为开放，能否获得资金也不再是由项目的商业价值作为唯一标准。只要是网友喜欢的项目，都可以通过众筹方式获得项目启动的第一笔资金，为更多小本经营或创作的人提供了无限的可能。其特点在于低门槛、多样性、依靠大众力量、注重创意。目前众筹融资有债权众筹、股权众筹、奖励式众筹、捐赠众筹四种模式。

3. 大数据金融

大数据金融是指集合海量非结构化数据，通过对其进行实时分析，可以为互联网金融机构提供客户全方位信息，通过分析和挖掘客户的交易和消费信息掌握客户的消费习惯，并准确预测客户行为，使金融机构和金融服务平台在营销和风控方面有的放矢。大数据的关键是从大量数据中快速获取有用信息的能力，或者是从大数据资产中快速变现的能力，因此，大数据的信息处理往往以云计算为基础，广泛应用于电商平台，以对平台用户和供应商进行贷款融资，从中获得贷款利息以及流畅的供应链所带来的企业收益。目前，大数据服务平台的运营模式可以分为以阿里小额信贷为代表的平台模式和京东、苏宁为代表的供应链金融模式。

4. 第三方支付

第三方支付是指非金融机构作为收、付款人的支付中介所提供的网络支付、预付卡、银行卡收单以及中国人民银行确定的其他支付业务。从发展路径与用户积累途径来看，目前市场上第三方支付公司的运营模式可以归为两大类：一类是独立第三方支付模式，是指第三方支付平台完全独立于电子商务网站，不负有担保功能，仅为用户提供支付产品和支付系统解决方案，代表企业有"快钱""首信易支付"等。另一类以支付宝、财商通为首的依托于 B2C、C2C 电子商务网站提供担保功能的第三方支付模式。货款暂由平台托管并由平台通知卖家货款到达、进行发货，在此类支付模式中，买方在电商网站选购商品后，使用第三方平台提供的账户进行货款支付，待买方检验物品后进行确认后，就可以通知平台付款给卖家，这时第三方支付平台再将款项转至卖方账户。

5. 信息化金融机构

所谓信息化金融机构，是指通过采用信息技术，对传统运营流程进行改造或重构，实现经营、管理全面电子化的银行、证券和保险等金融机构。金融信息化是金融业发展趋势之一，而信息化金融机构则是金融创新的产物。从整个金融行业来看，银行的信息化建设一直处于业内领先水平，不仅具有国际领先的金融信息技术平台，建成了由自助银行、电话银行、手机银行和网上银行构成的电子银行立体服务体系，而且以信息化的大手笔——数据集中工程在业内独领风骚。

目前，一些银行都在自建电商平台，从银行的角度来说，电商的核心价值在于增加用户黏性，积累真实可信的用户数据，从而银行可以依靠自身数据去发掘用户的需求。建行推出"善融商务"、交行推出"交博汇"等金融服务平台都是银行信息化的有力体现。

从经营模式上来说，传统的银行贷款是流程化、固定化，银行从节约成本和风险控制的角度更倾向于针对大型机构进行服务，通过信息技术，可以缓解甚至解决信息不对称的问题，为银行和中小企业直接地合作搭建了平台，增强了金融机构为实体经济服务的职能。但更为重要的是，银行通过建设电商平台，积极打通银行内各部门数据孤岛，形成一个"网银＋金融超市＋电商"的三位一体的互联网平台，以应对互联网金融的浪潮及挑战。

信息化金融机构从另外一个非常直观的角度来理解，就是通过金融机构的信息化，让我们汇款不用跑银行、炒股不用去营业厅、电话或上网可以买保险，虽然这是咱们大家现在已经习以为常的生活了，但这些都是金融机构建立在互联网技术发展基础上，并进行信息化改造之后带来的便利。未来，传统的金融机构在互联网金融时代，更多的是，如何更快、更好的充分利用互联网等信息化技术，并依托自身资金实力雄厚、品牌信任度高、人才聚焦、风控体系完善等优势，作为互联网金融模式的一类来应对非传统金融机构带来的冲击，尤其是思维上、速度上的冲击。

6. 互联网金融门户

互联网金融门户是指利用互联网进行金融产品的销售以及为金融产品销售提供第三方服务的平台。它的核心就是"搜索＋比价"的模式，采用金融产品垂直比价的方式，将各家金融机构的产品放在平台上，用户通过对比挑选合适的金融产品。互联网金融门户多元化创新发展，形成了提供高端理财投资服务和理财产品的第三方理财机构，提供保险产品咨询、比价、购买服务的保险门户网站等。这种模式不存在太多政策风险，因为其平台既不负责金融产品的实际销售，也不承担任何不良的风险，同时资金也不通过中间平台。目前在互联网金融门户领域针对信贷、理财、保险、P2P 等细分行业分布有融 360、91 金融超市、好贷网、银率网、格上理财、大童网、网贷之家等。

互联网金融门户最大的价值就在于它的渠道价值。互联网金融分流了银行业、信

托业、保险业的客户，加剧了上述行业的竞争。随着利率市场化的逐步到来，随着互联网金融时代的来临，对于资金的需求方来说，只要能够在一定的时间内，在可接受的成本范围内，具体的钱是来自工行也好、建行也罢，还是P2P平台还是小贷公司，抑或是信托基金、私募债等，已经不是那么重要。融资方到了融360、好贷网或软交所科技金融超市时，用户甚至无须像在京东买实物手机似的，需要逐一的浏览商品介绍及详细的比较参数、价格，而是更多地将其需求提出，反向进行搜索比较。因此，当融360、好贷网、软交所科技金融超市这些互联网金融渠道发展到一定阶段，拥有一定的品牌及积累了相当大的流量，成为了互联网金融界的"京东"和"携程"的时候，就成为了各大金融机构、小贷、信托、基金的重要渠道，掌握了互联网金融时代的互联网入口，引领着金融产品销售的风向标。

三、互联网金融发展趋势

整体来说，互联网金融的出现不仅弥补了以银行为代表的传统金融机构服务的空白，而且提高了社会资金的使用效率，更为关键的是将金融通过互联网而普及化、大众化，不仅大幅度降低了融资成本而且更加贴近百姓和以人文本。它对金融业的影响不仅仅是将信息技术嫁接到金融服务上，推动金融业务格局和服务理念的变化，更重要的是完善了整个社会的金融功能。

互联网金融的发展壮大会给银行业带来了一定冲击，但也为基金公司、证券公司、保险公司、信托公司等带来了新机遇。随着互联网金融沿上述六大模式的方向深入发展，其将进一步推动金融脱媒，挑战传统金融服务的方式方法，改变金融业内各方的地位和力量对比。

互联网金融世界瞬息万变，正在进行的是一场金融革命，一切都是未知之数，其具体形式也会得到不断丰富和完善，但毫无疑问的是，互联网金融正在以摧枯拉朽之势改变传统的金融模式。金融脱媒、银行业会否成为新世纪恐龙？新生的互联网金融如何走，走多远？走到哪里去？有哪些商业机会？有太多的问题值得我们去探索、去追寻。我们拭目以待。我们应该庆幸生活在这样一个充满创造力和生命力的时代，能够见证互联网金融盛宴的到来！

第二节 互联网金融法律风险

一、互联网金融面临的民事法律风险

1. 电子合同及电子签名存在隐患

一方面，电子数据具有易消失性。电子数据以计算机储存为条件，是无形物，一旦操作不当可能抹掉所有数据。另一方面，电子数据具有易改动性。计算机信息是用二进制数据表示的，数据或信息被人为地篡改后，如果没有可对照的副本、影像文件

则难以查清、难以判断。

2. 信息安全风险，个人信息易遭泄露

目前网络金融的最突出问题是"三无"，即无准入门槛，无行业标准，无机构监管，仅作为普通企业要求。而为了确保交易双方身份的真实性，互联网平台需要储存大量的个人信息，如姓名、年龄、住址等，在降低交易成本的同时，也就带来了信息安全的道德风险，个人资料泄露等事件时有发生。如果平台没有对客户的个人信息做好保密措施，网站的保密技术一旦被破解，将极容易导致泄露。

另外，由于互联网金融的业务主体无法进行现场确认各方的合法身份，交易信息均通过互联网进行传输，无法进行传统的盖章和签字，存在可能被非法盗取、篡改的风险。

3. 征信系统不完善，可能引发的违约风险

在 P2P 网络借贷平台进行交易撮合时，主要根据借款人提供的身份证明、财产证明、缴费记录等信息评价借款人的信用。一方面，此种证明信息极易造假，给信用评价提供错误的依据；另一方面，即使是真实的材料，也不免存在片面性，无法全面地了解借款人的信息。如果以债权形式进行融资，那么出借人面临最为突出的风险是借款人违约，即债务人不能清偿到期债务而导致的损失，若加之其所提供的身份证明等资料存在造假，出借人将面临诉讼无门的困境。

同样，在众筹模式下，项目发起者也存在违约的风险。由于众筹平台的后期监督缺乏，部分项目发起者在募集成功后不兑现承诺，甚至把资金挪作他用，牵连众筹人，可能引发违约之诉。

4. 资金的第三方存管制度缺失，大量资金沉淀存在安全隐患

第三方支付平台在互联网金融中承担着资金周转的作用，沉淀资金往往会在第三方处滞留两天至数周不等，由于缺乏有效的担保和监管，大量的资金沉淀将会导致其信用风险指数加大，同时也加大了资金被挪用的风险，若缺乏有效的流动性管理，更可能引发支付风险。

另外，仍有部分 P2P 网络借贷及众筹平台在没有取得《支付业务许可证》的前提下，并没有建立资金第三方支付机构进行资金托管，而由平台来掌控资金，根据《中国人民银行令〔2010〕第 2 号》《非金融机构支付服务管理办法》第三条规定："未经中国人民银行批准，任何非金融机构和个人不得从事或变相从事支付业务。"其行为不仅涉嫌违章操作，还会有大量投资者的资金沉淀在平台账户里，如果没有外部监管，就存在资金被挪用甚至携款跑路的风险，近年此类案例层出不穷，在资金安全监管空白的当下，风险仍不容忽视。

5. 易触碰"高利贷"风险

高利率是网贷得以风靡的主要原因，如果只是按照法律规定的利率水平来放贷，考虑到网络借贷的风险性，部分投资者可能就会放弃在网上放贷的想法。由于网贷平台上的收益水平远远高于其他投资渠道，且在当前投资渠道较为匮乏的情况下，人们

通过网贷平台获取高收益越来越普遍。试图在网络上放贷以获取较高的利润，还有一些人则试图在一个网络平台上借贷，然后在另一个网络平台上放贷，赚取差价，而其中的风险值得关注，一旦某债务人违约或者缺乏履约能力，那么资金链就会断裂，将引发连锁风险。

根据《中华人民共和国合同法》第二百一十一条的规定：自然人之间的借款合同对支付利息没有约定或者约定不明确的，视为不支付利息。自然人之间的借款合同约定支付利息的，借款的利率不得违反国家有关限制借款利率的规定。

根据《最高人民法院关于审理民间借贷案件适用法律若干问题的规定》第二十五条借贷双方没有约定利息，出借人主张支付借期内利息的，人民法院不予支持。自然人之间借贷对利息约定不明，出借人主张支付利息的，人民法院不予支持。除自然人之间借贷的外，借贷双方对借贷利息约定不明，出借人主张利息的，人民法院应当结合民间借贷合同的内容，并根据当地或者当事人的交易方式、交易习惯、市场利率等因素确定利息。第二十六条借贷双方约定的利率未超过年利率24%，出借人请求借款人按照约定的利率支付利息的，人民法院应予以支持。借贷双方约定的利率坡过年利率36%，超过部分的利息约定无效。借款人请求出借人返还已支付的超过年利率36%部分的利息，人民法院就予以支持。

网贷平台极易演变为吸收存款、发放贷款的非法金融机构。所谓金融机构是指从事金融服务业有关的金融中介机构，为金融体系的一部分，金融服务业（银行、证券、保险、信托、基金等行业）与此相应，金融中介机构也包括银行、证券公司、保险公司、信托投资公司和基金管理公司等。

根据《非法金融机构和非法金融业务活动取缔办法》第三条规定："本办法所称非法金融机构，是指未经中国人民银行批准，擅自设立从事或者主要从事吸收存款、发放贷款、办理结算、票据贴现、资金拆借、信托投资、融资租赁、融资担保、外汇买卖等金融业务活动的机构。"

第四条规定本办法所称非法金融业务活动，是指未经中国人民银行批准，擅自从事的下列活动：

（1）非法吸收公众存款或者变相吸收公众存款；

（2）未经依法批准，以任何名义向社会不特定对象进行的非法集资；

（3）非法发放贷款、办理结算、票据贴现、资金拆借、信托投资、金融租赁、融资担保、外汇买卖；

（4）中国人民银行认定的其他非法金融业务活动。

前款所称非法吸收公众存款，是指未经中国人民银行批准，向社会不特定对象吸收资金，出具凭证，承诺在一定期限内还本付息的活动；所称变相吸收公众存款，是指未经中国人民银行批准，不以吸收公众存款的名义，向社会不特定对象吸收资金，但承诺履行的义务与吸收公众存款性质相同的活动。

虽然目前的网贷平台机构定位尚不明确，但从上述定义来看，其并不属于金融机构，而且在传统 P2P 模式的转型下，网络借贷平台已不满足于仅仅依靠中介费、电话催缴费等满足赢利要求，相反它们积极地参与到网络借贷当中，且试图以某种变相的、擦边球的方式介入金融服务，实现自身利益的最大化。因此，现在的网贷平台的经营行为已经不能仅仅作为提供民间借贷的服务机构，不再是单纯的中介平台。

目前的各类运营模式中或多或少地存在涉嫌非法吸收公众存款或者变相吸收公众存款、向不特定对象进行非法集资的行为。以人人贷（P2P）为例，在中国银监会办公厅关于人人贷有关风险提示的通知中表示，由于行业门槛低，且无强有力的外部监管，人人贷中介机构有可能突破资金不进账户的底线，演变为吸收存款、发放贷款的非法金融机构。可见，网贷平台机构已由银监会做出了初步"定性"，其观点中透露出一定的倾向性，存在极大地被认定为非法金融机构的可能性，因此，这种金融经营行为，在被扣上"非法金融机构"经营"非法金融业务"帽子的同时，将面临着被取缔的法律风险。

二、互联网金融面临的刑事法律风险

1. 机构定位不明确，存在涉嫌非法吸收公众存款罪

现有法律法规还没有对互联网金融机构的属性作出明确定位，互联网企业尤其 P2P 网络借贷平台的业务活动，还没有专门的法律或规章对业务进行有效的规范，平台的产品设计和运作模式略有改变，就极有可能"越界"进入法律上的灰色地带，甚至触碰"底线"。尽管目前互联金融存在多种看似不同的运营模式，但其均存在先聚集再扩散的方式实现资金错配与期限错配。

根据最高人民法院《关于审理非法集资刑事案件具体应用法律若干问题的解释》第一条规定：违反国家金融管理法律规定，向社会公众（包括单位和个人）吸收资金的行为，同时具备下列四个条件的，除刑法另有规定的以外，应当认定为刑法第一百七十六条规定的"非法吸收公众存款或者变相吸收公众存款"：

（1）未经有关部门依法批准或者借用合法经营的形式吸收资金；

（2）通过媒体、推介会、传单、手机短信等途径向社会公开宣传；

（3）承诺在一定期限内以货币、实物、股权等方式还本付息或者给付回报；

（4）向社会公众即社会不特定对象吸收资金。

未向社会公开宣传，在亲友或者单位内部针对特定对象吸收资金的，不属于非法吸收或者变相吸收公众存款。

从 P2P 网络贷款的债权转让模式来看，其通过个人账户进行债权转让，使得平台成为资金往来的枢纽，不再是独立于借贷双方的传统模式，债权转让是通过对期限和金额的双重分割，将债权重新组合转让给放贷人。而且有部分 P2P 平台成立风险资金池，划拨部分收入到风险储备池，由借款人前期支付"保证金"，若是借款人按时归还借贷，再予以返还，这就与"非法吸收公众存款"甚为相似。

另外，在众筹模式下，若众筹平台在无明确投资项目的情况下，事先归集投资者

资金，形成资金池，然后公开宣传、吸引项目上线，再对项目进行投资，则同样存在非法集资的嫌疑。

中国银监会在 2014 年 4 月 21 日举行的关于"处置非法集资联席会议"上表示，是否构成非法集资主要还是要根据最高法司法解释关于非法集资的四个特征来判断，即非法性、公开性、利诱性、社会性。尽管现在对于互联网金融平台构成犯罪与否仍处于"是"与"非"的抉择当中，但不外乎大部分网贷平台的"打太极"行为，以一些貌似合理的手段规避犯罪所需的构成要件，但无监管以及缺乏监管、无法制以及缺乏法制不会是当今法制社会下的常态，一旦出台相关法律法规加以管制，所有似是而非的行为将无所遁形。

2. 平台虚构信息、编造虚假项目，涉嫌集资诈骗

根据《中华人民共和国刑法》第一百九十二条规定："以非法占有为目的，使用诈骗方法非法集资，数额较大的，处五年以下有期徒刑或者拘役，并处二万元以上二十万元以下罚金；数额巨大或者有其他严重情节的，处五年以上十年以下有期徒刑，并处五万元以上五十万元以下罚金；数额特别巨大或者有其他特别严重情节的，处十年以上有期徒刑或者无期徒刑，并处五万元以上五十万元以下罚金或者没收财产。"

根据现行法律的规定，集资诈骗罪需要满足以非法占有为目的，使用诈骗的方法非法集资，在通常情况下，这种目的具体表现为将非法募集的资金的所有权转归自己所有，或任意挥霍，或占有资金后携款潜逃等。目前，个别 P2P 网络借贷平台经营者发布虚假的高利借款信息募集资金，并采用在前期借新贷还旧贷的庞氏骗局模式，短期内募集大量资金后用于自己生产经营，有的经营者甚至卷款潜逃，其主观上具有非法占有的目的，且同时实施了诈骗方法非法募集资金的行为，极大可能涉嫌集资诈骗。

另外，在众筹模式下，平台伪造虚假项目，汇集资金形成资金池，采取先吸引后投资的方式，再在投资人不知情的情况下将资金池中的资金转移或挪作他用，同样其主观上也具备非法占有的目的，且实施了以诈骗方法非法募集资金的行为，也存在着涉嫌集资诈骗罪的可能。

3. 无法有效审查资金来源，将面临"洗钱"风险

所谓洗钱是指将毒品犯罪、黑社会性质的组织犯罪、恐怖活动犯罪、走私犯罪或者其他犯罪的违法所得及其产生的收益，通过各种手段掩饰、隐瞒其来源和性质，使其在形式上合法化的行为。主观方面表现为故意，即明知自己的行为是在为犯罪违法所得掩饰、隐瞒其来源和性质，为利益而故意为之。客观方面表现为为其提供资金账户、协助财产转移以及其他掩饰、隐瞒犯罪的违法所得及收益来源的方式。

目前互联网金融中，尚无有效手段审查资金来源的合法性，因此并不排除有犯罪违法所得的存在，如果 P2P 平台运营商仅是提供的中介服务而未参与其借贷活动，例如传统运营模式中的交易方式，根据《最高人民法院关于人民法院审理借贷案件的若干意见》第十三条规定："在借贷关系中，仅起联系、介绍作用的人，不承担保证责任。"平台即使被动参与了洗钱，但因其不具有主观上"洗钱"的故意，则无须承担法律责任。但是若平台运营商主动参与到"洗钱"过程中，那必然要承担相应的刑事法律责任。

4. 涉嫌擅自发行股票、公司、企业债券罪

根据《中华人民共和国证券法》第十条规定，公开发行证券，必须符合法律、行政法规规定的条件，并依法报经国务院证券监督管理机构或者国务院授权的部门核准；未经依法核准，任何单位和个人不得公开发行证券。有下列情形之一的，为公开发行：

（1）向不特定对象发行证券；

（2）向特定对象发行证券累计超过 200 人的；

（3）法律、行政法规规定的其他发行行为。

非公开发行证券，不得采用广告、公开劝诱和变相公开方式。

根据《中华人民共和国刑法》第一百七十九条规定："未经国家有关主管部门批准，擅自发行股票或者公司、企业债券，数额巨大、后果严重或者有其他严重情节的，处五年以下有期徒刑或者拘役，并处或者单处非法募集资金金额百分之一以上百分之五以下罚金。"

"单位犯前款罪的，对单位判处罚金，并对其直接负责的主管人员和其他直接责任人员，处五年以下有期徒刑或者拘役。"

该罪的构成有两条不能触碰的红线，一是向不特定对象公开发行，二是向特定对象发行超过 200 人。然而纵观目前我们股权众筹的运营模式，的确存在未经国家有关部门批准，擅自向不特定对象公开发行的行为，虽然部分股权众筹采取了创新和保守方式，采用实名认证的投资人，限于特定的投资人中间并不对外，采用线下一对一方式单谈，再以合伙基金方式入股权，但是这种方式基于如何理解"公开"和"不特定"。另外，如果平台想要采用更具有吸引力的方式，吸引人群笼络资金，则必然会超过 200 人。

5. 平台涉嫌共同犯罪

2014 年 3 月 25 日《最高人民法院、最高人民检察院、公安部关于办理非法集资刑事案件适用法律若干问题的意见》第四条规定："为他人向社会公众非法吸收资金提供帮助，从中收取代理费、好处费、返点费、佣金、提成等费用，构成非法集资共同犯罪的，应当依法追究刑事责任。"对金融中介平台及第三方支付机构设置新的高压线，即如果集资方涉嫌"非法吸收公共存款罪""集资诈骗罪"等非法集资的刑事犯罪，作为中介平台非常有可能被认定"共犯"受到刑事追责。

网络金融作为民间金融的开拓者，其创新模式多样，但无论如何创新都要规避相关的法律风险，尤其是刑事法律风险，这是一条底线。法律风险是用来规避与防范的，不是用来触犯与挑战的。作为试水者，我们一定要有法律风险意识，一定要了解法律风险，一定要学会防范法律风险，只有这样，我们才能"驶得万年船"。

实验七 互联网金融操作

实验内容：

1. 了解"余额宝"操作过程，并关注其收益率。

2. 了解 P2P 网贷操作过程，并关注其收益率。

3. 了解众筹操作过程，并关注其收益率。

实验报告七

1. 余额宝操作流程：（截图说明）

余额宝收益率走势：

2. P2P 网贷公司名称：

P2P 操作流程：

P2P 收益率特点：

3. 众筹项目名称：

众筹操作流程：

第五章 保险理财

第一节 保险的功能

保险是对人生进行的风险管理和财务安排。被誉为寿险业"教父"的徐正广先生谈起保险时说:"一个人一生要有四张保单。"他说:"现在一个孩子从小学培养到大学毕业,起码要 50 万元,所以找到工作时最好买份保险,以防不测时给辛苦的父母一个保障。第二张保单相当于给爱人的钻戒,因为在结婚时你肯定会对爱人说:我会一辈子保护你的!怎么兑现,要买份保险。当孩子生下来时,你又对孩子说:这辈子我要好好照顾你,这时自己要再买份保险;最后年纪大了,退休后能不能保证像现在这样很好地生活,这时还要再买份保险。"

🏠 思 考

为什么要在车后面按一个备用轮胎?

为什么买衣服常发现衣襟内侧缝有备用扣?

为什么足球队除了 11 个首发队员,还有替补?

👥 讨 论

在日常的生活中,人们面临风险是多种多样的,那么充当我们备用轮胎、备用扣、替补队员的是什么?

一、保险的四大功能

1. 保障功能

经济补偿功能是保险的基本功能。通过保险,投保人获得了保险保障,实现了对危险损失的风险转移。

我们知道自然灾害和意外事故是与人类社会密切相关的,只要有人类活动的地方,这些事故就存在,而且会给人们生活造成极大的困难,仅仅依靠政府的财政补贴是不够的。保险通过之前收取保费的形式集合众多面临同类风险的被保险人,按损失分摊的原则对其中遭受该类风险事故损失的被保险人提供经济补偿或给付保险金,同时也分担了政府的部分社会责任。

2. 合理避税功能

在我国企业和居民个人缴纳的"五险一金"是税前扣除的,其中"五险"

指养老保险、医疗保险、失业保险、工伤保险和生育保险，这些都是法定社会保险。

企业为投资者或者职工支付的补充养老保险费、补充医疗保险费，在国务院、税务主管部门规定的范围和标准内，准予扣除。除企业依照国家有关规定为特殊工种职工支付的人身安全保险费和国务院财政、税务主管部门规定可以扣除的其他商业保险费外，企业为投资者成职工支付的商业保险费，不得扣除。

 阅读材料 1

有"台湾首富"封号的霖园集团创办人蔡万霖辞世后，遗产税的数额受到各界关注。有媒体以《福布斯》杂志报道的蔡万霖身后财产 46 亿美元，换算新台币是 1564 亿，蔡家后人要缴纳的遗产税高达 782 亿新台币。但实际上，因为蔡万霖卧病前就通过购买人寿保险等方式，提前做好了节税准备，最终其遗产税只有几亿新台币。

 阅读材料 2

深圳公布预开征遗产税，其试点政策大致如下：

资产总和在 80 万~200 万元的，征收额为 20% 后再减扣除数 5 万元，如 100 万元对应征遗产税为 100 万元×20% −5 万 =15 万元。

资产总和在 1000 万以上的，征收额为 50% 后再减扣除数 175 万元，如 1500 万元对应税收为 1500 万元×50% −175 万 =575 万元。

更为关键的一点是遗产税的征收方式必须是以现金的形式上缴，时限 3 个月，否则遗产将被没收或拍卖。如今，一套房子就价值数百万，这也就意味着遗产受益人将以自己被证明的合法收入（现金）支付房屋价值折算的遗产税后，才能得到这套房子。如果三个月内凑不齐税钱，房子就会被拍卖或没收。

随着全国住房信息联网系统的落成和电子货币化的推进，个人资产、财富信息将被及时准确掌握，遗产税征收所需的条件已逐步达成。未来中国也会效仿西方国家，为公民建立一种特别的"社保卡"，购房、购车等大宗资产的交易必须采用电子划卡的形式进行交易，现金仅能用于平时吃饭、交通等日常消费。当个人资产完全阳光化，富有阶层将很难再零成本的通过房产、现金、贵金属等形式向下一代转移财富。

因此中国高净值人群已经越来越多的把目光对准海外，寻求不同的低风险海外投资项目，部分投资人通过海外房产投资获得国际身份，避开遗产税等，增加资金收益保障。比如移民热国安提瓜和巴布达。这个加勒比海国家相比其他税务繁重的国家，无资本利得税、净资产税、遗产税及赠与税，是世界级的离岸税务天堂。

3. 融通资金功能

保险尤其是长期保险，可以通过保单质押贷款等方式为投保人提供临时的融资功能。目前我国存在两种情况：一是投保人把保单直接质押给保险公司，直接从保险公司取得贷款，如果借款人到期不能履行债务，当贷款本息达到退保金额时，保险公司终止其保险合同效力。另一种是投保人将保单质押给银行（必须为银行代理险种），由银行支付贷款给借款人，当借款人不能履行到期债务时，银行可依据合同凭保单由保险公司偿还贷款本息。投保人的保单在办理质押贷款后仍具有保障功能，客户在贷款期间不仅不影响保单分红分配，而且在出险后仍可向保险公司申请理赔。

4. 规避通胀风险和利率风险功能

新型保险如投资连保险和万能寿险是集保障、投资、收益保底三种功能于一体的创新型保险理财产品，能帮助投保人在不断变化的资本市场顺利实现其理财需求。

第二节　社会保险

社会保险（Social Insurance）是一种为丧失劳动能力、暂时失去劳动岗位或因健康原因造成损失的人口提供收入或补偿的一种社会和经济制度。

社会保险计划由政府举办，强制某一群体将其收入的一部分作为社会保险税（费）形成社会保险基金，在满足一定条件的情况下，被保险人可从基金获得固定的收入或损失的补偿，它是一种再分配制度，它的目标是保证物质及劳动力的再生产和社会的稳定。

社会保险的主要项目包括养老保险、医疗保险、失业保险、工伤保险、生育保险。

一、养老保险

养老保险是劳动者在达到法定退休年龄后，从政府和社会得到一定的经济补偿、物质帮助和服务的一项社会保险。

国有企业、集体企业、外商投资企业、私营企业和其他城镇企业及其职工，实行企业化管理的事业单位及其职工必须参加基本养老保险。

新的参统单位（指各类企业）单位缴费费率确定为20%，个人缴费费率确定为8%，个体工商户及其雇工，灵活就业人员及以个人形式参保的其他各类人员，根据缴费年限实行的是差别费率。参加基本养老保险的个人劳动者，缴费基数在规定范围内可高可低，多交多受益。

职工按月领取养老金必须是达到法定退休年龄，并且已经办理退休手续；所在单位和个人依法参加了养老保险并履行了养老保险的缴费义务；个人缴费至少满15年。中国的企业职工法定退休年龄为：男职工60岁；从事管理和科研工作的女干部55岁，女职工50岁。

基本养老金由基础养老金和个人账户养老金组成，职工达到法定退休年龄且个人缴费满15年的，基础养老金月标准为省（自治区、直辖市）或市（地）上年度职工月平均工资的20%。

个人账户养老金由个人账户基金支付，月发放标准根据本人账户储存额除以 120。个人账户基金用完后，由社会统筹基金支付。

二、医疗保险

城镇职工基本医疗保险制度，是根据财政、企业和个人的承受能力所建立的保障职工基本医疗需求的社会保险。

所有用人单位，包括企业（国有企业、集体企业、外商投资企业和私营企业等）、机关、事业单位、社会团体、民办非企业单位及其职工，都要参加基本医疗保险。

城镇职工基本医疗保险基金由基本医疗保险社会统筹基金和个人账户构成。基本医疗保险费由用人单位和职工个人账户构成。其中单位按 10% 比例缴纳，个人缴纳 2%。

用人单位所缴纳的医疗保险费一部分用于建立基本医疗保险社会统筹基金，这部分基金主要用于支付参保职工住院和特殊慢性病门诊及抢救、急救。发生的基本医疗保险起付标准以上、最高支付限额以下符合规定的医疗费，其中个人也要按规定负担一定比例的费用。

个人账户资金主要用于支付参保人员在定点医疗机构和定点零售药店就医购药符合规定的费用，个人账户资金用完或不足部分，由参保人员个人用现金支付，个人账户可以结转使用和依法继承。参保职工因病住院先自付住院起付额，再进入统筹基金和职工个人共付阶段。

参加基本医疗保险的单位及个人，必须同时参加大额医疗保险，并按规定按时足额缴纳基本医疗保险费和大额医疗保险费，才能享受医疗保险的相关待遇。

基本医疗保险第一次住院医疗费用的起付标准为 1000 元；年度内多次住院的，累计起付标准为 1500 元。起付标准以下的住院医疗费由个人承担，起付标准以上最高支付限额以下的住院医疗费用由统筹基金分段按比例支付。住院医疗费起付标准以上至 10000 元部分，统筹基金支付 80%；住院医疗费 10000 元至 25000 元部分，统筹基金支付 82%；住院医疗费 25000 元至 50000 元部分，统筹基金支付 83%。

退休人员统筹基金支付比例每段增加 5 个百分点。按规定列入统筹基金支付范围的特殊病种门诊医疗费用，年度内统筹基金起付标准为 1000 元，起付标准以上的门诊医疗费用由统筹基金支付。

大额医疗保险与商业保险中的重大疾病险不一样，它不规定疾病种类，只是规定达到一定医治费用额度的标准，是"报而不包"。

大额医疗由用人单位按本单位职工和退休人员缴费基数的 1%，职工和退休人员个人每人每月按 2 元钱缴纳大额医疗保险费（大额医疗每月缴纳的钱数各个地区不一样）。职工和退休人员缴纳了大额医疗保险费的即享受大额医疗保险待遇，发生超过基本医疗保险统筹基金最高支付限额（12 万元左右，即用药在基本医保范围内，且超过

12 万元的部分）的医疗费用时由大额医疗保险支付其医疗费用，一般支付上限为 15 万元。大额医疗保险支付医疗费用的范围同基本医疗保险相同。

三、工伤保险

工伤保险也称职业伤害保险。劳动者由于工作原因并在工作过程中受意外伤害，或因接触粉尘、放射线、有毒害物质等职业危害因素引起职业病后，由国家和社会给负伤、致残者以及死亡者生前供养亲属提供必要物质帮助。

工伤保险费由用人单位缴纳，对于工伤事故发生率较高的行业工伤保险费的征收费率高于一般标准，一方面，是为了保障这些行业的职工发生工伤时，工伤保险基金可以足额支付工伤职工的工伤保险待遇；另一方面，是通过高费率征收，使企业树立风险意识，加强工伤预防工作使伤亡事故率降低。

职工上了工伤保险后，职工住院治疗工伤的，由所在单位按照本单位因公出差伙食补助标准的 70% 发给住院伙食补助费；经医疗机构出具证明，报经办机构同意，工伤职工到统筹地区以外就医的，所需交通、食宿费用由所在单位按照本单位职工因公出差标准报销。另外，工伤职工因日常生活或者就业需要，经劳动能力鉴定委员会确认可以安装义肢、矫形器、义齿和配置轮椅等辅助器具，所需费用按照国家规定的标准从工伤保险基金中支付。工伤参保职工的工伤医疗费一至四级工伤人员伤残津贴、一次性伤残补助金、生活护理费、丧葬补助金、供养亲属抚恤金、辅助器具等、工伤康复费、劳动能力鉴定费都应从工伤保险基金中支付。

四、失业保险

失业保险是国家通过立法强制实行的，由社会集中建立基金，对因失业而暂时中断生活来源的劳动者提供物质帮助的制度。

各类企业及其职工、事业单位及其职工、社会团体及其职工、民办非企业单位及其职工，国家机关与之建立劳动合同关系的职工都应办理失业保险。

失业保险基金主要是用于保障失业人员的基本生活。2015 年 3 月 1 日起，失业保险费由现行条例规定的 3% 降至 2%，单位和个人缴费的具体比例由各省、自治区、直辖市人民正府确定。在省、自治区、直辖市行政区域内，单位及职工费率应当统一。无固定工资额的单位以统筹地区上年度社会平均工资为基数缴纳失业保险费。单位招用农牧民合同制工人本人不缴纳失业保险费。

当前中国失业保险参保职工的范围包括在岗职工；停薪留职、请长假、外借外聘、内退等在册不在岗职工；进入再就业服务中心的下岗职工；其他与本单位建立劳动关系的职工（包括建立劳动关系的临时工和农村用工）。城镇企业事业单位失业人员按照有关规定具备以下条件的失业职工可享受失业保险待遇：按照规定参加失业保险，所在单位和本人已按照规定履行缴费义务满 1 年的，其次不是因本人意愿中断就业的，还有已经办理失业登记，并有求职要求的。失业人员失业前所在单位和本人按照规定

累计缴费时间满 1 年不足 5 年的，领取失业保险金的期限最长为 12 个月；累计缴费时间满 5 年不足 10 年的，领取失业保险金的期限最长为 18 个月；累计缴费时间 10 年以上的，领取失业保险金的期限最长为 24 个月。重新就业后，再次失业的，缴费时间重新计算，领取失业保险金的期限可以与前次失业应领取而尚未领取的失业保险金的期限合并计算，但是最长不得超过 24 个月。一般来说领取期限处于第 1 个月至第 12 个月的，失业保险金月发放标准 800 元左右；领取期限处于第 13 个月至第 24 个月的，失业保险金月发放标准 760 元左右。领取各地市月标准不同，要咨询当地社保机构。

符合失业金领取条件的，一般 60 日内需要提供解除劳动关系的材料、身份证、户口本、照片等向参保地市社保机构申请领取失业金，失业人员经过失业登记和培训之后方能领取到失业金。一般在办理失业后次月领取，是打卡发放，按月在当地领取。具体程序由于各地办理流程不一样，可以咨询当地社保机构。

五、生育保险

生育保险是针对生育行为的生理特点，根据法律规定，在职女性因生育子女而导致劳动者暂时中断工作、失去正常收入来源时，由国家或社会提供的物质帮助。生育保险待遇包括生育津贴和生育医疗服务两项内容。

生育保险基金由用人单位缴纳的生育保险费及其利息以及滞纳金组成。女职工产假期间的生育津贴、生育发生的医疗费用、职工计划生育手术费用及国家规定的与生育保险有关的其他费用都应该从生育保险基金中支出。

所有用人单位（包括各类机关、社会团体、企业、事业、民办非企业单位）及其职工都要参加生育保险。生育保险由用人单位统一缴纳，职工个人不缴纳生育保险费。生育保险费由用人单位按照本单位上年度职工工资总额的 0.8% 缴纳。享受生育保险待遇的职工，必须符合以下三个条件：用人单位参加生育保险在 6 个月以上，并按时足额缴纳了生育保险费；计划生育政策有关规定生育或流产的；在本市城镇生育保险定点医疗服务机构，或经批准转入有产科医疗服务机构生产或流产的（包括自然流产和人工流产）。

 阅读材料

2014 年"十一连涨"后的养老金不能很好地满足老人的生活所需，即使是保障水平最高的北京，每月 3000 多元的企业职工养老金花起来也必须精打细算，更不要说 1.4 亿元只能领到基础养老金的城乡老年居民了。

同时，养老保险基金的运行状况同样不尽如人意：2013 年我国有 19 个省份的养老保险基金收不抵支，收支缺口合计 1702 亿元，很多省份是靠中央财政转移支付勉强维持基金的正常运转。全国层面的企业职工基本养老保险基金已连续 3 年收入增速低于支出，养老保障水平继续提高的潜能正在下降。

人们总以为社会保险是万能的，能够无限度地满足所有人的养老需求。美国战略与国际研究中心发布的东南亚地区养老和退休报告显示，我国有63%的居民认为退休养老要靠政府，仅有9%的居民认为退休自己负责。一个健康的养老保险体系，应该由基本养老保险、企业年金、商业保险共同组成，这其中，社会保险提供最基本保障，企业年金、商业保险也是保障"老有所养"的主要力量。

受到运行目的、风险控制等因素影响，作为提供托底的社会保障，其运营效率、服务水平等方面，较商业保险都有较大差距，不能期望社会保险将所有的事情都办好，实现"老有所养"，还需要企业和个人未雨绸缪，做好社会保险之外的功课。与我国养老保险体系中社会保险占"大头"的情况不同，美国的养老保险体系中，40%是由社会保险负担，40%依靠企业年金，20%依靠个人购买商业保险。世界上167个实行养老保险制度的国家中，有三分之一以上国家的企业年金制度覆盖了约三分之一的劳动人口，丹麦、法国、瑞士的年金覆盖率几乎达到100%，英国、美国、加拿大等国也在50%左右。在很多发达国家中，企业年金制度已经成为法律强制的养老保险制度得到全面推广，个人购买商业养老保险则可以享受较大幅度的税收优惠和政策鼓励。

反观我国，参加城镇职工基本养老保险的3亿人中，仅有5%的参保人员同时拥有企业年金保障。个人购买商业养老保险更是寥寥无几，中国人均长期寿险保单持有量仅为0.1份，远低于发达国家1.5份以上的水平。

我国是世界上老年人口最多、增长最快的国家，十年之后的2025年，老年人口总数就将达到3亿。解决养老难题，除了继续织密基本养老保险大网外，大力发展企业年金和商业保险势在必行。目前，个人税收递延型商业养老保险试点已经启动，在加大税收优惠的同时，国家也需要通过各种法规，逐步引导企业将企业年金制度作为基本的职工福利建立起来，成为基本养老保险之外的第二张大网。

而强化作为第三张大网的商业保险保障功能，对保险公司既是机遇也是挑战，要真正挑好这副担子，保险公司要更加苦练内功，加强自身在产品开发、资金管理方面的能力建设，为社会提供更高水平的养老保障，真正成为人们"老有所养"的重要支撑。

第三节 商业保险

一、商业保险分类

商业保险主要分类情况如图5-1所示。

二、人身保险

人身保险是以人的生命、身体或劳动能力为标的的保险。保险人对被保险人因意

外伤害、疾病、衰老等原因导致死亡、伤残、丧失劳动能力等，给付约定的保险金。如图 5 - 2 所示。

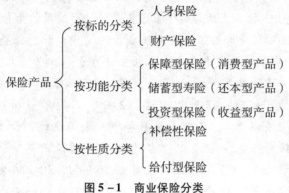

图 5 - 1 商业保险分类

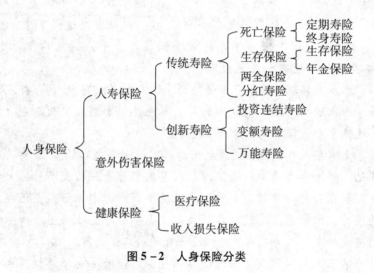

图 5 - 2 人身保险分类

（一）人寿保险

1. 死亡保险

死亡保险是指在保险有效期内被保险人死亡，保险公司给付保险金的保险。根据保险的期限分为定期死亡保险和终身死亡保险（如图 5 - 3 和表 5 - 1 所示）。

图 5 - 3 死亡保险图解

表5-1		死亡保险分类
	定期死亡保险	终身死亡保险
定义	在保单约定的保险期限内,以死亡为给付条件的保险	以死亡为给付条件且期限为终身
优点	保费低廉	可得到永久保障,可获得退保现金价值
现金价值	很低或者没有	有显著的现金价值
分类	均衡保费定期寿险:通常缴费期与保险期相同	普通终身寿险
	递增保费定期寿险:保险人每年根据死亡风险重新确定保费水平,并通知投保人续保,直到被保险人死亡或者达到保单所规定的最高续保年龄为止。保额可能恒定,也可能与某消费价格指数挂钩,还可能采取保费恒定但每年根据保费水平和死亡率水平重新调整保额等不同形式	限期缴费终身寿险
	保额递减定期寿险:实践中最常见的是以抵押贷款余额为死亡赔付额,以还款期为保险期的定期保险	趸缴终身保险
投保年龄	1~65周岁	
实例	例1	

例1 定期寿险保单——新华人寿

保险期限:可选择10年、15年、20年、30年。

交费方式:趸缴、年缴。

交费期限:5年或同保险期限。

保险责任:①合同生效一年内因疾病导致身故或高残,将获得相当于保险金额10%的保险金给付及无息退还已交保险费,保险责任终止。②因意外伤害或合同生效一年后因疾病导致身故或高残,将获得相当于保险金额全数的保险金给付,保险责任终止。

实例

王征30岁,结婚时贷款39万元买房,贷款需20年还清。每月约2500元的房款是家中每月的主要支出。为了在遭遇不幸时避免债务危机的发生,他为自己投保了50万元的新华定期寿险A款,选择20年的保险期限,缴费期20年。每年交保费1250元,平均每月交104元。

保费支出:20年累计交保费25000元。

保障收益:身故或高残给付50万元,一年内因病身故或高残给付51250元。

2. 生存保险（见图 5-4）

生存保险是以被保险人于保险期满或达到某一年龄时仍然生存为给付条件的一种人寿保险。如果被保险人期内死亡，保险人无须给付保险金，也不退还保险费。年金保险是以生存为给付条件，按约定分期给付生存保险金，且给付间隔不超过一年。

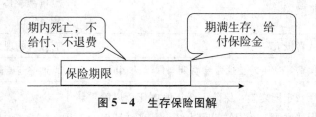

图 5-4　生存保险图解

（1）定期确定的生存年金

在一定时期内给付确定年金，即在这个时期内无论被保险人是否死亡都按期给付，在规定的时期结束后，以被保险人存活为条件给付，直到被保险人死亡。

（2）指数化年金

年金采取指数化（通常是通胀指数）方法定期调整给付数额。

（3）联合生存年金

在一张保单上同时承保两个或两个以上有相互联系的年金领取人的年金，常见的是两人联合生存年金，这两个人通常是夫妻关系。为两个人同时存活期提供生存年金，如果其中一个人死亡，年金给付额通常降低到原来的三分之二或四分之三，直到两个人都死亡为止。

例 2　年金保单——子女教育保险

投保年龄：0～14 周岁。

保险期限：至 21 周岁。

交费方式：年交，交至 14 周岁。

保险责任：①高中教育保险金：被保险人生存至 15、16、17 周岁时，每年按基本保额的 10% 领取高中教育保险金。②大学教育保险金：被保险人生存至 18、19、20、21 周岁时，每年按基本保额的 30% 领取大学教育保险金。③身故保险金：被保险人身故，可领取保险单的现金价值，合同终止。④成长年金：投保人身故或高度残疾，若被保险人生存，每年可领取基本保额 5% 的成长年金至 21 周岁止。⑤附加利益：豁免保费。若交费期内投保人身故或身体高度残疾，可免交以后各期保险费，保险合同继续有效。

例 3　金色年华养老金保险——新华人寿

投保年龄：30 天～69 周岁。

交费方式：年缴、趸缴。

交费期限：10 年、15 年、20 年、30 年。

领取年龄：任选 50 周岁、55 周岁、60 周岁、65 周岁或 70 周岁。

保险责任：①在约定领取养老金前，因意外伤害或疾病身故，按所交保费及增加值（年单利 3%）退还于受益人。②生存至合同约定领取年龄的合同生效对应日，按下列方式之一领取养老金：

A. 月领 100 元，若未领满 10 年，被保险人身故，受益人可继续领取直至领满 10 年；若领满 10 年，被保险人仍生存，则按原方式继续领取，直至身故。

B. 年领 1000 元，若未领满 10 年，被保险人身故，受益人可继续领取直至领满 10 年；若领满 10 年，被保险人仍生存，则按原方式继续领取，直至身故。

C. 一次性领取 10000 元，合同效力终止。

产品特色：保证至少领取 10 年，生存越长，领得越多，活得越好。

3. 生死两全保险（见图 5-5）

生死两全保险指无论被保险人在保险期内死亡或保险期满时仍然生存，都由保险公司依保险合同给付约定保险金的一种人寿保险。即在规定保险期限内，如果被保险人死亡，则保险人赔付死亡保险金，如果被保险人在保险满期仍存活，则保险人给付生存保险金。生死两全保险在某种程度上，较大地满足了投保者取得生命的保障和投资的愿望。

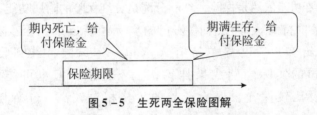

图 5-5　生死两全保险图解

保险费通常采取均衡保费方式，储蓄性极强。有分红两全保险、非分红两全保险两个种类。

例 4　友邦如意宝五年期两全保险

投保年龄：18～60 周岁。

保险期限：五年。

交费方式：趸缴。

保险责任：①若被保险人在保险合同有效期内不幸身故，本公司给付受益人等值于两倍基本保额的身故保险金。②若被保险人在保险合同有效期内不幸残废，本公司给付被保险人等值于两倍基本保额的残废保险金。③本合同有效至第五个保险单周年日满期且被保险人于该满期日仍然生存，本公司给付投保人等值于基本保险金额或本合同的保险费（以较大者为准）的满期金。

实例

小王今年 30 岁，是一名公司内勤，他购买了保额为 10 万元的如意宝。一次缴纳99800 元，小王拥有下述保障，外加享有随保险合同附赠的美国国际支援服务：

身故或残废保障：20万元。

生存利益：5年后，保险合同满期，小王可获得10万元满期金。

4. 创新型人寿保险

国内保险市场产生新型保险的背景。

1996年5月1日开始，中国人民银行八次降息，我国各大寿险公司的利差损逐步扩大。为化解经营风险，增强偿付能力，同时也为了体现保险产品的保障和投资的双重功能，适应市场需要的投资理财类产品开始出现。

此种保险的投资回报主要与保险公司的投资收益或经营业绩有关，保险公司资金运作得好，经营效率高，投保人就能获得较好的收益。即保险公司与投保人利益共享、风险共担。

保险人将被保险人所缴纳的保险费依照约定的方式扣除各项费用后，依照被保险人指定的投资分配方式，置于专设账户内，被保险人将承担全部或部分投资风险。

（1）分红保险

分红保险，指保险公司在每个会计年度结束后，将上一会计年度该类分红保险的可分配盈余，按一定的比例、以现金红利或增值红利的方式，分配给客户的一种人寿保险。

分红险的主要功能依然是保险，红利分配是分红保险的附属功能。

特点：①保单持有人享受保险公司的实际经营成果，至少将当年可分配盈余的70%分配给客户。②保单持有人承担一定风险，红利收益具有不确定性，与保险公司的实际经营成果挂钩，上不封顶，但也可能没有红利分配。③定价精算假设比较保守，保险产品的价格相对较高。④保险给付、退保金中含有红利。

保单红利利源：利差益、死差益、费差益；红利分配满足公平性原则和可持续性原则。分配方式有现金红利、增额红利（增加保额）两种。

例5　顺享两全保险（分红型）——中新大东方人寿

缴费方式：趸缴、年缴。

保险责任：

①身故保险金

若被保险人不幸身故，本公司按基本保险金额和所交保费扣除已领取的生存保险金二者的最大值给付身故保险金，同时保单的保险责任即告终止。

②永久完全残疾保险金

若被保险人于65周岁前不幸永久完全残疾，本公司按基本保险金额和所交保费扣除已领取的生存保险金二者的最大值给付永久完全残疾保险金，同时保单的保险责任即告终止。

③生存给付金

若被保险人在保险合同每第三个保险合同周年日仍然生存，本公司按基本保险金额的 10% 给付生存保险金。

④祝寿金

在被保险人满 99 周岁时，本公司将给付等同于基本保险金额的祝寿金，为大寿献厚礼，同时保单的保险责任即告终止。

实例

李先生，30 周岁，保险金额 50000 元，交费期限 15 年，年交保费 6995 元，他可获得如下保障及利益：

A. 每三年领取 5000 元的生存保险金至 99 周岁，最高可达 23 期，共计 115000 元；

B. 拥有至少 50000 元的身故保险金至 99 周岁；

C. 拥有至少 50000 元的永久完全残疾保险金至 65 周岁；

D. 99 周岁时，可获得 50000 元的祝寿金，为大寿献厚礼；

E. 更可灵活运用红利领取方法，自由支配每年派发的红利。

（2）投资连结保险

一般的寿险产品都有一个固定的预定利率，保险合同一旦生效，无论保险公司经营状况如何，预定利率都固定不变。投资连结保险则没有预定利率，投保人购买了保险后，投资连结保险的保费分成两部分：小部分用于购买保险保障，大部分划入专门的投资账户，由保险公司的投资专家进行运作。

保险公司根据获利多少来回报客户。如果赔了，购买人一分钱回报都没有。从这个意义上来说，"投资连结型保险"的投资回报具有不确定性，也就是将投资收益的不确定性（风险）"连接"给客户。其特点是：

①投连保险更强调客户资金的投资功能。

②投连产品当中可包含多个不同类型（根据投资对象分类）的投资账户供客户选择，客户购买后资金将直接进入其选择的投资账户。

③投连产品同时可以向客户提供人身风险保障功能，保障责任可多可少，客户购买保障发生的费用及其他投连产品规定向客户收取的管理费用均定期从客户的投资账户中扣除。

④与资本市场结合紧密。同股票、基金类似，投连账户中的资产由若干个标价清晰的投资单位组成，资金收益体现为单位价格的增加。

⑤客户享有投连账户中的全部资金收益，保险公司不参与任何收益分配而只收取相应管理费用，同时客户要承担对应投资风险（全部投资风险）保险公司不得保证最低投资回报率。

⑥现金价值与投资账户资产相联，一般无最低保证。

投资连结险设置单独的投资账户，保费转换为投资单位。投资连结保险适合于具有理性的投资理念、追求资产高收益同时又具有较高风险承受能力的投保人。

例6   **太平智胜投连2007（投连险）产品介绍**

产品定位	投资为主的保险理财产品
投保年龄	投保年龄：60天~60周岁
保险费	基本保费5000元；首期追加保费10000元
保险期间	被保险人年满88周岁，或保单终止；保障期同缴费期
保险责任	1. 身故保险金 （1）第5个保险单周年日前（不含当天）身故，按以下两者的较大值给付 A. 保险金额扣除累计已部分提取的个人账户价值； B. 个人账户价值的105%。 （2）第5个保险单周年日后（含当天）身故：按个人账户价值的105%给付身故保险金 2. 满期生存金：个人账户价值；
初始费用	基本保费：50%/25%/15%/10%；追加保费：2%
买卖差价	2%
保单管理费	5元/月
资产管理费	策略成长/精选平衡：2%；稳健避险：1%
退保费用	保单年度1~5：10%/8%/6%/4%/2%；6年以上：0%
持续奖金	保费年期5年及以上：每年基本保费的2%
适合人群	1. 有闲钱没有时间打理，虽然不懂投资也想分享股市的平均收益； 2. 打算长期持有，起码5年不会用到这笔钱；用于养老金储备或者孩子教育金储备的最佳； 3. 相信机构理财和专家理财

（3）万能保险

万能保险是一种交费灵活、保额可调整、非约束性的寿险。其风险与保障并存，是介于分红险与投资连结险之间的一种投资型寿险。

购买万能险后，投保人所缴的保费被分成了两部分：一部分用于购买期望得到的寿险保障；另一部分用于个人投资账户。保障额度与投资额度的设置主动权在投保人。

设立单独账户（单独账户中，不得出现资产小于负债的情况。一旦出现小于的情况，保险公司应立即补足资金；结算利率低于实际收益率时产生的公司收益也应被转出单独账户），可以提供最低保证利率；结算利率不得高于实际投资收益率，两者之差不高于2%。若单独账户的实际收益率低于最低保证利率时，结算利率应是最低保证利率。保险公司自行决定结算利率的频率。

万能险投保后，投保人可以根据人生不同阶段的保障需求和财力状况，调整保额、保费及缴费期，确定保障与投资的最佳比例，让有限的资金发挥最大的作用。

主要特征：①死亡给付模式：A 方式：均衡死亡给付额；B 方式：死亡给付额为基本保额与现金价值之和。

②保费缴纳：须缴纳首期保费，首期保费有个最低限额，要足以覆盖第一个月的费用和死亡成本。对每次交费的最高和最低基本保费做出规定，只要符合保单规定，可以在任何时间不定额交费。

例 7   中新大东方顺鸿终身寿险（万能型）

投保范围：出院且出生满 30 天～65 周岁。

保险期间：终身。

保费期间：终身。

交费方式：年交、追加保险费。

保险责任：

（1）身故保险金：合同有效期内，若被保险人不幸身故，按下列公式给付身故保险金：

$$身故保险金 = 基本保险金额 + 身故当时的个人账户价值$$

（2）永久完全残疾保险金：若被保险人在 65 周岁前永久完全残疾，我们将按下列公式给付永久完全残疾保险金：

$$永久完全残疾保险金 = 基本保险金额 + 永久完全残疾当时的个人账户价值$$

（3）部分领取：可随时申请部分提取个人账户价值，并且只要个人账户价值足以支付保障成本及保单管理费，就可以继续享有保险保障。灵活套现，随需应变，轻松满足人生各个阶段的需要。

（4）保证结算利率：保证结算利率为年复利 2%。

（二）人身意外伤害保险

人身意外伤害保险是被保险人在保险有效期内，因遭受非本意的、外来的、突然发生的意外事故，致使身体蒙受伤害而残废或死亡时，保险人按照保险合同的规定给付保险金的一种人身保险。如图 5－6 所示。

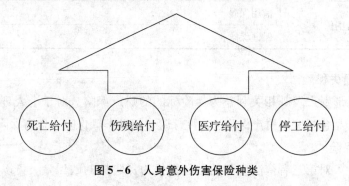

图 5－6   人身意外伤害保险种类

（三）健康保险

健康保险是以人的身体为标的，当被保险人因意外事故或疾病造成残疾、死亡、医疗费用支出以及丧失工作能力而使收入损失时，由保险人给付保险金的一种人身保险。

主要种类有医疗保险或医疗费用保险、残疾收入补偿保险。

构成健康保险所承保的疾病风险必须符合三个条件：①必须是由于明显的非外来原因造成的；②必须是由于非先天性的原因造成的；③必须是由于非长存的原因造成的。

三、财产保险

财产保险是指投保人根据合同约定，向保险人支付保险费，保险人按照保险合同的约定对所承保的财产及其有关利益因自然灾害或意外事故造成的损失承担赔偿责任的保险。如表5－2所示。

表5－2　　　　　　　　　　　财产保险种类

第一层次	第二层次	第三层次	第四层次
财产保险	财产损失保险	火灾保险	企业财产保险、家庭财产保险
		运输工具保险	机动车辆保险、船舶保险、飞机保险
		货物运输保险	
		工程保险	
		农业保险	
	责任保险	公众责任保险	
		产品责任保险	
		职业责任保险	
		雇主责任保险	
		第三者责任保险	
	信用保险	信用保险	
		保证保险	

1. 财产损失保险

以各种有形财产及其相关利益为保险标的的财产保险。对于个人理财而言，主要的财产保险产品包括家庭财产保险、房屋保险、机动车辆保险、盗窃保险等。

2. 责任保险

以被保险人对第三者依法应负的赔偿责任为保险标的的保险。可以分为公众责任保险、产品责任保险、雇主责任保险、职业责任保险、第三者责任保险等。

3. 信用保险和保证保险

以被保证人的信用作为保险标的的保险。包括合同保证保险、忠实保证保险、产品保证保险、商业信用保证保险、出口信用保险、投资（政治风险）保险。

例 8 人保财险：金牛投资保障型家庭财产保险

第一条 下列家庭财产在保险标的范围内：

（一）房屋及室内装潢；

（二）室内财产：

1. 家用电器及文体娱乐用品；

2. 衣物及床上用品；

3. 家具及其他生活用具；

4. 现金、金银、珠宝、玉器、钻石及制品、首饰。

第二条 下列家庭财产不在保险标的范围内：

（一）古币、古玩、字画、邮票、艺术品、稀有金属等珍贵财物；

（二）票证、有价证券、文件、书籍、账册、图表、技术资料、电脑软件及资料，以及无法鉴定价值的财产；

（三）无线通信工具、日用消耗品、交通工具、动植物；

（四）用于从事工商业生产、经营活动的财产和出租用作工商业的房屋；

（五）违章建筑、临时建筑、非法占用的财产；

（六）其他不属于第一条所列明的家庭财产。

基本责任：

1. 火灾、爆炸；

2. 雷击、台风、龙卷风、暴风、暴雨、洪水、暴雪、雹灾、冰凌、泥石流、崖崩、滑坡、地面突然下陷；

3. 飞行物体及其他空中运行物体坠落；

4. 外来不属于被保险人所有或使用的建筑物或其他固定物体的倒塌。

特约责任（任选一种）：

1. 盗抢责任：经公安部门确认的遭受外来人员撬、砸门窗，翻墙掘壁，入室抢劫的盗抢行为，三个月内未能破案或三个月内破案但未追回的损失。

2. 管道破裂及水渍责任：自来水管道、下水管道、暖气管道或暖气片突然破裂致使水流外溢或邻居家漏水造成保险标的的损失。

其他责任：

1. 保险事故发生时，为抢救保险标的或防止灾害蔓延，采取必要的、合理的措施而造成保险标的的损失；

2. 保险事故发生后，被保险人为防止或减少保险标的的损失所支付的必要的、合理的费用。

责任免除：

1. 被保险人及其家庭成员、寄宿人、雇佣人员的违法、犯罪或故意行为；

2. 战争、敌对行为、军事行为、武装冲突、罢工、骚乱、暴动、恐怖活动；

3. 地震及其次生灾害；

4. 国家机关的行政或司法行为；

5. 保险标的遭受保险事故引起的各种间接损失；

6. 家用电器因使用过度、超电压、短路、断路、漏电、自身发热、烘烤等原因所造成本身的损毁；

7. 保险标的本身缺陷、保管不善导致的损毁；保险标的变质、霉烂、受潮、虫咬、自然磨损、自然损耗、自燃、烘焙所造成本身的损失；

8. 不在保险标的范围以内的财产损失。

第四节 投保原则及程序

一、投保原则

（1）越是低收入家庭，抵御风险能力越低，因此越应投保，为家庭将来可能发生的风险作一些基本保障，即使因意外而损失收入能力时，仍能维持生活。

（2）先大人后小孩，家庭经济支柱优先投保。父母是孩子的保险，孩子最大的风险就是父母出了意外。此外，家庭中的经济支柱一旦发生风险对家庭的打击最大，所以最应优先投保。

（3）保障类险种优先。一般购买顺序为：意外（寿险）→健康险（重大疾病、医疗险）→教育险→养老险→分红险→投连险→万能险。

二、保险理财基本程序

为未知的风险制定保障规划，是一种成熟的标志，是一种主宰生活而非顺其自然的生活方式。

1. 明确保险目标

每个人面临的风险不相同，受不同的收入、年龄、家庭规模、生活习惯、经验及责任所影响。一般要考虑以下几个方面的风险：

（1）因过早死亡、疾病、意外事故或失业而导致的潜在收入损失；

（2）由于疾病、残废或配偶死亡而导致的收入损失以及额外费用；

（3）因外伤、疾病或其他家庭成员死亡而导致的额外费用；

（4）因火灾、盗窃或其他灾害而导致的房地产或个人财产的潜在损失；

（5）因个人责任而导致收入、储蓄及财产的潜在损失。

2. 生涯规划、收入水平与保险购买（见表5-3、表5-4）

表5-3 人生不同阶段的保险需求

人生阶段	特点	理财活动	保险需求
探索期 （参加工作至结婚）	个性冲动、经济收入低、开销大	加强职业培训、提高收入水平	意外险、责任险、定期寿险
家庭建立期 （结婚至小孩出生）	家庭收入开始增加，消费逐渐增大	储蓄购房首付款，增加定期存款、基金等投资	意外险、责任险、财产险、定期寿险
家庭成长期 （小孩出生至上大学）	收入进一步提高，保险、医疗、教育等为主要开支	准备退休金，进行多元投资	意外险、健康险、人寿险、财产险、子女教育基金
家庭成熟期 （子女上大学期间）	收入增加，医疗、教育为主要开支	准备退休金，进行多元投资	意外险、健康险、养老险、财产险
空巢期 （子女独立至退休）	负担最轻、储蓄能力最强	重点准备退休金，降低投资组合风险	健康险、投资型保险、年金保险、财产险
养老期 （退休之后）	收入、消费减少，医疗保健支出增加	以固定收益投资为主	年金保障、医疗保险

表5-4 不同收入阶层的保险需求

	保障需求	保险品种	保费支出
中低收入阶层	低保费、高保障	定期保障型保险、健康险、医疗险、分红险、储蓄险	家庭收入5%~10%
高薪阶层	保障期长、养老	终身寿险、健康险、医疗险、投连险、分红险、意外伤害险、养老险	家庭收入10%~15%
富豪阶层	遗产税、意外伤害、健康	定期保障型险、意外伤害险、健康险、终身寿险	家庭收入20%以上

3. 分析个人/家庭资产状况（见表5-5）

表5-5 资产分类

个人/家庭 资产总值	个人/家庭 负债总值	个人/家庭 净资产
流动资产： 现金、活期储蓄、短期票据等	短期负债：一年内应偿还的债务	
投资性资产： 长期储蓄、保险金、股票、债券、基金、期货等	长期负债：一年以上偿还的债务	个人/家庭 资产总值—负债总值
使用性资产： 住宅、家具、交通工具、书籍、衣物、食品等		

4. 确定保险金额

保险金额越高，保障程度越大，但相应的保费支出也越多。因此购买保险时，如何选定保险金额再考虑缴纳保费的能力。一般采用以下公式计算：

$$保险金额 = 年收入 \times 5 + 负债$$

$$重疾险保障额度 = 现阶段大病平均花费 + 年收入 \times 平均恢复年限 - 社保报销额度$$

$$一般疾病医疗基金 = 一般疾病的平均花费 - 社保保险比例 \times 理想额度$$

$$住院津贴 = 年收入/365 天$$

$$意外险保障额度 = 年收入 \times 期望保障年限 \times 舒适度指数$$

$$意外伤害的医疗基金 = 一般疾病的平均花费 \times 风险程度系数$$

5. 确定保费支出

确定合理的保费支出额度是为了控制家庭的财务开支，避免保险签订后，因收入不足支付保费，而中途退保，对投保人带来的损失。

如果采用趸缴保费，由于缴纳的保费较多，投保人应当考虑今后会遇到需要大笔资金的情况。

如果采用分期缴费的方式，投保人应当合理预计未来的收入和支出，以保证在缴费年限内有能力缴纳每期保费并留有余地。一般情况下，每期保费可按以下公式计算：

$$保费 = 年收入 \times （10\% \sim 20\%）$$

6. 根据家庭特定的保险目标和保费约束，选择保险公司和保险产品

7. 定期评估保险计划，至少每2~3年根据家庭状况发生的变化重新评估，调整已购买的保险产品的覆盖面

练习题

王先生今年30岁，在银行担任部门经理，年收入17万元左右，他的太太29岁，

在一家投资公司工作，年收入 8 万元左右。夫妻俩有一个 1 岁的女儿，拥有一处 80 万元的房产，银行存款合计 10 万元。他们的月生活支出约 1 万元，15 年公积金房贷，月还款 5000 元。夫妻二人希望通过保险进行合理的理财规划，请你给出保险理财建议。

实验八　保险规划

实验内容：

1. 描述目标家庭状况，分析其保险需求。

2. 按照保险理财基本程序为所描述家庭制定保险规划（保费约束、保险产品、保额）。

3. 根据保险规划，说明该家庭所受到的保障防护。

实验报告八

1. 目标家庭资产、收入、支出状况分析。

2. 目标家庭保险需求分析。

3. 目标家庭保险规划（保险品种、保费约束、保额）。

4. 该保险计划对目标家庭的保障预测。

第六章 债券及固定收益产品

第一节 债券市场概述

一、我国固定收益产品分类及发行

我国主要的几种固定收益产品如图6-1、表6-1所示。

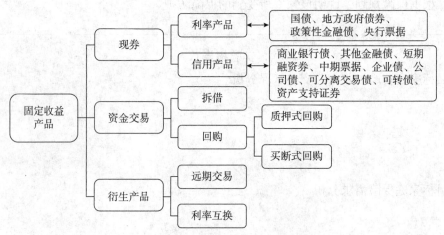

图6-1 我国固定收益类产品种类

表6-1　　　　我国债券的发行、流通、监管机构

债券类别		监管机构
政府债券		央行、财政部、证监会
央票		央行
金融债券	政策性银行债券	央行
	商业银行债券　普通债	央行、银监会
	商业银行债券　次级债	央行、银监会
	非银行金融机构债券	央行
	证券公司债券	央行、证监会
	证券公司短期融资券	央行、证监会

债券类别	监管机构
短期融资券	央行（交易商协会）
中期票据	央行（交易商协会）
中小企业集合票据	央行（交易商协会）
企业债	国家发改委、央行、证监会
公司债	证监会
可转换债券、分离债	证监会
资产支持证券	央行、银监会
国际机构债券	央行、财政部

二、我国债券二级市场构成（见表6-2、表6-3）

表6-2　　　　　　　　　　我国债券二级市场

	交易所（市场）	银行间债券市场	商业银行国债柜台交易
交易平台	上海证券交易所：竞价平台、固定收益平台、大宗交易 深圳证券交易所：竞价平台、大宗交易	全国银行间市场同业拆借中心（交易中心）	商业银行柜台
登记托管结算机构	中国证券登记结算有限责任公司（中证登）	中央国债登记结算有限责任公司（中债登）	承办银行（二级托管） 中债登（一级托管）
清算机构	中证登	全国银行间市场清算股份有限公司（上海清算所）	商业银行柜台
交易方式	询价、竞价	询价	做市商报价
清算方式	日终多边净额	实时双边全额	实时双边全额
投资者范围	个人、非银行机构	机构	个人、企业
清算速度	T+1	T+0、T+1	T+0
交易券种	记账式国债、企业债、公司债、资产受益凭证	国债、央票、金融债、企业债、公司债、中期票据、短期融资券、资产支持证券、美元债券	国债（部分）

续 表

	交易所（市场）	银行间债券市场	商业银行国债柜台交易
交易工具	现券、回购	现券、回购、债券远期、债券借贷、远期利率协议、利率互换	现券

表 6 – 3 我国个人可进行的债券投资

	交易所（市场）	商业银行柜台市场			证券、商业银行柜台、互联网平台
交易种类	记账式国债、企业债、公司债、可转债、资产受益凭证	凭证式国债	记账式国债	储蓄国债	债券基金/债券理财产品
购买方式	在证券营业部开设债券账户，购买、价差交易	商业银行柜台邮政储蓄柜台	商业银行柜台网上银行	商业银行柜台	证券、银行柜台等
特点	成本低、交易免征印花税，公司债、企业债的利息兑付需交20%利息税，由证券交易所代扣	记名、可挂失、可提前兑取、不能更名、不能流通转让	随时买卖、流动性好	利率固定	银行间债券市场产品收益较高，但个人无法参与。可通过购买债券基金或债券类理财产品实现投资

综上可见，目前我国债券一级市场上，个人投资者可以认购的债券主要有以下几个品种：一是凭证式国债；二是面向银行柜台债券市场发行的记账式国债，投资者可在这两个品种发行期间到银行柜台认购；三是在交易所债券市场发行的记账式国债，投资者可委托有资格的证券公司通过交易所交易系统直接认购，也可向认定的国债承销商直接认购；四是企业债券，个人投资者可到发行公告公布的营业网点认购；五是可转换公司债券，如上网定价发行，则投资者可通过证券交易所的证券交易系统上网申购。

而在债券二级市场上，个人投资者进行债券交易的渠道主要有以下几个：一是可以通过商业银行柜台进行记账式国债交易；二是通过商业银行柜台购买银行转卖的二手凭证式国债；三是可以通过证券公司买卖证券交易所记账式国债、上市企业债券和可转换债券。

阅读材料1

很多专家研究表示，债券市场的周期性牛市即将来临，而目前来看，国内个人投资者参与债券市场最便利的方式就是配置债券型基金。事实上，在股市波动加大的背景下，债券型基金的分散风险作用已经得以显现。根据相类数据统计，2015年上半年债券型基金可比的简单平均净值跌幅仅为1.42%，大部分债券型基金获得正收益，而同期的股票型基金平均收益亏损差不多达到了40%。显然，债券型基金以低风险、收益稳定的特点，成为弱市中的"避风港"。

"三大标准"选债基：

首先，要注意债券型基金资产配置的策略。投资者在进行申购之前，不妨提出三个问题："能不能参与新股投资""能否参与可转债投资""债券投资的范围和品种限制"。

其次，债券型基金的规模大小非常主要，投资者最好选择规模比较大的债券型基金。债券型基金和股票型基金不一样，如果资金量和基金公司的规模太小，相对来说会难做一些。

最后，选择债券型基金要看自己的风险承受能力。

 ## 阅读材料2

2007年，钱磊用8万元进入股市到2009年资产增值到12万元。2009年，一个偶然的机会钱磊开始学习债券知识，他用最简单的方式，直接就选择了当时到期收益率最高的债券，将手中12万元的现金全部买入。

两个月后，这笔投资给他带来了3000元钱的回报。小试牛刀后，钱磊又选了一只债券，派息之后一个多月的时间就赚了1万多元。

但是，在2011年央行不断地提准加息影响下，债券市场逐渐步入熊市。钱磊仍然是重仓买了两只债券，随着6月下旬债券市场的暴跌，他的亏损也在扩大，一下子亏了近4000元钱。

在2011年9月末，此时交易所债券市场抛售达到顶峰，除国债以外绝大部分债券经历了一轮自由落体式杀跌。而2011年9月29日交易所市场抛债情绪达到顶点时，沪深市场上38只债券到期收益率突破10%。此后，上交所又连发两个债券文件，让投资者看到了债市的春天。"新规之后，套做倍数迅速突破以前的两倍上限。"钱磊说，当时自己大举加仓。由于杠杆的提升，钱磊当时的收益率超过了10%。从2009年时的12万，到2012年债市4年大赚100万元。

三、相关名词解释

（1）国债：财政部发行，国家信用等级，具有避税的优势，分为凭证式国债和记账式国债。记账式国债通过记账式国债承销团承销发行，可在二级市场交易流通。凭证式国债只能过银行承销发行，无法在二级市场交易流通。

（2）地方政府债券：从2009年开始，为给地方财政融资，财政部代理各省级地方财政发行地方政府债，地方政府债可在银行间市场交易流通，目前市场上将地方政府债当成准国债看待。发行利率和收益率与国债基本相当。

（3）政策性银行债：由三家政策性银行发行的金融债。

（4）央行票据：中国人民银行发行，期限主要为3个月、1年期和3年期。央票是公开市场操作工具，主要用于调节货币供给，其发行利率有债券市场风向标的作用。

（5）商业银行金融债：商业银行发行的债券，按照清算顺序，分为一般金融债券、次级债券和混合资本债券。

（6）短期融资券（CP）和中期票据（MTN）：都是指具有法人资格的非金融企业在银行间债券市场发行的，约定在一定期限还本付息的债务融资工具。前者期限在1年以内（含1年），后者期限在2～10年，目前多为3年和5年期品种。企业发行短期融资券和中期票据应在交易商协会注册，并由已在中国人民银行备案的金融机构承销。目前有部分浮动利率、无担保固定利率品种、有担保品种。

（7）企业债：是由中央政府部门所属机构、国有独资企业或国有控股企业发行的债券。企业依照法定程序发行，约定在一定期限内还本付息。企业债券根据《企业债券管理条例》发行，由发改委审批，可在银行间债券市场或者交易所交易流通。

（8）公司债：由股份有限公司或有限责任公司依法定程序发行、约定在1年以上期限内还本付息的有价证券。由证监会审批，只可在交易所交易流通。

（9）可分离交易债券：是一种附认股权证的公司债。可分离为纯债和认股权证两部分。分离交易可转债是债券和股票的混合融资品种，它与普通可转债的本质区别在于债券与期权可分离交易。纯债部分的期限和权证部分的行权期限可以不同。

（10）可转债：是一种可以在特定时间、按特定条件转换为普通股票的特殊企业债券。可转换债券兼具债券和股票的特征。

（11）资产支持证券（Asset - Backed Security，ABS）：由银行类金融机构作为发起机构，将资产支持证券信贷资产信托给受托机构，由受托机构发行的，以该资产所产生的现金支付其收益的收益证券。

（12）质押式回购：是交易双方以债券为权利质押所进行的短期资金融通业务。在质押式回购交易中，资金融入方（正回购方）在将债券出质给资金融出方（逆回购方）融入资金的同时，双方约定在将来某一日期由正回购方向逆回购方返还本金和按约定回购利率计算的利息，逆回购方向正回购方返还原出质债券。

（13）买断式回购：指债券持有人（正回购方）将债券卖给债券购买方（逆回购方）的同时，与买方约定在未来某一日期，由卖方再以约定价格从买方买回相等数量同种债券的交易行为。

（14）拆借：一种按天计算的借款，又称拆放、拆款，期限一般较短。拆借一般是同业拆借，即金融机构（主要是商业银行）之间为了调剂资金余缺，利用资金融通过程的时间差、空间差、行际差来调剂资金而进行的短期借贷。目前同业拆借利率的参考值是上海银行间同业拆借利率 Shibor（上海银行间同业拆放利率，Shanghai Interbank

Offered Rate，简称 Shibor），其包含隔夜、7 天、14 天、1 个月、3 个月、6 个月、9 个月和 1 年，共计 8 个品种。

（15）债券远期合约：合约双方约定在未来某一时刻，按约定的价格买卖约定数量的指定债券，目前国内债券远期合约成交较为活跃，市场参与者进行远期交易，应签订远期交易协议。

（16）利率互换：是指交易双方约定在未来的一定期限内，根据约定数量的同种货币的名义本金交换利息额的金融合约。交易双方交换的只是不同特征的利息，并没有实质本金的互换。最常见的利率互换是在固定利率与浮动利率之间进行转换。目前国内的利率互换的基准利率主要有 Shibor – O/N（Overnight）、Shibor – 1W（Week）、Shibor–3M（Month）、FR007（Fixing Repo Rate，7 天银行间回购定盘利率）。

（17）信用违约互换（Credit Default Swap，CDS）：又称信贷违约掉期，或叫贷款违约保险，违约互换购买者将定期向违约互换出售者支付一定费用（称为信用违约互换点差），而一旦出现信用类事件（主要指债券主体无法偿付），违约互换购买者将有权利将债券以面值递送给违约互换出售者，从而有效规避信用风险。是目前全球交易最为广泛的场外信用衍生品，目前国内还没有开展此种交易。

（18）现券交易：又叫现金现货交易，是债券买卖双方对债券的买卖价格均表示满意，在成交后立即办理交割，或在很短的时间内办理交割的一种交易方式。

 阅读材料 3

在股市市场看空、证券账户有大额闲置资金之时，投资者不妨可以考虑一种短线无风险套利方式国债逆回购。目前，普通投资者在交易所开户后，即可进行国债逆回购操作，起步资金只需 10 万元。据业内人士介绍，投资者在月末、季末或市场资金紧张时进行国债逆回购，或能获得高于存款和银行理财产品的收益。

据了解，在银行超短期理财产品被银监会叫停后，交易所提供的国债逆回购成为一种替代性的无风险超短期现金管理品种。在证券交易软件里，深沪债券一栏中有一系列代码开头为"204"的国债回购产品。其本质是一种超短期贷款，即是一种以交易所挂牌国债作为抵押，拆借资金的信用行为。而对投资者来说，采取国债逆回购操作，即通过贷出资金获得融资方的证券抵押权，并于回购期满时归还对方抵押的证券，收回融出资金并获得一定的利息。一般来说，个人投资者可以参与的是质押式国债回购。

沪深两市均有国债回购品种，但最常见的品种主要是沪市的 1 天期、2 天期、3 天期、4 天期、7 天期、14 天期、28 天期、91 天期、182 天期这 9 个品种。目前成交较为活跃的是 1 天、3 天、7 天等期限的产品。

在行情软件里，"买入价"为融资者获得资金所需要付出的年化利率，而"卖出价"则为投资者贷出的每百元资金可获得的年收益率。国债回购的交易单位为手，

1 手 =1000 元面额。而投资者每笔申报限量：最小 100 手或其整数倍，最大不得超过 10000 手。而成交日之后下一个自然日（含）再加上融出资金的回购交易品种期限就是该产品到期日。

以 1 天国债回购 GC001 为例，若投资者手头持有 10 万元闲置现金，在昨日下午 13：05 时进行国债逆回购操作，该时间点的卖出报价为 3.18%，即是说，投资者若在昨天下午 13：05 以 3.18% 的价格卖出 100 手 GC001，那么到期后则可收回本金并获得 3180 元的利息，而年化收入则为：$100000 \times 3.18\% /360 = 8.83$ 元。而目前活期的利率仅为 0.4% 左右，即：$100000 \times 0.4\% /360 = 1$ 元。

值得注意的是，回购交易结束当日，资金本息就回归账户但是处于冻结状态。

国债回购的收益率是通过交易所竞价产生的，因此国债回购的收益率波动很大。事实上，国债回购利率与资金市场的供求量有着密切关系，月末、季末时收益率一般会上行。此外，据业务员介绍，到了周四、周五的时候，由于涉及周末因素，GC001 的收益率一般较高。比如在周四（8 月 23 日），GC001 品种的最高价一度飙涨至 19%。需要注意的是，在周五时，投资者进行 1 天品种的交易，资金会在周一返还，但只能获得一天的利息。

虽然国债回购各个品种的利率波动非常大，但投资者的本金并不受影响。国债回购的稳定性在于，成交一旦成功则锁定收益率，即使随后同期产品价格出现波动投资者也不会受到影响。

从安全性看，债券质押式回购交易的风险几乎可以忽略不计，一旦融资方发生违约，其质押的债券将被强制拍卖并用来偿还借款。而且，融资方必须将所持有的债券按照规定的比例折算成标准券后进行质押。在这一规定下，即使出现了违约，所质押的债券也能够足额偿还回购业务的本息。

近日由于央行大力通过递回购注入流动性，市场资金面明显有所宽松，所以国债回购利率有所回落。不过月末临近，个人投资者近几天可关注此类产品，待价格上升时逢高操作。

四、债券发行条件

根据《中华人民共和国证券法》的规定，我国债券发行的主体，发行债券的条件是：

（1）股份有限公司的净资产额不低于人民币 3000 万元，有限责任公司的净资产额不低于人民币 6000 万元。

（2）累计债券总额不超过公司净资产的 40%。

（3）最近 3 年平均可分配利润足以支付公司债券 1 年的利息。

（4）筹资的资金投向符合国家的产业政策。

（5）债券的利率不得超过国务院限定的利率水平。

（6）国务院规定的其他条件。

第二节 债券交易

一、债券名称及代码规则

1. 深国债（如图 6 - 2 所示）

代码	名称	最新价	涨跌额	涨跌幅▼	今开	最高	最低	昨收	成交量(手)	成交额(万)
101502	国债1502	101.49	2.88	2.92%	102.68	102.68	98.57	98.61	60	6
101311	国债1311	100.90	1.01	1.01%	99.89	101.00	98.02	99.89	8	0
100303	国债0303	100.10	0.10	0.10%	100.12	100.18	99.31	100.00	71	7
100213	国债0213	99.30	0.05	0.05%	99.25	99.30	99.12	99.25	16	1
101917	国债917	104.26	0.04	0.04%	104.92	104.92	104.22	104.22	27	2
101303	国债1303	99.01	-0.09	-0.09%	99.70	99.70	99.01	99.10	2	0
100512	国债0512	0.00	0.00	0.00%	0.00	0.00	0.00	100.00	0	0

图 6 - 2　深国债示例

2. 深企债（如图 6 - 3 所示）

代码	名称	最新价	涨跌额	涨跌幅▼	今开	最高	最低	昨收	成交量(手)	成交额(万)
118907	14长城债	111.34	8.87	8.65%	111.34	111.34	111.34	102.47	200000	22268
119079	建发展3	104.97	6.82	6.95%	104.97	104.97	104.97	98.15	50000	5248
119080	建发展4	105.00	3.37	3.32%	105.00	105.00	105.00	101.63	20000	2100
112170	12濮耐01	101.89	1.59	1.59%	99.95	101.89	99.95	100.30	1783	181
112014	09银基债	94.40	1.20	1.29%	93.30	94.40	93.27	93.20	4599	431
111048	09渝水投	101.19	0.96	0.96%	100.40	102.22	98.81	100.22	7	0
119078	建发展2	104.31	0.97	0.94%	104.31	104.31	104.31	103.34	50000	5215

图 6 - 3　深企债示例

3. 深转债（如图 6 - 4 所示）

代码	名称	最新价	涨跌额	涨跌幅▼	今开	最高	最低	昨收	成交量(手)	成交额(万)
128007	通鼎转债	452.00	39.00	9.44%	413.89	460.00	380.00	413.00	28710	11981
128009	歌尔转债	185.15	0.15	0.08%	184.99	187.80	170.00	185.00	30078	5375

图 6 - 4　深转债示例

4. 沪国债（如图 6 - 5 所示）

代码	名称	最新价	涨跌额	涨跌幅▼	今开	最高	最低	昨收	成交量(手)	成交额(万)
019204	12国债04	100.15	0.21	0.21%	100.15	100.15	100.15	99.94	1	0
019505	15国债05	101.19	0.20	0.20%	101.19	101.19	101.19	100.99	130000	13154
010603	06国债(3)	100.67	0.17	0.17%	100.17	100.97	100.17	100.50	17	1
010512	05国债⑫	101.00	0.05	0.05%	100.85	101.04	100.85	100.95	27	2
010213	02国债⑬	99.44	0.00	0.00%	99.69	99.69	99.38	99.44	3066	304
018003	国开1401	118.35	0.00	0.00%	118.35	118.35	118.08	118.35	77	9
019319	13国债19	113.50	0.00	0.00%	113.50	113.50	113.00	113.50	491	55

图 6 - 5　沪国债示例

5. 沪企债（如图6-6所示）

代码	名称	最新价	涨跌额	涨跌幅▼	今开	最高	最低	昨收	成交量(手)	成交额(万)
124622	14钦临海	106.90	6.90	6.90%	106.90	106.90	106.90	100.00	160000	17104
122727	PR东胜债	53.39	3.39	6.78%	55.55	55.55	50.00	50.00	73034	3686
124845	14晋开发	104.82	6.32	6.42%	102.00	105.00	102.00	98.50	260	27
124702	14衡水投	106.11	6.11	6.11%	106.11	106.11	106.11	100.00	200000	21222
124600	14焦水01	109.77	4.17	3.95%	109.77	109.77	109.77	105.60	20000	2195
122115	11华锐01	84.10	2.65	3.25%	83.00	84.10	83.00	81.45	40	3
122660	12石油07	102.51	2.99	3.00%	102.51	102.51	102.51	99.52	50000	5125

图6-6　沪企债示例

6. 沪转债（如图6-7所示）

代码	名称	最新价	涨跌额	涨跌幅▼	今开	最高	最低	昨收	成交量(手)	成交额(万)
113007	吉视转债	185.16	4.81	2.67%	180.35	189.00	165.00	180.35	81847	14616
113501	洛钼转债	206.93	3.93	1.94%	200.00	211.33	187.00	203.00	192705	37610
110023	民生转债	125.62	0.98	0.79%	125.88	126.98	123.02	124.64	2328602	290348
113008	电气转债	233.06	-5.48	-2.30%	237.01	241.80	211.60	238.54	376884	83587
110030	格力转债	200.58	-5.11	-2.48%	207.80	207.80	187.90	205.69	54660	10721

图6-7　沪转债示例

7. 银行间市场（如图6-8所示）

代码	名称	最新价	涨跌幅	最新YTM	YTM涨跌BP	加权YTM	债券评级	剩余期限(年)	票面利率
1380365	13亭湖公投债	106.3336	3.68%	5.8000	0.00	5.8000	AA	5.41	7.95
1382187	13三安MTN3	98.7749	2.78%	7.2300	0.00	7.2300	AA	2.84	6.75
1280220	12铁道04	102.2860	2.50%	4.5000	0.00	4.4800	AAA	12.12	4.75
101459064	14陕交建MTN002	102.7681	2.26%	5.5114	0.00	5.5108	AA+	9.47	5.90
1480495	14嘉峪关债	103.4319	2.25%	6.8483	0.00	6.8486	AA+	6.27	7.83
101456045	14桂交投MTN001	107.1683	2.19%	5.5800	0.00	5.5800	AA+	6.11	7.00
1320004	13青岛银行债01	100.0020	2.02%	4.5378	0.00	4.5392	AA+	0.72	4.60
1480139	14济宁债	106.0060	1.83%	5.2110	0.00	5.2118	AA+	5.75	7.05

图6-8　银行间市场债券示例

二、债券发行价格

　　债券的发行价格，是指债券原始投资者购入债券时应支付的市场价格，它与债券的面值可能一致也可能不一致。理论上，债券发行价格是债券的面值和要支付的年利息按发行当时的市场利率折现所得到的现值。

　　由此可见，票面利率和市场利率的关系影响到债券的发行价格：当债券票面利率等于市场利率时，债券发行价格等于面值；当债券票面利率低于市场利率时，企业仍以面值发行就不能吸引投资者，故一般要折价发行；反之，当债券票面利率高于市场利率时，企业仍以面值发行就会增加发行成本，故一般要溢价发行。

三、交易图解

（1）交易之前，投资者需要：去证券营业部开设证券交易账号、下载证券交易软件、资金账户余额（1000 元以上）。

（2）以债券回购交易为例。

①债券回购是指交易双方进行的以债券为权利质押的一种短期资金融通业务。资金融入方（正回购方）将债券质押给资金融出方（逆回购方）获得融入资金的同时，双方约定在将来某一日期由正回购方按约定回购利率计算的金额向逆回购方买回相等数量的同品种债券的交易行为。债券回购的最长期限为 1 年，利率由双方协商确定。

债券回购交易申报中，融资方（债券持有者）按"买入"予以申报，融券方（资金持有者）按"卖出"予以申报。到期反向成交时，无须再行申报，由交易所电脑系统自动产生一条反向成交记录，登记结算机构据此进行资金和债券的清算与交割。

②债券回购交易是以年收益率报价的。上海证券交易所债券回购交易最小报价变动为 0.005 或其整数倍；交易数量必须是 100 手（1 手为 1000 元标准券），即 10 万元面值及其整数倍，单笔申报最大数量不超过 1 万手，不符合交易数量要求的申报为无效申报。

深圳证券交易所债券回购交易的最小报价变动为 0.01 或其整数倍。交易单位为以合计面额 1000 元（即 1 手）及其整数倍为交易单位。

③散户可在交易时间（每周一至周五，每天上午 9:30 至 11:30，下午 1:00 至 3:00，法定公众假期除外）通过网上交易（也可通过电话委托、手机委托等各种委托方式）。

依次点击"股票"→"交易方向"为卖出→输入"证券代码"（即逆回购代码）→输入"融券价格"（即年化利率）→输入委托"融券数量"（即卖出多少张）→点击"卖出下单"。

成交后系统自动产生两条成交记录，到期后本金和利息自动回到账户中（扣除极少的手续费）。如图 6－9 所示。

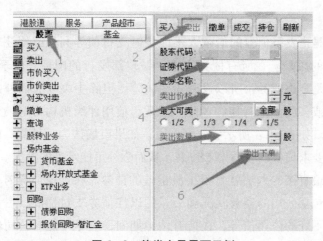

图 6－9 债券交易界面示例

（3）实例。

2015 年 1 月 26 日卖出 131810 R－001（1 天逆回购，盘面显示年化利率 2.672%），账户有闲置资金 22000 元。

26 日晚上资金已经回到账户上，利息共计 1.61 元。27 日可以正常使用（不影响当天交易或者申购新股等），但不能转出。

（4）注意事项。

①成交的价格是年化利率，受市场的资金紧张程度会随时波动，散户应该经常关注，一般新股发行、周初、月末、季末、半年和年终时点较高。

②到期日为节假日的顺延至下一交易日。

③回购交易到期日本金和利息到账后，当日可用不可取（转账至银行），大家要注意时间点，要用的资金提前做好选择以免因资金无法转出误事。

（5）债券手续费。

①佣金：（投资者交给证券商）：标准为不超过总成交金额的 0.1%，佣金不足 5 元的按 5 元起点收取。

②利息税：20%（国债免利息税）。

③可转债手续费：投资人买卖可转债，需向券商支付佣金（手续费），具体标准如下：

深市，可转债的交易手续费收取标准为千分之二，佣金不足 5 元的，按 5 元收取；

沪市，可转债交易手续费上海本地按 1 元/笔收取，异地按 3 元/笔收取。成功办理交割后，投资人需向券商支付佣金，按总成交额的万分之二收取，最低 5 元。另手续费标准是可以谈的，个别情况可以降低。

四、债券风险

1. 违约风险

违约风险，是指发行债券的借款人不能按时支付债券利息或偿还本金，而给债券投资者带来损失的风险。在所有债券之中，财政部发行的国债，由于有政府作担保，往往被市场认为是金边债券，所以没有违约风险。但除中央政府以外的地方政府和公司发行的债券则或多或少地有违约风险。因此，信用评级机构要对债券进行评价，以反映其违约风险。如表 6－4 所示。一般来说，如果市场认为一种债券的违约风险相对较高，那么就会要求债券的收益率要较高，从而弥补可能承受的损失。

规避方法：最直接的办法就是不买质量差的债券。在选择债券时，一定要仔细了解公司的情况，包括公司的经营状况和公司的以往债券支付情况，尽量避免投资经营状况不佳或信誉不好的公司债券，在持有债券期间，应尽可能对公司经营状况进行了解，以便及时作出卖出债券的抉择。保守的投资者应尽量选择投资风险低的国债。

表6-4 债券评级说明

长期信用等级的符号及定义		短期信用等级的符号及定义	
等级	含义	等级	含义
AAA	偿债能力极强，基本不受不利经济环境的影响，违约风险极低	A-1	为最高融资券信用等级，还本付息能力很强，安全性很高
AA	偿债能力很强，受不利经济环境的影响较小，违约风险很低	A-2	还本付息能力较强，安全性较高
A	偿债能力较强，较易受不利经济环境的影响，违约风险较低	A-3	还本付息能力一般，安全性易受不利环境变化的影响
BBB	偿债能力一般，受不利经济环境的影响较大，违约风险一般	B	还本付息能力较低，有一定的违约风险
BB	偿债能力极弱，受不利经济环境的影响很大，违约风险较高	C	还本付息能力很低，违约风险较高
B	偿债能力较大依赖于良好的经济环境，违约风险很高	D	不能按期还本付息
CCC	偿债能力极度依赖于良好的经济环境，违约风险极高		
CC	受评对象在破产或重组时可获得保护较小，基本不能保证偿还债务		
C	受评对象不能偿还债务		

注：每一个等级可用"+""-"符号进行微调。

 阅读材料

2009年12月一天早晨，登记公司公布公告称，07宜城投债券的利息没有按时支付到登记公司的账户中，导致登记公司无法给债券持有人支付相应的利息。不过不久，登记公司就将此公告撤下，并发出新的公告表示债券利息资金已经到账并划付给各持有人。这件事给中国的投资者一个不大不小的风险警示。

按主要业务类型来分，目前城投债企业分为：基础建设类（道路收费）、基础设施类（供水供气）、地产开发类（一级和二级开发）和综合类（多元化控股型企业）。

除综合类的外，从目前的风险值来说，由于基础设施能提供稳定的现金流且关系到当地的民生，所以从债性来说，基础设施类公司安全收益性最好。其次是基础建设类公司，拥有公路等设施的收费权，虽然有波动，但有稳定的资产和相对稳定的现金流，安全性也有所保障。地产类公司有不错的收益且资产的价值较高，但由于受到经济周期波动的影响加上债券投资的特点，其安全性相对较差。另外，需要观察这类债券的信用增强条款。全额担保的最优，政府划出已入表的应收账款作担保的次之，设立单独偿债账户并由银行监管的再次之，而把将来项目产生的应收账款作为担保的增强方式最差。另外，还要参考发债企业所处地区的信用情况以及企业本身的经营情况。了解诚投债的安全收益情况，提前控制风险，查看投资者的持仓债券风险情况还是有必要的。

2. 利率风险

债券的利率风险，是指由于利率变动而使投资者遭受损失的风险。利率是影响债券价格的重要因素之一，当利率提高时，债券的价格就降低；当利率降低时，债券的价格就会上升。由于债券价格会随利率变动，所以即便是没有违约风险的国债也会存在利率风险。

规避方法：分散债券的期限，长短期配合，如果利率上升，短期投资可以迅速地找到高收益投资机会，若利率下降，长期债券却能保持高收益。

3. 购买力风险

购买力风险，是指由于通货膨胀而使货币购买力下降的风险。通货膨胀期间，投资者实际利率应该是票面利率扣除通货膨胀率。若债券利率为10%，通货膨胀率为8%，则实际的收益率只有2%，购买力风险是债券投资中最常出现的一种风险。

规避方法：通常采用的方法是将一部分资金投资于收益较高的投资方式上，如股票、期货等，但带来的风险也随之增加。

4. 变现能力风险

变现能力风险，是指投资者在短期内无法以合理的价格卖掉债券的风险。

规避方法：投资者应尽量选择交易活跃的债券，如国债等，便于得到其他人的认同，冷门债券最好不要购买。

5. 经营风险

经营风险，是指发行债券的单位管理与决策人员在其经营管理过程中发生失误，导致资产减少而使债券投资者遭受损失。

规避方法：为了防范经营风险，选择债券时一定要对公司进行调查，通过对其报表进行分析，了解其赢利能力和偿债能力、信誉等。

五、债券的投资策略

1. 消极型投资策略

消极型投资策略是一种不依赖于市场变化而保持固定收益的投资方法，其目的在于获得稳定的债券利息收入和到期安全收回本金。因此，消极型投资策略也常常被称作保守型投资策略。

（1）购买持有。在对债券市场上所有的债券进行分析之后，根据自己的爱好和需要，买进债券，并一直持有至到期兑付之日。在持有期间，并不进行任何买卖活动。

其好处是收益固定，不受市场行情变化的影响。它可以完全规避价格风险，保证获得一定的收益率。另外交易成本很低。由于中间没有任何买进卖出行为，因而手续费很低，从而也有利于提高收益率。

一般情况下，期限越长的债券，其收益率也往往越高。但是期限越长，对投资资金锁定的要求也就越高，因此最好是根据可投资资金的年限来选择债券，使债券到期日与投资者需要资金的日期相近。

（2）梯形投资法。又称等期投资法，就是每隔一段时间，在债券发行市场认购一批相同期限的债券，每一段时间都如此，接连不断，这样，投资者在以后的每段时间都可以稳定地获得一笔本息收入。例如，王先生在1992年6月购买了1992年发行的3年期债券，在1993年3月购买了1993年发行的3年期债券，在1994年4月购买1994年发行的3年期债券。这样，在1995年7月，王先生就可以收到1992年发行的3年期债券的本息和，此时，王先生又可以购买1995年发行的3年期国债，这样，他所持有的三种债券的到期期限又分别为1年、2年和3年。如此滚动下去，王先生就可以每年得到投资本息和，从而既能够进行再投资，又可以满足流动性需要。

（3）三角投资法。所谓三角投资法，就是利用债券投资期限不同所获本息和也不同的原理，使得在连续时段内进行的投资具有相同的到期时间，从而保证在到期时收到预定的本息和。

例如，王先生决定在2000年进行一次"千禧年"国际旅游，因此，他决定投资国债以便能够确保在千年之交得到所需资金。这样，他可以在1994年投资1994年发行的5年期债券，在1996年购买1996年发行的3年期债券，在1997年购买1997年发行的2年期债券。这些债券在到期时都能收到预定的本息和，并且都在1999年到期，从而能保证有足够资金来实现"千禧之梦"。

2. 积极型投资策略

积极型投资策略，是指投资者通过主动预测市场利率的变化，采用抛售一种债券并购买另一种的方式来获得差价收益的投资方法。这种投资策略着眼于债券市场价格变化所带来的资本损益，其关键在于能够准确预测市场利率的变化方向及幅度，并充分利用市场价格变化来取得差价收益。

六、债券价格变动的影响因素

债券价格变动的影响因素如图6-10所示。

1. 利率因素：利率与债券价格呈反向变动关系

例如上交所的9908券，该券在2000年2月28日的收盘价为99.38元，计算其相应的到期收益率为3.55%。若2月29日，市场利率下降到3.29%，9908券的价格将上升到101.49元，上涨了2.11；若2月29日，市场利率上升到3.81%，则9908券的价格将下降到97.38元，下跌了2.2元。

所以影响利率变动的因素都会影响债券的价格。这些因素主要有以下几个：

（1）宏观经济环境。从宏观经济的角度看，利率反映了市场资金供求关系的变动状况。

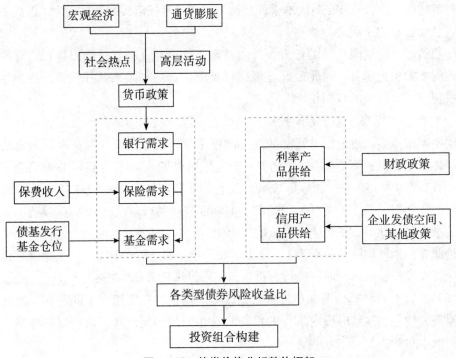

图6-10 债券价格分析整体框架

在经济发展的不同阶段，市场利率有着不同的表现。在经济持续繁荣增长时期，企业家开始为了购买机器设备、原材料、建造工厂和拓展服务等原因而借款，于是，会出现资金供不应求的状况，借款人会为了日益减少的资金而进行竞争，从而导致利率上升；相反，在经济萧条、市场疲软时期，利率会随着资金需求的减少而下降。如图6-11所示。

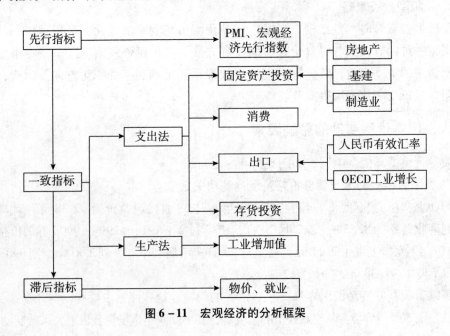

图6-11 宏观经济的分析框架

（2）通货膨胀率。这是衡量一般价格水平上升的指标。一般而言，在发生通货膨胀时，市场利率会上升，以抵消通货膨胀造成的资金贬值，保证投资的真实收益率水平。而借款人也会预期到通货膨胀会导致其实际支付的利息的下降，因此他会愿意支付较高的名义利率，从而也会导致市场利率水平的上升。如图 6 – 12 所示。

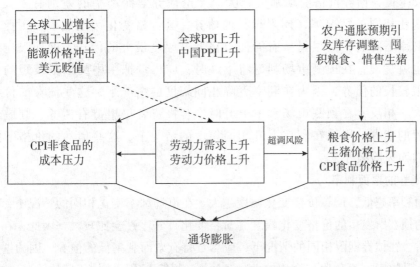

图 6 – 12　通货膨胀的分析框架

（3）货币政策。这是影响市场利率的重要因素。货币政策的松紧程度将直接影响市场资金的供求状况，从而影响市场利率的变化。一般而言，宽松的货币政策，如增强货币供应量、放松信贷控制等都将使市场资金的供求关系变得宽松，从而导致市场利率下降。相反，紧缩的货币政策，如减少货币供应量，加强信贷控制等都将使市场资金的供求关系变得紧张，从而导致市场利率上升。

（4）汇率变化。在开放的市场条件下，本国货币汇率上升会引起国外资金的流入和对本币的需求上升，短期内会引起本国利率的上升；相反，本国货币汇率下降会引起外资流出和对本币需求的减少。短期内会引起本国利率下降。

（5）我国利率体系的影响。我国的利率体系受到经济发展水平的影响，呈现一种多利率并存的格局，各资金市场是分割的，资金在市场间的流动受到较大的限制。目前，我国主要有以下的两种利率：

官方利率，是由中国人民银行确定的不同期限或不同类别的存、贷款利率，即管制利率。这是我国金融市场上的主导利率，对整个金融市场，包括债券市场都有较大的影响。在考虑影响债券价格的利率时，应注重分析官方利率和国债回购、同业拆借市场利率。其中，官方利率变动次数虽然较少，但由于每次变动的幅度都较大，加上它在整个金融市场上的地位，因而对债券价格影响是很大的，并且会持续很长的时间。而国债回购、同业拆借市场利率在每个交易日都在变动，且变动幅度比较小，因而对于债券价格影响的持续时间不长，程度也不大。

场外无组织的资金拆借利率，由于某些金融机构和工商企业缺乏正常的融资渠道，尤其是非国有企业在信贷上受到限制，使得它们只能通过私下资金的拆借来融资。由于这些拆借主体的资金来源和资金获得条件都不尽相同，因而利率十分混乱。

2. 债券期限

期限越长，债券价格变动幅度越大。无论债券票面利率的差别有多大，在市场利率变化相同的情况下，期限越长的债券，其价格变化幅度越大。因此，在预测市场利率下降时，应尽量持有能使价格上升幅度最大的债券，即期限比较长的债券。也就是说，在预测市场利率将下跌时，应尽量把手中的期限较短的债券转换成期限较长的债券，因为在利率下降相同幅度的情况下，这些债券的价格上升幅度较大。相反，在预测市场利率上升时，若投资者仍想持有债券，则应该持有期限较短的债券，因为在利率上升相同幅度的情况下，这些债券的价格下降幅度较小，因而风险较小。

3. 债券的票面利率

票面利率越低，债券价格变化幅度越大。在市场利率变化相同的情况下，息票利率较低的债券所发生的价格变化幅度（价格变化百分比）会比较大，因此，在预测利率下跌时，在债券期限相同的情况下，应尽量持有票面利率低的债券，因为这些债券的价格上升幅度（百分比）会比较大。但是这一规律不适用于周年期的债券。

综上所述，在判断市场利率将下跌时，应尽量持有能使价格上升幅度最大的债券，即期限比较长、票面利率比较低的债券。也就是说，在预测市场利率将下跌时，应尽量把手中的短期、高票面利率国债转换成期限较长的、低息票利率的债券，因为在利率下降相同幅度的情况下，这些债券的价格上升幅度较大。

反之，若预测市场利率将上升，则应尽量减少低息票利率、长期限的债券，转而投资高息票利率、短期限的债券，因为这些债券的利息收入高、期限短，因而能够很快地变现，再购买高利率的新发行债券，同时，这些债券的价格下降幅度也相对较小。

需指出的是，一旦利率向相反的方向变动，投资者就可能遭受比较大的损失，因此，上述投资策略对那些熟悉市场行情、具有丰富债券操作经验的投资者才适用。初学的投资者不适宜采用此种投资策略。

实验九　债券投资操作

实验内容：

1. 下载证券交易软件（或者模拟交易软件），找到债券列表，了解可交易的债券种类、代码规则。

2. 选取 1~3 种债券，了解其债券信息及报价信息。

3. 以 1 周为期限，基于综合分析做出投资、调整决策。

4. 熟悉债券的买进、卖出、回购等交易形式。

实验报告九

1. 目标债券信息。

   债券代码　债券名称　债券发行价格　当前价格　还本付息

2. 债券分析。

3. 投资决策。

4. 模拟操作及账户变化。

5. 投资心得。

第七章　股票投资

第一节　股票投资流程

一、股票账户

（1）开立账户：深圳证券账户、上海证券账户。

（2）股票账户：存放股票。用来记载投资者所持有的证券种类、数量和相应的变动情况（见表7－1）。

表7－1　　　　　　　　　　　开户流程

	营业部开户	网上开户
地点	证券公司营业厅	证券公司网站
所需材料	身份证、银行卡	摄像头、耳机、麦克风、手机、银行卡
流程	1. 在证券营业厅填写《证券交易开户文件签署表》、《证券客户风险承受能力测评问卷》、《自然人证券账户注册申请表》，取得两张纸质的证券账户卡，一张是深圳证券账户卡，另一张是上海证券账户卡 2. 带着证券营业部给的账户号去银行开一张银行卡（存折），办理银行三方存管 3. 在网上下载安装开户证券公司的软件，输入账户账号密码，将银行卡（存折）上资金导入资金账户。就可以进行买卖了	1. 进入选定的证券公司官网 2. 选择营业部和服务套餐 3. 点击上传自己的身份证正反面照片，选择三方存管银行卡，输入卡号 4. 视频见证，与券商的工作人员视频通话，回答几个简单的问题 5. 设置交易密码、数字证书 6. 激活账户，完成
开户时间 开户费用	证券开户时间：周一至周五9：00～5：00 开户费用一般是深圳证券账户卡50元，上海证券账户卡40元，一共是90元。深圳、上海、广州、北京、天津、武汉等地方不收取开户费。 开户可以不用存钱进去，建议你最好要存一块钱在你的银行卡里面，开户之后通过银证转账把这一块钱转入到股票资金账户里面去，然后再转出来，熟悉一下银证转账操作流程	

（3）资金账户：存放资金。用来记载和反映投资者买卖证券的货币收付和结存数额。

二、股票交易费用及规则

（1）入股票最小成交1手（100股），卖出股票没有手数要求。

（2）交易手续费：由佣金、印花税、过户费组成的（佣金、过户费由证券公司决定）。

（3）印花税：成交金额的1‰，只有卖出时收取。

（4）过户费：按成交额的0.002%双向收取。

（5）佣金：买、卖均征收。最高为成交金额的1‰～3‰，最低单笔交易不满5元按5元收取。

（6）交易时间：周一至周五（法定休假日除外）上午9:30～11:30；下午1:00～3:00。

（7）交易制度：T+1交易。T表示交易日，指投资者当天买入的股票需待第二天进行交割过户后方可卖出。

三、使用股票交易（行情）软件分析行情

（1）下载安装股票交易软件。登录页面。

（2）可根据“报价”或是页面下方的栏目，选择关注板块。如图7－1及图7－2所示。

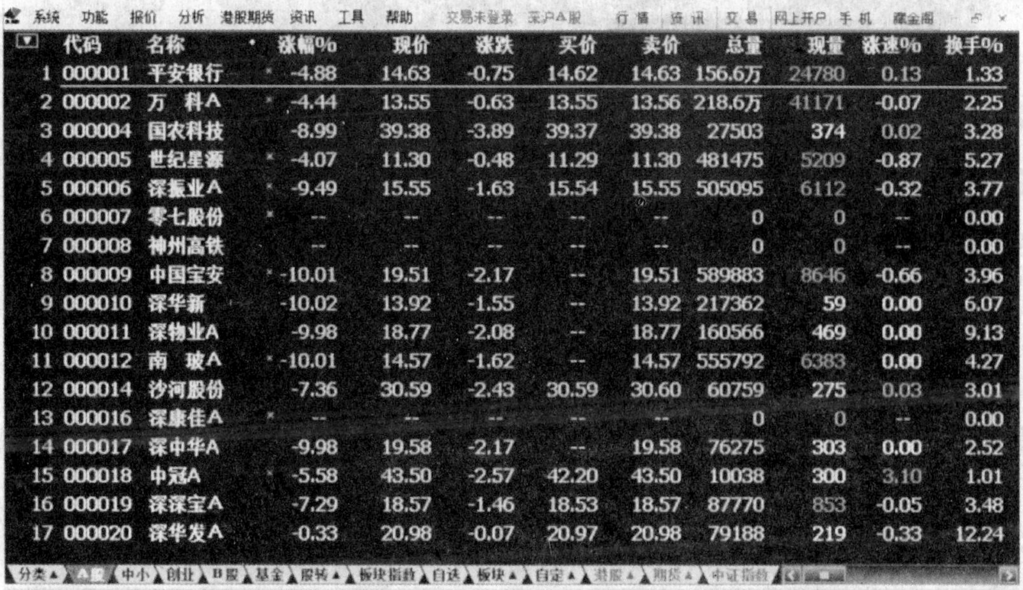

	代码	名称	涨幅%	现价	涨跌	买价	卖价	总量	现量	涨速%	换手%
1	000001	平安银行	-4.88	14.63	-0.75	14.62	14.63	156.6万	24780	0.13	1.33
2	000002	万 科A	-4.44	13.55	-0.63	13.55	13.56	218.6万	41171	-0.07	2.25
3	000004	国农科技	-8.99	39.38	-3.89	39.37	39.38	27503	374	0.02	3.28
4	000005	世纪星源	-4.07	11.30	-0.48	11.29	11.30	481475	5209	-0.87	5.27
5	000006	深振业A	-9.49	15.55	-1.63	15.54	15.55	505095	6112	-0.32	3.77
6	000007	零七股份	--	--	--	--	--	0	0	--	0.00
7	000008	神州高铁	--	--	--	--	--	0	0	--	0.00
8	000009	中国宝安	-10.01	19.51	-2.17	--	19.51	589883	8646	-0.66	3.96
9	000010	深华新	-10.02	13.92	-1.55	--	13.92	217362	59	0.00	6.07
10	000011	深物业A	-9.98	18.77	-2.08	--	18.77	160566	469	0.00	9.13
11	000012	南 玻A	-10.01	14.57	-1.62	--	14.57	555792	6383	0.00	4.27
12	000014	沙河股份	-7.36	30.59	-2.43	30.59	30.60	60759	275	0.03	3.01
13	000016	深康佳A	--	--	--	--	--	0	0	--	0.00
14	000017	深中华A	-9.98	19.58	-2.17	--	19.58	76275	303	0.00	2.52
15	000018	中冠A	-5.58	43.50	-2.57	42.20	43.50	10038	300	3.10	1.01
16	000019	深深宝A	-7.29	18.57	-1.46	18.53	18.57	87770	853	-0.05	3.48
17	000020	深华发A	-0.33	20.98	-0.07	20.97	20.98	79188	219	-0.33	12.24

图7－1 交易软件界面

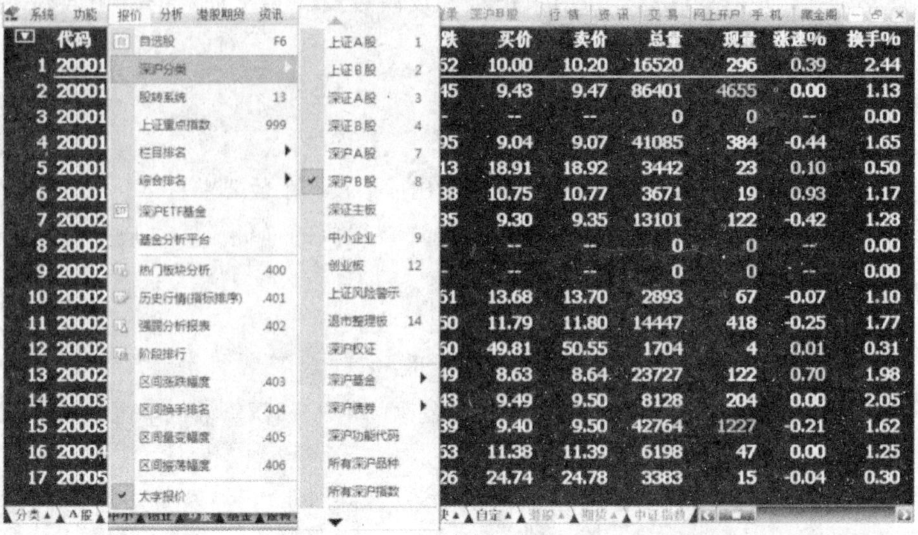

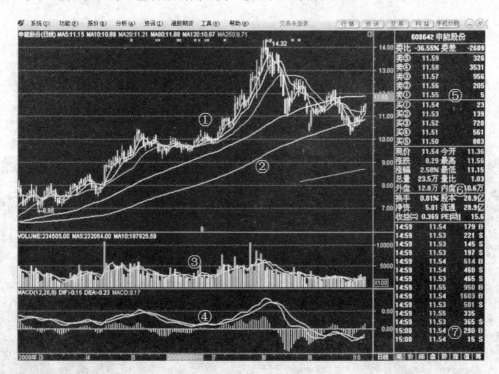

图 7 - 2　交易品种分类

（3）选择股票（可输名称或代码），进入个股行情。如图 7 - 3 所示。

图 7 - 3　个股界面

（4）界面解释。

①K 线图。又称蜡烛图，上图为日 K 线图，反映股票当天价格的变化情况。当收盘价高于开盘价，K 线图为红色，反之为绿色（注意国外股票 K 线的红色与绿色代表

的含义与中国相反）。如图 7 - 4 所示。

另外，按 K 线的周期可以把 K 线分为日 K 线，周 K 线，月 K 线等。一般而言，时间周期较长的 K 线所蕴含的意义也越强。在 K 线图中按功能键 F8 可以在各种周期的 K 线中进行切换。关于 K 线的技术含义在下一节技术分析做进一步描述。

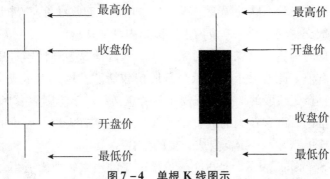

图 7 - 4　单根 K 线图示

②价格平均线。简称均线，以收盘价计算，每相邻 5 天的收盘价的平均值连成线，即是 5 日均线，其含义也可表示为最近 5 天所有投资者的平均成本。

图 7 - 3 共有 6 条均线，图的左上方有显示均线的参数，分别为 5、10、20、60、120、250 日均线。在实际操作中，参数是可以根据投资者需要变动的。由于每周只有 5 个交易日，通常我们也把 120 日线称为半年线，250 日线称为年线。时间较短的，如 5、10、20 日，可以称为短期均线，对短线操作有指导意义，通常 120、250 日线我们称为长期均线。其中 60 日均线有着非常重要的参考意义。均线是一种简单常用，并且相当有效的技术指标。

③成交量。即股票的买卖成交数量。成交量的图形也分为红色与绿色。红色代表买方多于卖方，绿色代表卖方多于买方。

④技术指标。图 7 - 3 中所示为 MACD 技术指标，是平均线的一种变化形式，对股价的中长期运行趋势有一定指示作用。投资者可根据自己需要变换不同的技术指标。

⑤五档委买、委卖单。单位为手，一手为 100 股。图 7 - 3 卖 1 委单上数量为 5，即表示在 11.55 元有投资者委托卖出 500 股。一般下委托单，如果挂高或挂低几分钱，则能迅速买入或卖出，否则只能等待成交。成交按价格优先，时间优先原则进行。

⑥基本信息

现价：即最新成交价格，一般每 6 秒产生一个成交价格快照。

今开：即当天开盘价，开盘价并不一定是上一交易日收盘价，由当天 9:15 ~ 9:25 分集合竞价①产生，原则为投资者在当天涨跌幅范围内自由出价，以撮合成交量最大之

---

① 集合竞价：当天开盘之前（每个交易日上午 9:15 ~ 9:25），投资者根据前一天的收盘价和对当日股市的预测来输入股票价格。根据此时段的所有下单，计算机按照价格优先和时间优先的原则计算出最大成交量的价格，这个价格就被是集合竞价的成交价格，而这个过程被称为集合竞价。到 9:25 分以后，就可以看到各股票集合竞价的成交价格和数量。

价格为开盘价。

涨跌：即时涨跌的绝对数量。涨跌＝（现价－昨收盘价）。

最高：开盘到即时产生过的最高价格。

最低：开盘到即时产生过的最低价格。

涨幅：相对昨收盘价涨跌的幅度。涨幅＝（现价－昨收盘价）/昨收盘价。

总量：即时成交量的总额，单位为手。等于内盘加外盘。

量比：反映即时为止股票成交的活跃程度。默认计算为预计当日成交量除以最近前5日成交量平均值。此值大于1表示当日股价较活跃，越大表示成交越活跃，价格波动将越大，对早盘短线股的捕捉具有较强参考意义；小于1则表示当日成交较清淡。由量价关系可以推论，没有较大的成交量，股价短线难有表现，股价的上涨需要成交量的配合，但价格下跌并不一定需要成交量的配合。

内盘：常用S（sell）表示，是以买入价格成交的数量，即卖方主动以低于或等于当前买一、买二、买三等价格下单卖出股票时成交的数量，用绿色显示。内盘的多少显示了空方急于卖出的能量大小。

外盘：常用B（buy）表示。是以卖出价格成交的数量，即买方主动以高于或等于当前卖一、卖二、卖三等价格下单买入股票时成交的数量，用红色显示。外盘的多少显示了多方急于买入的能量大小。若外盘数量大于内盘，则表现买方力量较强，若内盘数量大于外盘，则说明卖方力量较强。

换手：当前已成交的数量除以实际流通股数。换手率高的股票表示股价活跃。但个股经常过高的换手率（通常高于10%），表示短线投机过于活跃，常会带来暴涨暴跌。

股本：股份有限公司的注册资本，一元一股，即上市公司的总股份数。（随着紫金矿业的A股回归，每股面值不全是一元一股，目前大多数上市公司都是每股账面价值一元）

流通股：即总股份数可以在交易所交易的股份数。由于2005年启动的股改，今后除了多地上市的公司外流通股将会等于总股本。在其他条件相同的情况下，通常流通盘小的股票会有更好的表现。

净资：即净资产，代表每股账面权益，理论上提供了股票的最低价格。当股价跌破净资产，就是"破净"。2005年上证指数跌破1300后，这种"破净"的现象较多。市净率指的是每股股价与每股净资产的比率。市净率较低的公司一般投资价值较高。

收益（二）：即每股净收益，由于上市公司每季度要定期公布财务报表，括号中的二，代表第二季度，即半年公布的累计收益。

PE（动）：即市盈率＝当前股价/年化当前收益，是衡量上市公司盈利能力的重要指标。括号中的"动"表示的是动态市盈率，是指还没有真正实现的下一年度预测利润的市盈率。等于股票现价和未来每股收益预测值的比值。

⑦成交快照。列表显示每6秒产生的成交快照。可以简单理解成B为主动性买单，S为主动性卖单。（实际上因为免费软件中公布的数据为快照数据，与实际主动性买卖单会略有差异）

（5）了解分时图（见图7-5）。

图7-5 分时图

①信息地雷：显示在屏幕上方的小星，双击可获取关于个股或大盘的即时信息。

②分时线：每分钟的最后一笔成交价的连线叫分时线。

③分时平均线：是指当天开盘至当时所有成交总金额除以成交总股数得到的平均价的连线。

④每分钟成交量。

（6）股票交易。

交易系统的功能：

①买入：单击买入，在右侧列表中输入要买入的股票代码，买入价格及数量，无误后单击买入，系统会重新提示确认一下，确认即可。

②卖出：与买入同理。与买入不同，可以直接双击持仓中的股票，然后修改卖出价格及输入卖出数量。

③撤单：对未成交的买入或卖出委托可以申请撤单。单击撤单，然后选中要撤单的委托记录，在记录前的复选框中进行勾选，再单击撤单按钮即可。

④市价委托：不需要输入委托价格，只需要选择委托方向（买/卖）及数量，委托将以即时市场价成交。

⑤查询：资金股票栏中显示的是目前持有的现金及股票信息。当天卖出股票的资金可用于再买股票，但不能划转至银行，第二天才可以。买入股票的成本当天为参考成本，第二天显示为真实成本。

⑥当日成交/历史成交：显示当日/或选定时间段的委托成交的详细记录。

⑦当日委托/历史委托：显示当日/或选定时间段的委托详细记录。

⑧交割单：显示每笔交易所产生的各种明细费用。当天成交的记录在第二天才能查询到。

⑨预埋单：预先设定价格与数量的委托单，根据需要，可在交易时间内发送到券商委托站点。预埋单存于客户主机上，当日有效。

⑩修改密码：可以在系统内修改交易密码，资金密码及通信密码。如图7-6和图7-7所示。

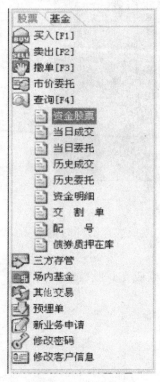

图7-6　交易菜单

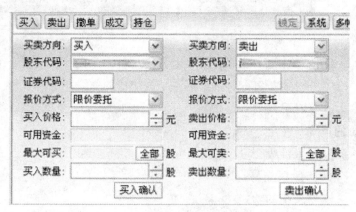

图7-7　交易窗口

四、融资融券业务

1. 业务介绍

融资融券又称证券信用交易，是指投资者向具有像上海深圳证券交易所和证券交易所会员资格的证券公司提供担保物，借入资金买入本所上市证券或借入本所上市证券并卖出的行为。

2. 操作流程

投资者在交易所进行融资融券交易，应当按照有关规定选定一家会员（证券公司）为其开立一个信用证券账户。融资买入、融券卖出的申报数量应当为100股（份）或其整数倍。投资者在交易所从事融资融券交易，融资融券期限不得超过6个月。投资者卖出信用证券账户内证券所得价款，须先偿还其融资欠款。

融资融券交易具有杠杆交易特性，证券价格的合理波动就能放大投资者的盈利和亏损，投资者需要有较强的风险控制能力和承受能力。

3. 融资买入举例

投资者乙某信用账户中有现金 100 万元作为保证金，经分析判断后，选定证券 A 进行融资买入，融资保证金比例为 50%。在不考虑佣金和其他交易费用的情况下，乙某可融资的最大金额为 200 万元（100 万元 ÷ 50% = 200 万元）。证券 A 的最近成交价为 5 元/股，乙某以自有资金 100 万元和融资 200 万元共 300 万元以 5 元/股价格发出买入交易委托，可买入的最大数量为 60 万股（300 万元 ÷ 5 元/股 = 60 万股）。

上述委托成交后，乙某信用账户内保证金已全部占用，不能再进行新的融资或融券交易。当日结算时证券公司垫付 200 万元以完成交收，所得股票 A 共 60 万股划入证券公司客户信用交易担保证券账户，并在乙某信用证券账户中做明细记载。

至此乙某与证券公司建立了债权债务关系，若该证券当日的收盘价为 5 元/股，则账户维持担保比例为 150%（资产 300 万元 ÷ 负债 200 万元 = 150%）。

（1）买入证券 A 出现连续上涨。如果第二天证券 A 价格上涨，收盘价到 5.4 元/股，资产为 324 万元（60 万股 × 5.4 元/股 = 324 万元），融资负债仍为 200 万元，维持担保比例为 164%（投资者账户浮盈 24 万元）。

如果第三天证券 A 价格继续上涨，收盘价到 5.8 元/股，资产为 348 万元（60 万股 × 5.8 元/股 = 348 万元），融资负债仍为 200 万元，账户维持担保比例为 174%（投资者账户浮盈 48 万元）。

（2）买入证券 A 出现连续下跌。如果第二天证券 A 价格下跌，收盘价到 4.5 元/股，资产为 270 万元（60 万股 × 4.5 元/股 = 270 万元），融资负债仍为 200 万元，维持担保比例为 135%（投资者账户浮盈 -30 万元）。

如果第三天证券 A 价格继续下跌，收盘价到 4.1 元/股，资产为 246 万元（60 万股 × 4.1 元/股 = 246 万元），融资负债仍为 200 万元，账户维持担保比例为 123%（投资者浮盈 -54 万元），低于 130%，此时乙某应该采取卖券还款、增加保证金等方式来提高维持担保比例，否则证券公司为了控制风险，可以根据合同进行强制平仓，了结全部或部分债权债务关系。

（3）偿还融资债务。在第二种情况下，假定乙某第四天准备采取卖券还款方式全部偿还债务 200 万元，如果此时证券 A 价格为 4.0 元/股，乙某需以该价格委托卖出（或卖券还款）50 万股证券 A，上述委托成交后，当日结算时证券公司收回融资债务 200 万元，该笔融资买入即已结清。此时乙某信用证券账户尚余 10 万股证券 A，市值为 40 万元。

4. 融券卖出举例

投资者甲某信用账户中有现金 50 万元作为保证金，经分析判断后，选定证券 A 进行融券卖出，融券保证金比例为 50%。甲某可融券卖出的最大金额为 100 万元（50 万元 ÷ 50% = 100 万元）。证券 A 的最近成交价为 10 元/股，甲某以此价格发出融券交易委托，可融券卖出的最大数量为 10 万股（100 万元 ÷ 10 元/股 = 10 万股）。

上述委托成交后，甲某信用账户内保证金已全部占用，不能再进行新的融资或融券交易。当日结算时证券公司垫付 10 万股证券 A 以完成交收，所得资金 100 万元划入甲某信用资金账户，该笔资金被冻结，除买券还券外不得他用。

至此甲某与证券公司建立了债权债务关系，其融券负债将以数量记载，负债金额以每日收盘价逐日计算。若该证券当日的收盘价为 10 元/股，维持担保比例为 150（资产 150 万元 ÷ 负债 100 万元 = 150%）。

如果第二天证券 A 价格上涨，收盘价 11 元/股，资产仍为 150 万元，负债则为 110 万元（10 万股 × 11 元/股 = 110 万元），维持担保比例约为 136%，已接近追加担保物的维持担保比例 130%。

如果第三天证券 A 价格继续上涨，收盘价到 12 元/股，资产仍为 150 万元，负债则为 120 万元（10 万股 × 12 元/股 = 120 万元），维持担保比例约为 125%，低于 130%，此时甲某应该采取增加保证金、融券债务偿还等方式来提高维持担保比例，否则证券公司为了控制风险，可以根据合同进行强制平仓，了结全部或部分债权债务关系。

如果第四天证券 A 开盘价 11.5 元/股，甲某在开盘后以此价格使用买券还券方式了结债务，申报"买券还券"证券 A 数量 10 万股。买入证券时，先使用融券冻结资金 100 万元，再使用自有资金 15 万元。了结融券债务后，甲某的信用账户内资产为现金 85 万元。

第二节 股票价格及波动

一、股票价格波动原理

1. 股票的定义

假设你的好朋友开了一家玩具厂，每年收益可观。你也想分得一些收益，怎么办呢？你可以和你的朋友商量，出资入股，成为这个玩具厂的股东。于是每年你就可以按股份比例获得玩具厂的收益了。

股票就是一种股份有限公司签发的证明股东所持股份的凭证。这种凭证保证了股东对公司经营收益的获得权。因此是一种有价证券。（以前的公司股票是纸质的，现在的股票基本是无纸化交易，只是一个电脑上的数量而已。）如图 7-8 所示。

图 7-8 纸质股票示例

2. 股票的价值

那么每一股股票的价值是多少呢？因为股票代表着对公司收益的索取权，所以公司收益高的股票价值就大。理论上来讲，公司是永续经营的，股票的现值是公司未来无限期收益的贴现和。

3. 影响股票价格的因素

（1）基本面因素：包括宏观经济因素和公司因素。

宏观经济因素主要是指经济增长、经济景气（周期）循环、利率、财政收支、货币供应量、物价、国际收支等。

公司因素主要指公司的财务状况、公司发展动向，行业及行业周期因素等。

（2）政策因素是指国内外重大活动以及政府的政策、措施、法令等重大事件；政府的社会经济发展计划；经济政策的变化；新颁布法令和管理条例等。

以上两条均会影响到公司未来收益预期、市场收益率水平预期，因此股票的价格会发生适应性调整和波动。所以对以上信息的收集分析，叫基本面分析。是投资股票的必备功课。

（3）市场因素：主要是指市场的供给和需求，即资金面和成交量的相关信息。包括市场心理因素及人为操纵因素等。因为市场因素可以在盘面表现出来，通过交易数据进行分析，所以对市场交易信息的分析也叫技术分析。

拿前面"玩具厂入股"的例子来说，当公司经营业绩好或有利好消息让人们判断公司未来预期收益升高、或国家颁布了对该公司有利的政策使未来预期收益升高时，当前你的股票价格就会升高（基本面因素）。另外，当市场上想买入此股的人多于想卖的人时，股票价格也会因"供不应求"升高（可通过技术分析判断）。

因为市场上的每个投资者能收集到的信息是不完全一样的，而且每个人对收集到的信息的理解判断也是不一样的，所以面对同一个公司，每个人做出的"买""卖"决策也不一样。这就是为什么同一时间，既会有人坚决买进，也会有人坚决卖出了。

 阅读材料 1

2013 年 11 月，中国石化位于青岛经济技术开发区的原油管道发生爆燃，部分原油沿雨水管线进入胶州湾，海面浮油面积约 3000 平方米，事件共造成 62 人遇难。事故发生第一个交易日，中国石化股价低开近 3.96%，3 个交易日内累计下跌 6.53%。

 阅读材料 2

1998 年重庆啤酒发布公告宣称公司开始研究乙肝疫苗，公司前景被大为看好，股价被炒至一个又一个新高。2011 年 12 月，公司宣布疫苗研究无成果，在一个月之内，

公司股价由 80 多元跌至 20 元。

 阅读材料 3

2012 年 5 月 26 日，深圳市一辆比亚迪出租车在行驶中，被一辆跑车从左后部剧烈撞击，失控后起火燃烧，车上 3 人无一生还，社会对其安全性产生疑问，比亚迪大力推广的纯电动汽车被推到风口浪尖。比亚迪股价大跌，市值一天内缩水 15 亿元，5 天蒸发 60 亿元。

 阅读材料 4

2001 年中国证监会宣布向境内投资者开放 B 股市场，允许国内居民以合法的外汇进行 B 股交易。一时间 2 月 19 日前存入银行的外币资金大量涌入 B 股市场，2001 年 2 月 28 日，B 股恢复交易首日便全部涨停，此后的一段时间里，B 股股价一路上扬，交投异常活跃。

 阅读材料 5

2007 年由于牛市开启，市场交投过度活跃，证监会决定证券交易印花税自 2007 年 5 月 30 日起由 0.1% 上调到 0.3%，由于税率的大幅提高，导致市场反应过度，市场出现大跌，大部分股票连续出现 3 个跌停板。

二、股票价格指数

股票价格指数是描述股票市场总体价格水平变化的指标。它是选取有代表性的一组股票，把他们的价格进行加权平均，通过一定的计算得到。各种指数具体的股票选取和计算方法是不同的。[①]

思 考

2015 年 6 月 19 日，沪深股市继续双双下跌，其中沪指跌破 4500 点，两市近千只股票跌停。截至收盘，沪指报收于 4478.36 点，跌 6.42%；深指报收于 15725.47 点，跌 6.03%。

讨 论

（1）沪指和深指是什么？

---

① 通常以某年某月为基础，以这个基期的股票价格作为 100，用以后各时期的股票价格和基期价格比较，计算出升降的百分比，就是该时期的股票指数。计算股票指数，要考虑三个因素：一是抽样，即在众多股票中抽取少数具有代表性的成份股；二是加权，按单价或总值加权平均，或不加权平均；三是计算程序，计算算术平均数、几何平均数，或兼顾价格与总值。

（2）它们和个股涨跌之间的关系是什么？

1. 上证综合指数（简称上证综指、沪指）

上证综合指数是最早发布的指数，样本股是上证所挂牌上市的所有股票，包括 A 股和 B 股，以发行量为权数进行加权计算的综合股价指数，反映了上海证券交易所上市股票价格的整体变动情况。

上证综指自 1991 年 7 月 15 日起正式发布。基日定为 1990 年 12 月 19 日，基日指数定为 100 点。新上市的股票在挂牌的第二天纳入股票指数的计算范围。

该股票指数的权数为上市公司的总股本。所以总股本较大的股票对股票指数的影响就大，上证指数常常就成为机构大户造市的工具，使股票指数的走势与大部分股票的涨跌相背离。

2. 深证综合股票指数（深综指）

由深圳证券交易所编制的股票指数，1991 年 4 月 3 日为基期。该股票指数的计算方法基本与上证指数相同，其样本为所有在深圳证券交易所挂牌上市的股票，权数为股票的总股本。

3. 深证成分指数（深成指）

在前些年，由于深圳证券所的股票交投不如上海证交所那么活跃，深圳证券交易所现已改变了股票指数的编制方法，采用成分股指数，其中只有 40 只股票入选，取 1994 年 7 月 20 日为基日，基日指数定为 1000 点，并于 1995 年 5 月 5 日正式发布。

4. 上证 180 指数

上海证券交易所正式对外发布的上证 180 指数样本数量 180 家，入选的个股均是一些规模大、流动性好、行业代表性强的股票。该指数提升了成分指数的市场代表性，从而能更全面地反映股价的走势。统计表明，上证 180 指数的流通市值占到沪市流通市值的 50%，成交金额占比也达到 47%。

5. 沪深 300 指数

沪深 300 指数是由上海和深圳证券市场中选取 300 只 A 股作为样本编制而成的成分股指数。其中沪市有 179 只，深市 121 只。

沪深 300 指数样本覆盖了沪深市场六成左右的市值，具有良好的市场代表性。沪深 300 指数是沪深证券交易所第一次联合发布的反映 A 股市场整体走势的指数。它的推出，有利于投资者全面把握市场运行状况，也进一步为指数投资产品的创新和发展提供了基础条件。

6. 上证 50 指数

上证 50 指数是挑选上海证券市场规模大、流动性好的最具代表性的 50 只股票组成样本股，以综合反映上海证券市场最具市场影响力的一批优质大盘企业的整体状况。

7. 央视 50 指数

央视 50 指数是首只由权威媒体发布，在 A 股市场上市的市场指数，它集合了创新、成长、回报、治理、社会责任五个核心维度，对上市公司持续发展和投资者价值投资理念具有引导意义。

央视财经 50 指数由中央电视台财经频道联合北京大学经济学院金融系等五所高校的专业院系，以及中国上市公司协会等机构，共同编制而成。样本股评价体系，由创新、成长、回报、治理、社会责任五个维度构成。从 A 股 2000 多家上市公司中，筛选出 50 家优质公司构成样本股，入选公司在财务透明、盈利优良、治理完善，以及回报股东、履行社会责任等方面表现突出，其中沪市主板 26 只，深市主板 11 只，中小板 10 只，创业板 3 只，共覆盖 9 个大类行业，17 个分类行业。

第三节　股票技术分析

一、技术分析的理论前提

（1）市场行为涵盖一切。
（2）价格依据趋势移动。
（3）历史往往重演。

二、技术分析理论：试图解释价格波动的规律

1. 道氏理论（如图 7-9 所示）

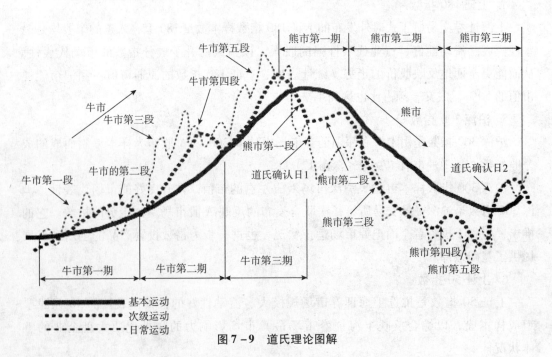

图 7-9　道氏理论图解

平均指数包含一切；

市场有三种趋势：主要趋势（一年甚至几年）；次要趋势（三个星期到三个月，调整位通常为先前趋势运动的三分之一至三分之二，最常见的为百分之五十）；小趋势（不到三个星期，细微波动）。

道氏理论认为价格或指数发展变化的总体趋势是由非常有规律但又深藏不露的基本运动、看似有一定规律但又经常骗人且总是引起恐慌心理的次级运动及本质上随机波动，但又总是诱人入市的日常波动这三种运动叠加而成，并以波浪方式进行牛市与熊市的循环。

分析工具：趋势线、水平线、百分比线、黄金分割线。如图 7 - 10 至图 7 - 13 所示。

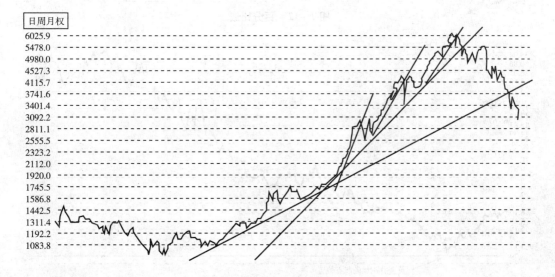

图 7 - 10　趋势线

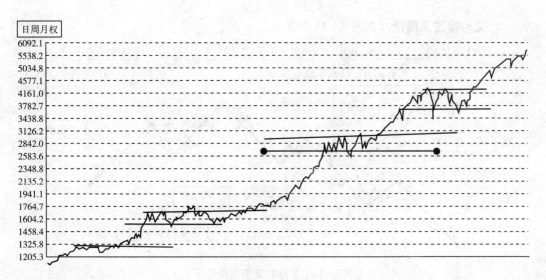

图 7 - 11　水平线

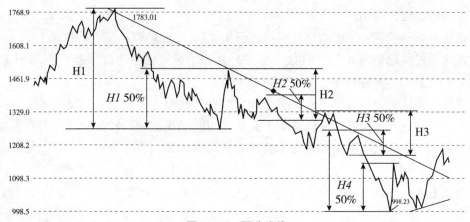

图 7-12 百分比线

图 7-13 黄金分割线

2. 艾略特波浪理论（如图 7-14 所示）

上升波4浪（1，3，5，B） + 下跌波4浪（2，4，A，C） = 8浪一循环

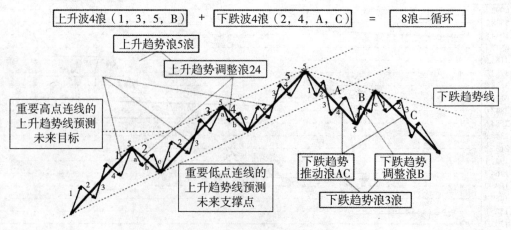

图 7-14 艾略特波浪理论图示

认为市场走势不断重复一种模式，每一周期由5个上升浪和3个下跌浪共8个浪组成。多头市场的一个循环中前五个波段是看涨的，后三个则是看跌的；而前五个波段中，第一、三、五，即奇数序号是上升的，第二、四波段，即偶数波段是明显看跌的。

而从更长的时间看，一个循环的前五个波段构成一个大循环的第一波段，后三个波段构成大循环的第二个波段。整个大循环也由八个波段组成。

3. **量价理论**（如图7-15所示）

量价理论认为成交量是股市的元气与动力，成交量的变动体现了市场运作过程中供给与需求间的动态实况，成交量的增加或萎缩都表现出一定的股价趋势。而且成交量几乎总是先于股价，是股价的先行指标。在量价理论里，成交量与股价趋势的关系可归纳为以下八种：

（1）量增价涨，即所谓的有价有市。

（2）量增价涨，股价创新高，但成交量确没有创新高，则此时股价涨势较可疑，股价趋势中存在潜在的的反转信号。

（3）股价随成交量递减而回升，显示出股价上涨原动力不足，股价趋势存在反转信号。

（4）股价随成交量递增而逐渐上升，然后成交量剧增，股价暴涨（井喷行情），随后成交量大幅萎缩，股价急速下跌，这表明涨势已到末期，上升乏力，趋势即将反转。

（5）股价随成交量的递增而上涨的行情持续数日后，一旦出现成交量急剧增加而股价上涨乏力，在高档盘旋却无法再向上大幅上涨时，表明股价在高档卖压沉重，此为股价下跌的先兆。股价连续下跌后，在低档出现大成交量，股价却并未随之下跌，呈小幅波动，则表明行情即将反转上涨，是买进的机会。

（6）在一段长期下跌形成谷底后，股价回升，成交量却并没因股价上升而递增，

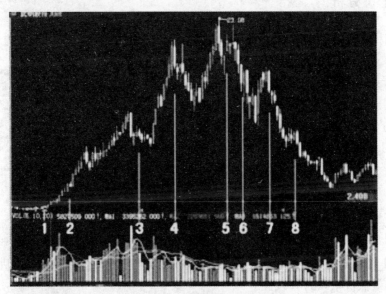

图7-15　量价理论图示

股价上涨行情欲振无力，然后再度跌落至先前谷底附近（或高于谷底）时，如果第二谷底的成交量低于第一谷底，则表明股价即将上涨。

（7）股价下跌相当长的一段时间后，会出现恐慌性抛盘。随着日益增加的成交量，股价大幅度下跌。继恐慌性卖出后，预期股价可能上涨，同时因恐慌性卖出后所创的低价不可能在极短时间内突破，故随着恐慌性抛盘后，往往标志着空头市场的结束。

（8）股价向下跌破股价形态趋势线或移动平均线，同时出现大成交量，是股价下跌的信号。

4. 箱形理论（如图 7-16 所示）

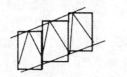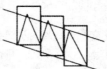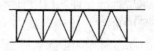

图 7-16　箱形理论图示

箱形理论认为股价一般是在一定的范围内波动，这样就形成一个股价运行的箱体。当股价滑落到箱体的底部时会受到买盘的支撑，当股价上升到箱体的顶部时会受到卖盘的压力。一旦股价有效突破原箱体的顶部或底部，股价就会进入一个新的股票箱体运行，原股票箱的顶部或底部将成为重要的支撑位和压力位。因此，只要股价上涨并冲到了心里所想象的另外一个箱子，就应买进；反之，则应卖出。如图7-16所示。

三、形态分析

1. K线理论（如图 7-17 所示）

日K线是由四个最有特点的股票价位组成，即开盘价、收盘价、最高价、最低价。按时间周期不同K线可分为：5分钟K线、15分钟K线、30分钟K线、60分钟K线、日K线、周K线、月K线、年K线。

（1）日K线是推的当天开盘价、收盘价、最高价乘最低价来画的K线图。

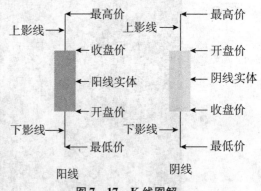

图 7-17　K 线图解

（2）周K线是推的周一的开盘价、周五的收盘价、五周最高价和最低价来画的K线图。

（3）月K线则以一个月的第一个交易日的开盘价、最后一个交易日的收盘价和全月最高价与最低价来画的K线图。

（4）同理可以难得年上K线定义。

2. 形态构成、规模与趋势

①形态构成：形态分析常用的图形有 K 线图和棒线图两种。

②形态的规模：指时间的长短，三日、五日、数周、数月内的时间内的价格变化组成形态。

③形态的趋势：按方向分为上升、下降、水平趋势；按时间有主要、次要、短暂趋势。

3. 常见形态

①常见的顶部形态：尖形顶、圆弧顶、M 顶、头肩顶、复合头肩顶、三重顶、顶部岛形反转等。

②常见的底部形态：V 形底、圆弧底、W 底、头肩底、底部岛形反转等。

③常见的中继形态：三角形、矩形、楔形、旗形。

四、如何看 K 线图（如图 7−18 所示）

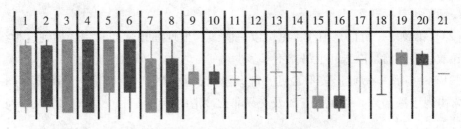

图 7−18　不同形态的 K 线

（1）大阳线：表示较为强烈的买势，在涨势的初期，具有极其重要的指导意义。但是，在长势的后期，往往表示为最后的冲刺。

（2）大阴线：表示较为强烈的卖势，在跌势的初期，具有极其重要的指导意义。但是，在跌势的后期，往往意味着卖方的衰竭。

（3）全秃大阳线：买方极端强势。

（4）全秃大阴线：卖方极端强势。

（5）光头阳线：高价位强势线。

（6）光头阴线：低价位弱势线，但在低价位上遇到买方的支撑，后市可能会反弹。

（7）光脚阳线：高价位强势线。但在高价位上遇到卖方压力。

（8）光脚阴线：低价位弱势线。

（9）小阳棋子：小阳线，变化方向不确定。

（10）小阳棋子：小阴线，变化方向不确定。

（11）阳十字星：收盘价略高于开盘价，因出现的位置不同而有不同的含义，一般出现在市场的转折点。

（12）阴十字星：收盘价略低于开盘价，因出现的位置不同而有不同的含义，一般

出现在市场的转折点。

（13）大阳十字星：当天收盘价大于开盘价，涨幅大于十字星同十字星，但是作用更为强烈。

（14）大阴十字星：当天的收盘价低于开盘价，跌幅大于十字星同十字星，但是作用更为强烈。

（15）射击之星：实体比较短小，上影线较长。可以是阴线或阳线。通常出现在顶部，准确性较高，属必杀之态势。出现在底部一般不叫射击之星。

（16）倒锤头：实体比较短小，上影线较长。可以是阴线或阳线。样子像射击之星，通常出现在底部。

（17）风筝——高高地飘在天空，一旦断线，便摇摇欲坠。如在低价区，不叫风筝，一般称作多胜线，局势对多头有利。

（18）灵位——战斗结束，祭奠阵亡的将士，开始新的战斗。但是，如在高价区，不叫灵位，一般称作空胜线，局势对空头有利。

（19）锤头——可以是阴线，也可以是阳线，出现在底部叫锤头。此线一出，只怕是这一锤子也就砸到底了。

（20）吊颈——可以是阳线，也可以是阴线，出现在顶部叫吊颈。见到这种线形，要是还敢买进，怕是滋味和上吊差不了多少。

（21）一字线——此形较不常见，即开盘价、收盘价、最高价、最低价在同一价位。常出现于涨（跌）停板处，以及交易非常冷清的冷门品种。

五、K 线组合

一些典型的 K 线或 K 线组合，会不断地重复出现，如果掌握了这些规律，将在很大程度上提高投资获利的机会。K 线组合方式多种多样，实战价值最高的有希望之星、黄昏之星、红三兵、黑三鸦、塔形顶、塔形底等经典组合，熟悉这些组合，可以提升洞察盘面、捕捉交易信号的能力。

六、移动平均线

移动平均线常用线有 5 天、10 天、30 天、60 天、120 天和 240 天的指标。其中，5 天和 10 天的短期移动平均线。是短线操作的参照指标，称作日均线指标；30 天和 60 天的是中期均线指标，称作月均线指标；120 天、240 天的是长期均线指标，称作年均线指标。移动平均线有以下几种经典形态：

1. 多头稳定上升

当多头市场进入稳定上升时期，10MA、21MA、68MA 向右上方推升，且三线多头排列（排列顺序自上而下分别为 10MA、21MA、68MA）、略呈平行状。

2. 技术回档

当 10MA 由上升趋势向右下方拐头而下，而 21MA 仍然向上方推升时，揭示此波段为多头市场中的技术回档，涨势并未结束。

3. 由空转多

股市由空头市场进入多头市场时，10MA 首先由上而下穿越 K 线图（注意是 K 线图），处于 K 线图的下方（即股价站在 10MA 之上），过几天 21MA、68MA 相继顺次，由上往下穿越 K 线图（既股价顺次站在 21MA、68MA 之上）。

4. 股价盘整

股价盘整时 10MA 与 21MA 交错在一起，若时间拉长 68MA 也会黏合在一起。

5. 盘高与盘低

股价处于盘局时若 10MA 往右上方先行突破上升，则后市必然盘高；若 10MA 往右下方下降时，则后市必然越盘越低。

6. 空头进入尾声

空头市场中，若 68MA 能随 10MA 于 21MA 之后，由上而下贯穿 K 线图（即股价站在 68MA 之上）则后市会有一波强劲的反弹，甚至空头市场至此已接近尾声。

7. 由多转空

若 21MA 随 10MA 向右下方拐头而下，68MA 也开始向右下方反转时，表示多头市场即将结束，空头市场即将来临。

8. 跌破 10MA

当市场由多头市场转入空头市场时，10MA 首先由下往上穿越 K 线图，到达 K 线图的上方（股价跌破 10MA），过几天，30MA、68MA 相继顺次由下往上穿越 K 线图，到达 K 线图的上方。

9. 移动平均线依次排列

空头市场移动平均线均在 K 线图之上，且排列顺序从上而下依次是 68MA、21MA、10MA。

10. 反弹开始

空头市场中，若移动 10MA 首先从上而下穿越 K 线图时（K 线图在上方，10MA 在下方）即股价站在 10MA 之上，是股价在空头市场反弹的先兆。

11. 反弹趋势增强

空头市场中，若 21MA 也继 10MA 之后，由上而下穿越 K 线图，且 10MA 位于 21MA 之上（即股价站在 21MA 之上，10MA、21MA 多头排列），则反弹趋势将转强。

12. 深幅回档

若 21MA 随 10MA 向右下方拐头而下，68MA 仍然向右上方推升时，揭示此波段为多头市场中的深幅回档。应以持币观望或放空的策略对应。

七、其他常用指标

1. KDJ

KDJ 指标又叫随机指标，是三条曲线，在应用时主要从五个方面进行考虑：KD 取值的绝对数字；KD 曲线的形态；KD 指标的交叉；KD 指标的背离；J 指标的取值大小。

（1）从 KD 的取值方面考虑。KD 的取值范围都是 0～100，将其划分为几个区域，80 以上为超买区（买方力量大于卖方力量）。

（2）如果 K、D、J 值都大于 50 时，为多头市场，后市看涨；如果 K、D、J 值都小于 50 时，为空头市场，后市看空。

（3）KDJ 指标图形中，D 曲线运行速度最慢，敏感度最低；其次是 K 曲线，J 曲线敏感度最强。

（4）当 J 大于 K、K 大于 D 时，即三条指标曲线呈多头排列，显示当前为多头市场；当 3 条指标出现黄金交叉时，指标发出买入信号。

（5）当三条指标曲线呈空头排列时，表示短期是下跌趋势；三条曲线出现死亡交叉时，指标发出卖出信号。

（6）如果 KD 线交叉突破反复在 50 左右震荡，说明行情正在整理，此时要结合 J 值，观察 KD 偏离的动态，再决定投资行动。

2. MACD

MACD 称为指数平滑异同平均线，是从双指数移动平均线发展而来的，由快的指数移动平均线（EMA）减去慢的指数移动平均线，MACD 的意义和双移动平均线基本相同，但阅读起来更方便。当 MACD 从负数转向正数，是买的信号。当 MACD 从正数转向负数，是卖的信号。当 MACD 以大角度变化，表示快的移动平均线和慢的移动平均线的差距非常迅速地拉开，代表了一个市场大趋势的转变。

八、看盘技巧

看盘三要素：时间、空间、动量。

1. 时间

时间因素是影响股价走势的一个重要因素。特别是开盘后和收盘前的三十分钟，常常成为多空双方博杀的黄金时段。

（1）开盘定性。首先要确认开盘的性质。相对于前收盘而言，若高开，说明人气旺盛，抢筹码的心理较多，市势有向好的一面。但如果高开过多，使前日买入者获利丰厚，则容易造成过重的获利回吐压力。如果高开不多则表明人气平静，多空双方暂无恋战情绪。如果低开，则表明获利回吐心切，或亏损割肉者迫不及待，故市势有转坏的可能。

（2）开盘后三十分钟。多空双方之所以重视开盘后的前30分钟：第一个十分钟时参与交易的股民人数不多，盘中买卖量都不是很大，因此用不大的量即可以达到预期的目的。第二个十分钟则是多空双方进入休整阶段的时间，一般会对原有趋势进行修正，第三个十分钟里因参与交易的人越来越多，买卖盘变得较实在，虚假的成分较少，因此可信度较高，这段时间的走势基本上为全天走向奠定了基础。

（3）中午收市前。中午停市这段时间，投资者有了充裕的时间检讨前市走向，研判后市发展，并较冷静地做出自己的投资决策。

（4）尾盘效应。最后30分钟大盘的走向极具参考意义，此时若在下跌过程中出现反弹后又调头向下，尾盘将可能连跌30分钟，杀伤力极大。在具体操作上，当发现当日尾盘将走淡时，应积极沽售，以回避次日低开；当发现尾市向好时，则可适量持仓以迎接次日高开。

2. 空间

指数或股价能走多高或多低，这里面的空间到底有多大，可以看其走势的阻力位及支撑位，阻力位与支撑位是股价走势空间的具体表现。

（1）阻力位。空头力量盛、多头力量弱的地方自然形成阻力，实践中因大众预期的一致性，以下区域常会成为明显的阻力位：前收盘、今开盘、均线位置、前次高点、前次低点、整数关口。

（2）支撑位。跌不下去的地方即为支撑，常见支撑区有以下几类：今开盘、前收盘、均线位置、前次低点、前次高点、整数关口。

3. 动量

看盘的核心是上涨和下跌的动量。所谓动量，实质上是指以成交量为基础的成交量和价格之间的相互关系。

（1）价涨量增与价涨量减。

（2）价跌量增。

（3）价跌量减。

（4）对敲放量。

（5）冷门股无量。

九、选股技巧

（1）价值被低估的证券。

（2）未来成长能力强的证券。

（3）容易被控盘的证券。

（4）有特殊题材的证券。

（5）属于热门题材的证券。

（6）消息未明朗的证券。

第四节　股票投资风险

一、股市涨跌风险

中国股市二十几年间有九次牛市，八次熊市，共九轮行情，如图 7－19 及表 7－2 所示。

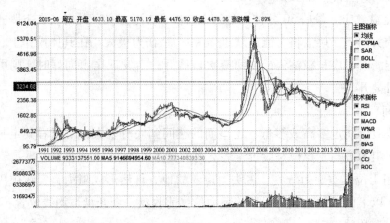

图 7－19　上证综指月 K（1991—2015 年）

表 7－2　　　　　　　　　　　　中国股市历次牛市、熊市

周期	牛市	特征	熊市	特征
第一轮	1990. 12. 19—1992. 5. 26 沪指：95. 79—1429. 01 涨幅：1391. 8%、5 个月 深成指：396. 52 涨幅：635. 9%	1990 年 12 月 19 日上海证券交易所成立，一年内仅有 8 只股票，人称老八股；当时股票交易前先手工填写委托单，被编到号的人才有资格拿到委托单，能买到股票。沪指从 1990 年 12 月开始计点，一路上扬，造就了第一次牛市。1992 年 5 月 21 日，上证所取消涨停板，将牛市推至顶峰，当日指数狂飙到 1266. 49 点，单日涨幅 105%，这一记录至今未破	1992. 5—1992. 11 沪指：1429—386 跌幅：72%、6 个月	价值回归、新股认购

周期	牛市	特征	熊市	特征
第二轮	1992.11.16—1993.2.15 沪指：386.85—1558.95 涨幅：301%、3个月 深成指：529.21—3422.22 涨幅：123.8%	1992年，中国的改革开放遇到了一个坎，资本市场既有5·21的暴涨又有8·10事件，但邓小平的"南巡讲话"中，有关股市未来怎么发展的问题成为一大热点，而他讲话里最重要的是"坚决地试"这四个字。11月17日，天宸股份人民币股票上市，沪指完成最后一跌，第二轮牛市启动。三个月内快速上涨，达到301%的涨幅。	1993.2—1994.8 沪指：1558—325 跌幅：79%、18个月	经济过热、紧缩调控、扩容、新股发行、大力发展国债市场
第三轮	1994.8.1—1994.9.13 沪指：325.89—1052.94 涨幅：224.4%、1个月 深成指：944.02—2162.75 涨幅：129.1%	1993—1994年，我国宏观经济偏热并引发紧缩性宏观调控，同时A股实现了一次大规模的扩容，使得大盘一蹶不振的持续探底，证券市场一片萧条，1994年7月29日大盘创下325.89的最低点。7月30日（周六）相关部门出台三大利好救市，1994年8月1日沪指跳空高开，第三次牛市启动。井喷行情随即展开，市场在不到30个交易日的时间上涨至1052.94点	1994.9—1995.5 沪指：1052—582 跌幅：45%、8个月	信心丧失、紧缩政策、发行国债
第四轮	1995.5 沪指：582.89—926.41 涨幅：60.5%、3天 深成指：1042.71—1473.29 涨幅：42.7%	1993—1995年，我国为了推进与大力发展国债市场，开设了国债期货市场，立即吸引了几乎90%的资金，股市则持续下跌。1995年2月，327国债期货事件发生；5月17日，中国证监会暂停国债期货交易，在期货市场上的资金短线大规模杀入股票市场，掀起了一次短线暴涨。第四次牛市仅3个交易日，是A股史上最短的一次牛市，股指从582.89涨到926.41	1995.5—1996.1 沪指：926—512 跌幅：45%、8个月	限售、历史股票上市、绩优股普跌

周期	牛市	特征	熊市	特征
第五轮	1996.1—1997.5 沪指：512.03—1510.18 涨幅：194.5%、17个月 深成指：924.33—6103.62 点涨幅：560.3%	经过连续的下跌，1996年1月股市终于开始走稳，最低点已经探明512点，新股再次发行困难，管理层被迫停发了新股，而政策也开始偏暖，券商资金面开始宽裕，资金也开始对优质股票进行建仓。第五次牛市启动，投资绩优股开始成为主流投资理念。股指上扬，直到1997年5月10日（周六）印花税由3‰上调至5‰	1997.5—1999.5 沪指1510—1047 跌幅：31%、24个月	严重扩容、供求失衡
第六轮	2000.1—2001.6 沪指：1047.83—2245.44 涨幅：114.3%、17个月 深成指：2521.08—5091.46 涨幅：102%	第六次牛市俗称519行情。由于管理层容许三类企业入市，到1999年5月，市场对今后将推出的一系列利好抱有很高的期望，5月19日人民日报发表社论，指出中国股市会有很大发展，投资者踊跃入市2000年2月13日，证监会决定试行向二级市场配售新股，资金空前增加，网络概念股的强劲喷发推动沪指创下2245的历史最高点	2001.6—2005.5 沪指：2245—998 跌幅：56%、48个月	国有股减持
第七轮	2005.6—2007.10 沪指：998.23—6124.04 涨幅：513.5%、28个月 深成指2590.53—19600.03 涨幅：656.6%	第七次牛市起点自2005年5月股权分置改革启动，开放式基金大量发行，人民币升值预期，带来的境内资金流动性过剩，资金全面涌入市场。伴随着基金的疯狂发行和市场乐观情绪，在530调高印花税都没能改变市场的运行轨迹，一路冲高至6124点。此轮牛市曾被媒体称为全民炒股的时代	2007.10—2008.11 沪指：6124—1664 跌幅：73%、13个月	通胀、基金暂停发行、次贷危机、大小非减持

续　表

周期	牛市	特征	熊市	特征
第八轮	2008.10—2009.7 沪指：1664.93—3478.01 涨幅：108.9%、9个月 深成指 5577.23—13943.44 涨幅：150%	件随着四万亿投资政策和十大产业振兴规划，A 股市场掀起了新一轮大牛市，股价从 1664 点涨至 3478 点，在不到十个月的时间里股价大涨 109%。3 月 3 日后的逼空上涨，即使 IPO 重启也未能改变牛市的前进。直到 2009 年 7 月 29 日第一只大盘股上市和紧缩的宏观政策才阶段性结束了第八轮牛市	2009.7—2014.7 沪指：3478—2023 跌幅：42%、5 年	IPO重启、紧缩的宏观政策、欧洲债务危机、新股密集发行、通胀压力、经济增速放缓
第九轮	2014.7— 沪指：2023	中国股市从熊了六年的底部起飞，短短半年涨幅达 60%以上，2015 年继续暴涨，至 2015 年 6 月，沪指已达 5000 点，此轮股市上涨，是对改革红利预期的反映，是各项利好政策叠加的结果，因此被业界人士称之为"改革牛"		

■ 思　考

股市涨涨跌跌，一个成熟的投资心态应该是什么样的？

■ 讨　论

你认为科学的股市投资策略是什么？

二、投资和投机的区别

投资是看好公司发展前景，长期持有该公司股票，获得长期收益。因此最重要的是选股。应该选择真心做企业的好公司，详细研究公司所处行业发展前景、国家相关政策的发布、公司基本面信息，关注公司发展动向。

投机是在短期内以赚取买卖价差为主要目的的行为。重点是趋势、择时、选股。趋势，是发现股市的整体大势，在一个牛市中，几乎所有股票的价格都会有较大的上涨。而在熊市中，几乎所有股票都会跌。择时，就是选择合适的时机买入或卖出。选股应关注热门板块、概念、资金流向等信息。

阅读材料6

一些学者做了统计分析，结果是股票持有时间越长，赚钱概率越高（见图7－20）。

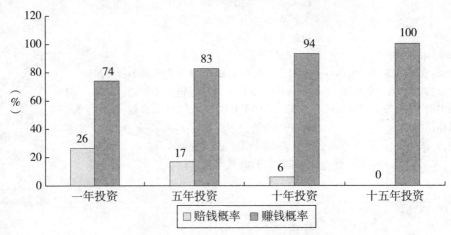

图7－20　股票持有时间与赚钱概率关系

他们还有一个有趣的发现，如果每分钟检视股票的表现，如果一天观察4个小时，每天会有121分钟心情愉快，120分钟不愉快，一年分别是30344分钟愉快和30180分钟不愉快。假设他只是每个月才看一次股票的表现，他一年只会心痛4次，快乐的次数则有8次。而如果他每年看一次股票，那么在20年的时间里，他将体验到19次惊喜，而只有1次不愉快。

实验十　中国股市观察

实验内容：

1. 了解中国股市发展过程及重要事件。

2. 了解中国股市涨跌的影响因素。

3. 绘图描述上证综指与我国GDP之间的关系。

实验报告十

1. 简述中国股市发展。

2. 中国股市涨跌因素发现。

3. 上证综指与GDP关系图。

实验十一 模拟股票投资

实验内容：

1. 下载安装模拟股票交易软件。

2. 使用软件查阅个股及大盘的各项指标，并能对数据、图形进行解释分析。

3. 选据投资标目股票/股票组合，100 万初始资金模拟交易，周期 1 个月。记录选股理由、未来走势判断、交易明细。

实验报告十一

1. 选股思路。

2. 初始操作。

3. 初始操作后的资产配置状况。

4. 资产配置调整。

5. 最终资产收益情况。

6. 投资评价。

实验十二 股票投资理财分析

实验内容：

1. 计算 1991—2014 年，不同间隔（每 5 年、10 年、20 年）中国股市上证综指的年化收益率。

2. 选择个股，假设长期持有，计算期间年化收益率。

3. 假设 1991 年的 10000 元，如果分别购买指数、个股、定存，至 2014 年，计算各自名义增值及实际增值。并绘制图线说明。

实验报告十二

1. 中国股市 5 年平均年化收益率。

   10 年平均年化收益率：

   20 年平均年化收益率：

2. 目标股票信息。

   该股票历史年化收益率。

3. 1991 年 10000 元购买指数，现在价值多少？扣除通胀率的实际价值是多少？

   1991 年 10000 元购入股票，按上述目标股票年化收益率计算的价值是多少？扣除通胀率的实际价值是多少？

   1991 年 10000 元存入定期 1 年（转存），现在的价值是多少？扣除通胀率的实际价值是多少？

4. 绘图说明三种投资方式的不同效果。

实验十三　世界股市投资

实验内容：

1. 了解美国、中国香港股市特点。

2. 美国主板、纳斯达克市场、香港主板、创业板的主要指数图。

3. 假设 100 万元人民币，周期 1 个月，全球配置资金（中国、美国、中国香港）设定股票组合。记录投资收益。

实验报告十三

1. 美国股市简介（历程、主要指数、指数趋势）。

2. 香港股市简介（历程、主要指数、指数趋势）。

3. 100 万元全球资产配置。

4. 资产配置收益。

第八章 基金投资

第一节 基金概述

一、基金的定义

基金发起人通过发行基金单位，集中投资者的资金，由基金托管人托管，由基金管理人管理和运用资金，从事股票、债券、外汇、货币等金融工具投资，以获得投资收益和资本增值。基金投资人享受证券投资的收益，也承担投资亏损而产生的风险。

举例来说，王先生有 500 元想投资股票，但因没有专业的投资知识和技能，害怕选中的这只股票有下跌风险，想要找专业投资人并实现分散投资（鸡蛋不放在一个篮子里），但是资金只购买一种股票，还只能买 1 手。怎么办？

市场上还有千千万万像王先生这样的投资者，每个人的资金较少，投资知识、技能、时间缺乏，但又想投资并减少风险。此时投资专业人士彼德，有丰富的投资经验和成功的投资经历，他所在的投资公司任命他为投资项目负责人，项目名称为"股票 118 计划"，大家把钱都交给这个计划，聚少成多，金额达到 100 万元。他准备将这些钱投资股票。因为金额较大，所以可以配置的股票种类就多了，起到了分散投资的效果，并且彼德非常有投资经验，因此王先生的资金就达到了分散投资和专业人士投资的目的。

但是大家也会担心彼德会卷款逃跑，所以请 A 银行为资金托管人，投资者所有的钱都放在 A 银行，彼德每次下指令买入股票时，由 A 银行进行操作转出资金买入，当彼德下令卖出时，A 银行负责执行卖出并拿回资金。

由彼德负责投资的这些资金就是一个基金，彼德就是基金经理。他所在的那个公司就作为基金发起人（法人）。

假设初始时，彼德运用 100 万元资金做了如表 8-1 的资产配置。

表 8-1　　　　　　　　初始资产配置（2015.01.01）

2015.01.01			
股票名称	买入数量	买入价格	总值
股票 1	1 万股	20 元/股	20 万元
股票 2	2 万股	15 元/股	30 万元
股票 3	5 万股	10 元/股	50 万元
合计			100 万元

彼德将这总值 100 万元的资金设置成 100 万份基金份额，所以每份基金份额价值 1 元。王先生投了 500 元，所以王先生拥有 500 份基金份额，如表 8 - 2 所示。

表 8 - 2　　　　　　　　每份基金份额初始状况（2015.01.01）

	股票 1	股票 2	股票 3
股数	1 万股/100 万份 = 0.01 股/份	0.02 股/份	0.05 股/份
单价	20 元/股	15 元/股	10 元/股
总值	0.2 元/股	0.3 元/股	0.5 元/股

注：1 份基金 = 0.2 + 0.3 + 0.5 = 1 元

假如第二天，该组合中的股票价格发生了变化，如表 8 - 3 和表 8 - 4 所示。

表 8 - 3　　　　　　　　资产价值变动（2015.01.02）

股票名称	持有数量	当前价格	总值
股票 1	1 万股	21 元/股	21 万元
股票 2	2 万股	14 元/股	28 万元
股票 3	5 万股	11 元/股	55 万元
合计			104 万元

表 8 - 4　　　　　　　　每份基金份额净值变动（2015.01.02）

	股票 1	股票 2	股票 3
股数	0.01	0.02	0.05
单价	21 元/股	14 元/股	11 元/股
总值	0.21 元/股	0.28 元/股	0.55 元/股

注：1 份基金 = 0.21 + 0.28 + 0.55 = 1.04 元

此时资金总额变成 104 万元，那么每份基金份额就变成了 104 万元/100 万份 = 1.04 元/份。王先生拥有的那 500 份基金份额就变成了 500 × 1.04 = 520 元，实现增值 20 元。

所以当彼德选择的股票涨势好的话，每个投资人就可获得收益，当然如果他选中的股票跌的时候，每个投资人就面临损失。因此选择一个好的基金经理是收益的保证，同时也要关注基金经理做出的投资计划调整。

二、基金构成

1. 基金发起人

基金发起人是指按照共同投资、共享收益、共担风险的基本原则和股份公司的运作原则，运用现代信托关系的机制，以基金方式将投资者分散的资金集中起来以实现

预先规定的投资目的的投资组织机构。

2. 基金托管人

基金托管人是指安全保管基金全部资产；按照规定开设基金资产的资金账户和证券账户；对所托管的不同基金资产分别设置账户，确保基金资产的完整与独立；保存基金托管业务活动的记录、账册、报表和其他相关资料；按照基金合同的约定，根据基金管理人的投资指令，及时办理清算、交割事宜；办理与基金托管业务活动有关的信息披露等事项的机构。

3. 基金管理人

基金管理人是指依法募集基金的机构，办理或者委托经国务院证券监督管理机构认定的其他机构代为办理基金份额的发售、申购、赎回和登记事宜；办理基金备案手续；对所管理的不同基金资产分别管理、分别记账，进行证券投资；进行基金会计核算并编制基金财务会计报告；编制中期和年度基金报告等事项。

4. 基金份额持有人

基金份额持有人即基金的投资者。

三、基金收益来源

（1）利息收入：来自银行存款和基金所投资债券。

（2）现金股利：通过在一级市场或二级市场购入的股票发放的现金股利。

（3）股票股利：通过在一级市场或二级市场购入的股票发放的股票股利。

（4）资本利得：买卖股票的价差。

（5）其他收入：投资实业获得的经营收益分红等。

四、基金的分类

基金的分类如表8-5所示。

表8-5　　　　　　　　　　　　　　　基金的分类

按基金规模可分性		按组织形态		按投资方向	按投资目标	按募集方式	
开放式	封闭式	公司型	契约型			公募	私募
以申购、赎回的方式买卖	在一级市场认购或在二级市场交易的方式获得	基金通过发行基金股份成立投资基金公司的形式，通常称为公司型基金	由基金管理人、基金托管人和投资人三方通过基金契约设立，通常称为契约型基金。目前我国的证券投资基金均为契约型基金	股票基金混合基金债券基金货币市场基金	成长型收益型平衡型		

1. 开放式基金

开放式基金是指基金发起人在设立基金时，基金发行总额不固定，可视投资者的需求，投资者可以按基金的报价在国家规定的营业场所申购或者赎回发行在外的基金单位的一种基金。

例1：李先生看到王先生购买基金，他也想投入500元，怎么办？1月2日他去彼德那里交付500元。彼德按照基金组合的比例（股票1：股票2：股票3 = 1：2：5）按当前市价买入总值500元的股票组合。李先生可以取得500元/1.04（元/份）= 480.8份基金份额。该基金的资金总额会加上这新增的500元，总份额也在原来100万份基础上，新增李先生的480.8份。

例2：如果投资的第二天，王先生后悔了，他可以赎回。因为他拥有500份，所以按照1月2日该基金的现价，他可以赎回 500 × 1.04 = 520元。彼德也会相应卖出 0.01 × 500 = 5 股股票1，0.02 × 500 = 10 股股票 2.0.05 × 500 = 25 股股票3，分别取得 5 × 21 = 105、10 × 14 = 140、25 × 11 = 275 元，共计520元。

2. 封闭式基金

封闭式基金是指基金的发起人在设立基金时，确定了基金单位的发行总额，筹足总额后，基金即宣告成立，并进行封闭，在一定时期内不再接受新的投资。基金单位的流通采取在证券交易所上市的办法，投资者日后买卖基金单位，都必须通过证券经纪商在二级市场上进行竞价交易。

例3：案例中的李先生如果要想投资基金，就只能购买其他投资者的。就像股票交易一样，因此其购买价格一方面取决于该基金份额的净值，另一方面也会受市场供给需求关系的影响。比如大家都想购买，但是卖的人很少，因此这个每份净值为1.04元的基金份额就可能卖到1.14甚至更高。同样王先生要想退出，也要通过这种方式卖出，卖出的价格也要随市场行情发生变化。

3. 成长型基金

成长型基金是指以资本长期增值为投资目标，其投资对象主要是市场中有较大升值潜力的小公司股票和一些新兴行业的股票。为达成最大限度的增值目标，成长型基金通常很少分红，而是经常将投资所得的股息、红利和盈利进行再投资，以实现资本增值。成长型基金主要的股票作为投资目标。

4. 收益型基金

主要投资目标是赚取稳定收益，投资标的包括债券与特别股为主，不注重公司资本增值。这种类型的互惠基金包括：债券收益基金（Income bond fund）、股票收益基金（Income equity fund）、混合收益基金（Income – mix fund）、分红基金（Dividend fund）等。

5. 平衡型基金

平衡型基金是指以既要获得当期收入，又追求基金资产长期增值为投资目标，把资金分散投资于股票和债券，以保证资金的安全性和营利性的基金。当基金经理人不看好后市时，会增加抗跌性较强的债券投资比例；反之，当基金经理人看好后市时，则会增加较具资本利得获利机会的股票投资比例。

6. 公募基金

公募基金是受政府主管部门监管的，向不特定投资者公开发行受益凭证的证券投资基金，这些基金在法律的严格监管下，有着信息披露，利润分配，运行限制等行业规范。例如，目前国内证券市场上的基金基本都属于公募基金。

7. 私募基金

私募基金是私下或直接向特定群体募集的资金。分为私募证券投资基金和私募股权投资基金等。

五、基金投资特点

1. 专家理财

基金管理公司配备的投资专家，一般都具有深厚的投资分析理论功底和丰富的实践经验，以科学的方法研究股票、债券等金融产品，组合投资，分散风险。

2. 组合投资，分散风险

证券投资基金通过会集众多中小投资者的资金，形成雄厚的实力，可以同时分散投资于很多种股票，分散了对个股集中投资的风险。

3. 方便投资，流动性强

证券投资基金最低投资量起点要求一般较低，可以满足小额投资者对于证券投资的需求，投资者可根据自身财力决定对基金的投资量。证券投资基金大多有较强的变现能力，使得投资者收回投资时非常便利。

六、选择基金注意事项

（1）基金的类型。投资者应根据自己个人理财规划确定自己在多长的时间内，以多大比例的资产，投资于何种基金。

（2）基金的过往业绩。虽然过去的业绩不能保证以后的业绩，但是它代表了一定的投资管理水平。

（3）基金排名。在同一时间段，同一类型基金的排名。

（4）基金公司。了解基金公司的治理结构和激励机制，以及投资研究体制是否合理有效。同一个基金公司的所有基金都共享公司的研究成果，所以同一基金公司的基金往往业绩有很大的关联性。

（5）基金公司人事变动。当基金公司的大股东、高层管理者或核心投研团队出现变动时，此基金公司的业绩可能出现较大的不确定性，选择基金时应考虑到这一点。

（6）基金公司历史上是否有污点，是否注重投资人利益。

（7）基金的规模。不同市场，不同类型的基金有不同的最佳规模，一般来说，小规模的基金操作上可以比较灵活，大规模的基金业绩比较平稳，波动较少。

（8）基金的费用。长期来看，基金的费用也是影响基金收益的重要因素。

（9）基金经理。基金经理的投资经历和投资业绩，投资风格和投资理念。最好不要选择有频繁跳槽经历的基金经理。

（10）测评机构。专业的基金测评机构对基金的评价，分类和评级可以作为选择基金的重要参考。

第二节 基金投资程序

一、基金开户流程

进行基金投资，可以先在银行网点、基金公司、证券营业部或利用交易软件进行开户交易，具体流程如表 8－6 所示。

表 8－6　　　　　　　　　　　　基金开户流程

交易地点	银行网点	银行/基金公司网站	基金公司	证券营业部/交易软件
开设账户	在银行基金账户	网上开通基金账户	开设基金账户	开设证券账户和资金账户后，开通基金账户
所需材料	身份证、银行卡	身份证、银行卡	身份证、银行卡	身份证、银行卡
起投门槛	1000 元	1000 元/1～1000 元不等	1～1000 元不等	100 份（100 元左右）
交易费用	1.5%	0.6%～1.5%	0.6%～1.5%	0.3% 左右
购买品种	开放式基金	开放式基金	开放式基金	开放式/封闭式基金

二、基金投资方式

基金有单笔投资和定期定额两种方式（见表 8－7）。

表 8－7　　　　　　　　　　　　基金投资方式

投资方式	定期定额	单笔投资
投资门槛	较低，一般每月 500 元	一般为 1000 元
风险	无须判断入场时机，只要市场长期趋势为上涨	需要在相对低点买入，并要在相对的高点卖出
获利	较稳定	波动较大
适合的理财目标	中长期目标，如子女教育金、养老等	不限

1. 单笔投资

单笔投资是指一次性拿出一笔金额，选择适当时机买入基金，并在市场高点时获

利了结（如图 8 – 1 所示）。在一次性基金投入中有以下几个环节：

（1）认购。基金首次募集期购买基金的行为称为认购。

（2）申购。申购指在基金成立后的存续期间，处于申购开放状态期内，投资者申请购买基金份额的行为。

（3）赎回。若申请将手中持有的基金单位按公布的价格卖出并收回现金，习惯上称之为基金赎回。

（4）买卖。通过交易所进行撮合交易。

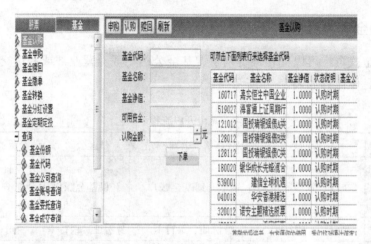

图 8 – 1　基金单笔投资交易界面

2. 定期定额投资

定期定额投资是指在固定的时间（如每月 8 号）以固定的金额（如 1 千元）投资到指定的开放式基金中，由系统自动扣款的过程称为定期定额投资。定期定投的优点是可以强制储蓄 + 投资（适合"月光族"），培养理财习惯。

 阅读材料

基民投资基金的门槛正在不断降低。日前，包括华夏、富国在内的基金公司调低基金投资门槛，此前普遍实行的申购基金 1000 元的起步门槛被调整为 100 元，部分产品的投资门槛甚至降到 1 元。

根据富国基金公司的公告，富国旗下所有通过公司网上直销申购的基金，单笔最低金额由原先的 1000 元起步调低至 100 元。而华夏基金从 8 月 29 日起，直销机构办理申购业务的开放式基金，单笔申购申请最低限额从 1000 元调整为 100 元，与之相应的在其直销机构办理的定投业务最低扣款也降至 100 元。

此外，海富通基金把门槛一降到底，旗下两只货币基金的最低申购门槛从 1000 元调整为 1 元，定投金额也从 100 元调整为 1 元。旗下股票型基金和债券型基金投资门槛全部调整为 100 元。据悉，易方达、汇添富、银华基金等公司未来都会有降低门槛的消息宣布。

此番调整申购门槛，主要集中在直销渠道。其中主要原因在于直销渠道由基金公司自己控制，无须和银行进行业务调整，也影响不到银行的利益。而投资门槛大幅调整为 100 元甚至 1 元，主要原因还是互联网基金的兴起。

三、证券交易所基金投资

（1）在证券交易软件中查看基金。如图 8－2 所示。

	代码	名称	涨幅%	现价	涨跌	买价	卖价	总量	现量	涨速%	换手%
239	159911	民营ETF	-5.30	6.451	-0.361	6.363	6.452	16040	1	1.49	3.54
240	159912	深300ETF	-6.30	1.950	-0.131	1.950	1.968	2576	86	0.00	0.28
241	159913	深价值	-6.21	1.857	-0.123	1.857	1.869	279	1	0.00	0.05
242	159915	创业板	-5.12	3.150	-0.170	3.149	3.150	774.1万	25814	-0.19	81.70
243	159916	深F60	-4.34	3.084	-0.140	3.011	3.084	523	1	2.42	0.04
244	159917	中小成长	-3.67	2.310	-0.088	2.260	2.310	2382	1	5.09	0.91
245	159918	中创400	-5.58	3.387	-0.200	3.301	3.388	3338	2	2.72	0.35
246	159919	300ETF	-5.99	4.835	-0.308	4.835	4.836	180.7万	9772	-0.41	1.54
247	159920	恒生ETF	0.82	1.231	0.010	1.231	1.232	427851	1298	0.00	2.49
248	159921	中小等权	-4.48	2.471	-0.116	2.471	2.500	1566	1	0.00	1.68
249	159922	500ETF	-6.41	9.741	-0.667	9.726	9.741	51510	51	-0.80	8.74
250	159923	100ETF	-5.93	1.603	-0.101	1.602	1.603	9766	787	-0.68	0.29
251	159924	300等权	-7.03	2.064	-0.156	2.053	2.064	3422	6	-0.09	0.20
252	159925	南方300	-5.28	1.831	-0.102	1.830	1.831	41960	192	-0.16	0.22
253	159926	国债ETF	0.57	102.980	0.580	100.010	102.980	2	1	0.00	0.06
254	159927	A300ETF	-4.46	4.687	-0.219	4.600	4.687	1453	5	0.00	0.33
255	159928	消费ETF	-6.63	1.704	-0.121	1.700	1.701	9322	50	0.05	0.06

图 8－2　基金页面

（2）选择基金名称，查看进行即时分析。

（3）查看基金概况（功能选项，选择基本资料）。

（4）基金交易。

四、LOF 和 ETF（见表 8－8）

LOF（Listed Open－Ended Fund）是指上市型开放基金，该基金是通过深圳证券交易所交易系统发行并上市交易。投资者可在交易所进行买卖；也可以像开放式基金一样进行申购、赎回。LOF 的申购、赎回都是基金份额与现金的交易，可在代销网点进行。

ETF（Exchange Traded Fund）是指交易型开放式指数基金。其交易价格、基金份额净值走势与所跟踪的指数基本一致。因此，投资者买卖一只 ETF，就等同于买卖了它所跟踪的指数，可取得与该指数基本一致的收益。

它结合了封闭式基金和开放式基金的运作特点，投资者既可以向基金管理公司申购或赎回基金份额，同时，又可以像封闭式基金一样在二级市场上按市场价格买卖 ETF 份额，不过，申购、赎回必须以一揽子股票换取基金份额或者以基金份额换回一揽子股票。由于同时存在证券市场交易和申购、赎回机制，投资者可以在 ETF 市场价格与基金单位净值之间存在差价时进行套利交易。基金的三个特点：一是基金可在交易所进行买卖；二是基金可以像开放式基金一样进行申购、回赎，不过对价是一篮子

股票而不是现金；三是基金是完全复制指数的指数型基金。

ETF 特点是：

（1）当日买入取得的基金份额，同日可以赎回，但不得卖出。

（2）当日申购取得的基金份额，同日可以卖出，但不得赎回。

（3）当日赎回取得的证券，同日可以卖出，但不得用于申购基金份额。

（4）当日买入取得的证券，同日可以用于申购基金份额，但不得卖出。

表 8-8 　　　　　　　　　　　　　ETF 与 LOF 比较

	ETF	LOF
申购和赎回的标的不同	与投资者交换的是基金份额和"一揽子"股票	与投资者交换现金
参与门槛不同	基本单位是 100 万份基金单位	申购起点为 1000 基金单位
套利操作方式和成本不同	必须通过一揽子股票的买卖，同时涉及基金和股票两个市场，可 T + 0 操作	只涉及基金的交易，交易必须经过转托管，需要两个交易日的时间
二级市场报价不同	每隔 15 秒提供一个基金净值报价	1 天提供 1 次或几次基金净值报价

五、套利交易

1. LOF 基金套利操作提供给投资者两种套利机会

（1）当 LOF 基金二级市场交易价格超过基金净值时，并且这样的差价足够大过其中的交易费用（一般申购费 1.5% + 二级市场 0.3% 交易费用），那么溢价套利机会就出现了。

溢价交易（LOF 卖价格高于净值时）。

例如，以 1 元净值申购，二级市场价格在 1.018 元以上时，假设价格在 1.04 元，那么，以 1.04 元卖出。扣除交易费用 0.018 元，将获益 1.04 - 1.018 = 0.022 元，收益率达 2.2%。

（2）当 LOF 基金二级市场交易价格低于基金净值时，并且这样的差价足够大过其中的交易费用（一般情况下，该费用 = 二级市场 0.3% 交易费用 + 赎回费用 0.5% = 0.8%）时，那么折价套利机会就出现了。

折价交易（LOF 买价格低于净值时）。

例如，第一天以 1.0 元在二级市场买入 LOF 基金，第二天就可以赎回了，并且赎回时，当天基金净值是 1.04 元，那么扣除 0.008 元交易费后，获益 0.032 元，收益率达 3.2%。

2. ETF 基金套利

例如，当上证 50ETF 的市场交易价格高于基金份额净值时，投资者可以买入组合证券，用此组合证券申购 ETF 基金份额，再将基金份额在二级市场卖出，从而赚取扣除交易成本后的差额。相反，当 ETF 市场价格低于净值时，投资者可以买入 ETF，然后通过一级市场赎回，换取一篮子股票，再在 A 股市场将股票抛掉，赚取其中的差价。

必须强调的是，由于套利交易需要操作技巧和强大的技术工具，且一两个机构的一次套利交易就消除了套利的机会，因此，对散户而言，套利交易并不合适。上证50ETF上市后的申购赎回的起点是100万份，也决定了中小散户无法参与套利。

从套利机会出现的原因可以把ETF套利分成多类：一、二级市场间套利，期货、现货市场间套利，不同盯住指数间套利等。

（1）一、二级市场间套利。传统ETF交易机制有两层：首先，在交易时间内，投资人在一级市场可以随时以组合证券的方式申购赎回ETF份额；其次，在二级市场上，ETF在交易所挂牌交易，投资人可按市场价格买卖ETF份额。

当ETF的二级市场价格高于其基金份额参考净值（IOPV）一定幅度时，投资者可用相对较低的价格申购ETF份额，以较高的价格在二级市场卖出获得套利收益；当ETF二级市场价格低于IOPV一定幅度时，投资人可以反向操作。该种套利模式需要投资者有一定的资金基础，过少资金无法操作。

（2）期货、现货市场间套利。期货、现货市场间套利是利用指数期货和ETF（代表一篮子股票现货）之间偏差赚取利润。如以沪深300指数期货为交易标的的套利。市场中有一些投资者，会利用期货、现货市场与沪深300指数高度同步、偶有偏差的ETF来套利。

（3）不同盯住指数间套利。如果投资者判断虽然市场的整体方向向上，但是盯住A行业的ETF前景比盯住B行业的更好，投资者就可以通过卖出盯住B行业ETF，同时买入盯住A行业ETF，从而获得两支ETF之间的差价。

另外一种是ETF和盯住指数之间的套利。有些基金公司采用代表性复制法组建ETF，通过优选部分成分股复制指数来降低交易成本。选择使用代表性复制法的ETF没有完全复制盯住指数中的成分证券，因此在ETF和盯住的指数之间不时存在变动方向和变动幅度的不同步。

实验十四　基金模拟投资

实验内容：

1. 了解基金价格走势、收益情况。

2. 在证券交易软件中查看分析基金。

3. 选择某一基金并模拟交易。

实验报告十四
1. 目标基金简介。
2. 目标基金价格趋势。
3. 模拟操作交易明细。

第九章 期货投资

第一节 金融衍生工具概述

一、金融衍生工具的概念

建立在基础产品或基础变量之上，价格取决于基础金融产品价格或基础变量数值变动的派生金融产品。

1. 基础产品

（1）现货金融产品（股票、债券、银行定期存单等）。

（2）金融衍生工具本身（金融期货、金融期权、权证、可转债等）。

2. 基础变量

（1）金融变量（利率、汇率、信用指数、各类价格指数等）。

（2）非金融变量（天气、温度指数等）——天气期货、政治期货等也属于金融衍生工具。

二、金融衍生工具的发展动因

1. 避险的需求

对利率及价格波动风险的避险需求。

2. 20 世纪 80 年代以来的金融自由化

（1）取消对存款利率的最高限额，逐步实现利率自由化。

（2）打破金融机构经营范围的地域和业务种类限制，允许各金融机构业务交叉、互相自由渗透，鼓励银行综合化发展。

（3）放松外汇管制。

（4）开放各类金融市场，放宽对资本流动的限制。

3. 金融机构的利润驱动

（1）不扩大资产负债的同时，获得手续费等业务收入。

（2）金融机构直接自营交易，扩大利润来源。

4. 新技术革命提供物质基础与手段

三、金融衍生交易的基本特征

1. 跨期性

（1）约定未来某一时间交易或者选择是否交易。

（2）对未来变动趋势的判断准确性决定交易盈亏。

2. 杠杆性

（1）不要求或要求很少的初始净投资（保证金、权利金）。

（2）以小博大，大赢大亏：高投机、高风险。

3. 联动性

（1）其价值与基础产品或基础变量紧密联系、规则变动。

（2）联动关系可为线性关系、非线性函数关系、分段函数关系。

4. 高风险

（1）信用风险。

（2）市场风险。

（3）流动性风险。

（4）结算风险。

（5）运作风险。

（6）法律风险。

四、金融衍生工具分类（见表9－1）

表9－1 金融衍生工具分类

分类标准		定义及举例
产品形态	独立衍生工具	衍生工具包括远期合同，期货合同，互换和期权。以及具有远期合同，期货合同互换和期权中一种或一种以上特征的工具
	嵌入式衍生工具	是指嵌入到非衍生工具（即主合同）中，使混合工具的全部或部分现金流量随特定利率、金融工具价格、商品价格、汇率、价格指数、费率指数、信用等级、信用指数或其他类似变量的变动而变动的衍生工具。如可转换公司债券等
按交易场所	交易所交易工具	交易所上市、集中交易、上市的股票期权产品、各类期货合约、期权合约等
	OTC交易工具	电子柜台等场外市场交易、分散的1对1交易、金融机构之间或与大规模交易者之间的互换交易和信用衍生品交易
基础工具种类	股权类衍生工具	基础工具为股票或股票指数：股票期货、股票期权、股指期货、股指期权
	货币衍生工具	各种货币：远期外汇合约、货币期货、货币期权、货币互换
	利率衍生工具	利率或利率载体：远期利率合约、利率期货、利率期权、利率互换
	信用衍生工具	信用风险或违约风险：信用互换、信用联结票据等
	其他衍生工具	非金融变量：如天气指数、政治、巨灾风险等：天气期货、政治、巨灾衍生产品

续　表

分类标准		定义及举例
交易方式	远期	双方协商确定约定价格，未来日期交收：远期利率协议、远期外汇合约、远期股票合约
	期货	双方在交易所公开竞价确定约定价格，未来日期交收：货币期货、利率期货、股指期货、股票期货、其他（房地产价格指数期货、通货膨胀指数期货等）
	期权	买方向卖方支付期权费，获得购买权：现货期权、期货期权
	互换	两个或两个以上当事人依约在约定时间内定期交换现金流：货币互换、利率互换、股权互换等
	结构化工具	以上四种合约相互结合或与基础金融工具结合：结构化票据、外汇结构化理财产品等

第二节　期货合约

一、期货合约的定义

所谓期货，一般是指期货合约，由期货交易所统一制定的、在将来某一特定时间和地点交割一定数量标的物的标准化合约。

这个标的物，又叫基础资产，对期货合约所对应的现货，可以是某种商品，如铜或原油，也可以是某个金融工具，如外汇、债券，还可以是某个金融指标，如三个月同业拆借利率或股票指数。

二、期货特征

1. 合约标准化

期货具有标准化和简单化的特征。期货交易通过买卖期货和约进行，而期货合约是标准化的合约。如表 9 - 2 和表 9 - 3 所示。

表 9 - 2　　　　　　　　　　　　　　股指期货合约

合约标的	沪深 300 指数
合约乘数	每点 300 元
报价单位	指数点
最小变动价位	0. 2 点

续　表

合约标的	沪深 300 指数
合约月份	当月、下月及随后两个季月
交易时间	上午：9：15～11：30，下午：13：00～15：15
最后交易日交易时间	上午：9：15～11：30，下午：13：00～15：00
每日价格最大波动限制	股指期货上一个交易日结算价的 ±10%
最低交易保证金	股指期货合约价值的 8%
最后交易日	股指期货合约到期月份的第三个周五，遇法定假日顺延
交割日期	同最后交易日
交割方式	现金交割
交易代码	IF
上市交易所	中国金融期货交易所

表 9 – 3　　　　　　　　　　　　　　农产品期货

交易品种	黄大豆 1 号
交易单位	10 吨/手
报价单位	元（人民币）/吨
最小变动单位	1 元/吨
涨跌停板幅度	上一交易日结算价 4%
合约交割月份	1，3，5，7，9，11 月
交易时间	周一至周五上午：9：00～11：30，下午：13：30～15：00，以及主编所决定的其他时间
最后交易日	合约月份第十个交易日
最后交割日	最后交易日后第 3 个交易日（遇法定节假日顺延）
交割等级	具体见附表
交割地点	大连商品交易所指定交割仓库
交易保证金	合约价值 5%
交易手续费	不超过 4 元/手
交割方式	实物交割
交易代码	A
上市交易所	大连商品交易所

2. 场所固定化

期货交易是在依法建立的期货交易所内进行的，一般不允许进行场外交易。

我国主要有四大期货交易所：上海期货交易所、中国金融期货交易所、郑州商品交易所、大连商品交易所。如表9-4至表9-7所示。表9-8列出世界主要期货交易所。

表9-4　　　　　　　　　　　　上海期货交易所交易品种

品种	代码	交易单位	最小变动价位	报价单位
黄金	AU	1000克/手	0.01元/克	元（人民币）/克
白银	AG	15克/手	1元/千克	元（人民币）/千克
铜（沪铜）	CU	5吨/手	10元/吨	元（人民币）/吨
铝（沪铝）	AL	5吨/手	5元/吨	元（人民币）/吨
锌（沪锌）	ZN	5吨/手	5元/吨	元（人民币）/吨
天然橡胶（橡胶）	RU	10吨/手	5元/吨	元（人民币）/吨
燃料油（燃油）	FU	50吨/手	1元/吨	元（人民币）/吨
螺纹钢（螺纹）	RB	10吨/手	1元/吨	元（人民币）/吨
线材	WR	10吨/手	1元/吨	元（人民币）/吨
热轧卷板	HC	10吨/手	2元/吨	元（人民币）/吨
石油沥青	BU	10吨/手	2元/吨	元（人民币）/吨
铅（沪铅）	PB	25吨/手	5元/吨	元（人民币）/吨

表9-5　　　　　　　　　　　中国金融期货交易所交易品种

品种	代码	合约乘数	最小变动价位	报价单位
沪深300指数（IF）	IF	300元/点	0.2点（60元）	指数点
5年期国债期货	IF		0.002元	百元净报价（报价方式）

表9-6　　　　　　　　　　　　郑州商品交易所交易品种

品种	代码	交易单位	最小变动价位	报价单位
优质强筋小麦（强麦）	WH	20吨/手	1元/吨	元（人民币）/吨
普通小麦（普麦）	PM	50吨/手	1元/吨	元（人民币）/吨
白糖	SR	10吨/手	1元/吨	元（人民币）/吨
棉花	CF	50吨/手	5元/吨	元（人民币）/吨
PTA	TA	50吨/手	2元/吨	元（人民币）/吨
甲醇	ME	50吨/手	1元/吨	元（人民币）/吨

续 表

品种	代码	交易单位	最小变动价位	报价单位
菜籽油（菜油）	RO	10 吨/手	2 元/吨	元（人民币）/吨
早籼稻（籼稻）	RI	20 吨/手	1 元/吨	元（人民币）/吨
玻璃	FG	20 吨/手	1 元/吨	元（人民币）/吨
油菜籽	RS	10 吨/手	1 元/吨	元（人民币）/吨
菜籽粕	RM	10 吨/手	1 元/吨	元（人民币）/吨
动力煤	TC	200 吨/手	0.2 元/吨	元（人民币）/吨
粳稻谷（粳稻）	JR	20 吨/手	1 元/吨	元（人民币）/吨
晚籼稻（晚籼）	LR	20 吨/手	1 元/吨	元（人民币）/吨
硅铁	SF	5 吨/手	2 元/吨	元（人民币）/吨
锰硅	SM	5 吨/手	2 元/吨	元（人民币）/吨

表 9 – 7　　　　　　　　　　大连商品产交易所交易品种

品种	代码	交易单位	最小变动价位	报价单位
黄大豆一号（豆一）	A	10 吨/手	1 元/吨	元（人民币）/吨
黄大豆二号（豆二）	B	10 吨/手	1 元/吨	元（人民币）/吨
豆粕	M	10 吨/手	1 元/吨	元（人民币）/吨
豆油	Y	10 吨/手	2 元/吨	元（人民币）/吨
玉米	C	10 吨/手	1 元/吨	元（人民币）/吨
棕榈油（棕榈）	P	10 吨/手	2 元/吨	元（人民币）/吨
焦炭	J	100 吨/手	1 元/吨	元（人民币）/吨
焦煤	JM	60 吨/手	1 元/吨	元（人民币）/吨
聚乙烯（塑料）	L	5 吨/手	5 元/吨	元（人民币）/吨
聚氯乙烯（PVC）	V	5 吨/手	5 元/吨	元（人民币）/吨
聚丙烯	PP	5 吨/手	1 元/吨	元（人民币）/吨
鸡蛋	JD	5 吨/手	1 元/500 千克	元（人民币）/500 千克
细木工板	BB	500 张/手	0.05 元/张	元（人民币）/张
中密度纤维板	FB	500 张/手	0.05 元/张	元（人民币）/张
铁矿石	I	100 吨/手	1 元/吨	元（人民币）/吨

表 9 - 8　　　　　　　　　　　　全球主要期货交易所一览表

	交易所名称	代码	英文名称
中国	上海期货交易所	SHFE	Shanghai Futures Exchange
	大连商品交易所	DCE	Dalian Commodity Exchange
	郑州商品交易所	CZCE	Zhengzhou Commodity Exchange
	中国金融期货交易所	CFFE	China Financial Futures Exchange
美国	芝加哥期货交易所	CBOT	The Chicago Board of Trade
	芝加哥商品交易所	CME	Chicago Mercantile Exchange
	芝加哥商业交易所国际货币市场	IMM	—
	芝加哥期权交易所	CBOE	Chicago Board Options Exchange
	纽约商品交易所	NYMEX	New York Mercantile Exchange
	纽约期货交易所	NYBOT	New York Board of Trade
	美国（纽约）金属交易所	COMEX	New York Commodity Exchange
	堪萨斯商品交易所	IKCBT	Kansas City Board of Trade
加拿大	加拿大蒙特利尔交易所	ME	Montreal Exchange Markets
英国	伦敦国际金融期货及选择权交易所	LIFFE	London International Financial Futures and Options Exchange
	Euronext Liffe	—	—
	伦敦商品交易所	LCE	London Commerce Exchange
	英国国际石油交易所	IPE	International Petroleum Exchange
	伦敦金属交易所	LME	London Metal Exchange
法国	法国期货交易所	MATIF	—
德国	德国期货交易所	DTB	Deutsche Borse
瑞士	瑞士选择权与金融期货交易所	SOFFEX	Swiss Options and Financial Futures Exchange
	欧洲期权与期货交易所	Eurex	The Eurex Deutschiand
瑞典	瑞典斯德哥尔摩选择权交易所	OM	OM Stockholm
西班牙	西班牙固定利得金融期货交易所	MEFFRF	MEFF Renta Fija
	西班牙不定利得金融期货交易所	MEFFRV	MEFF Renta Variable

	交易所名称	代码	英文名称
日本	日本东京国际金融期货交易所	TIFFE	The Tokyo International Financial Futures Exchange
	日本东京工业品交易所	TOCOM	The Tokyo Commodility Exchange
	日本东京谷物交易所	TGE	The Tokyo Grain Exchange
	日本大阪纤维交易所	OTE	—
	日本前桥干茧交易所	MDCE	—
新加坡	新加坡国际金融交易所	SIMEX	Singapore International Monetary Exchange
	新加坡商品交易所	SICOM	Singapore Commodity Exchange
澳大利亚	澳大利亚尼期货交易所	SFE	Sydney Futures Exchange
新西兰	新西兰期货与选择权交易所	NZFPE	New Zealeand Futures & amp; Options
中国香港	香港期货交易所	HKFE	Hong Kong Futures Exchange
中国台湾	台港期货交易所	TAIFEX	Taiwan Futures Exchange
南非	南非期货交易所	SAFEX	South African Futures Exchange
韩国	韩国期货交易所	KOFEX	—
	韩国证券期货交易所	KRX	—

3. 双向交易和对冲机制

双向交易，也就是期货交易者既可以买入期货合约作为期货交易的开端（称为买入建仓），也可以卖出期货合约作为交易的开端（称为卖出建仓），也就是通常所说的"买空卖空"。

与双向交易的特点相联系的还有对冲机制，就是买入建仓之后可以通过卖出相同合约的方式解除履约责任，卖出建仓后可以通过买入相同合约的方式解除履约责任。

4. 结算统一化

期货交易具有付款方向一致性的特征，期货交易是由结算所专门进行结算的，实行每日无负债结算制度。

每日无负债结算制度，又称"逐日盯市"，是指每日交易结束后，交易所按当日结算价结算所有合约的盈亏、交易保证金及手续费、税金等，对应收应付的款项同时划转，相应增加或减少会员的结算准备金。期货交易的结算实行分级结算，即交易所对其会员进行结算，期货经纪公司对其客户进行结算。每天结算后资金，在第二天期货交易所开盘后就可以直接取出来。

5. 交割定点化

实物交割占很少比例，多以对冲了结，期货交易必须在指定的交割库内进行。

6. 交易集中化

交易者通过下达指令的方式进行交易，所有的指令最后都输入到交易所席位机里等待撮合配对。

7. 保证金制度化

按照交易所的有关规定交纳一定的履约保证金（5% ~ 10%）。期货交易具有以小博大的杠杆原理。

保证金及涨跌停板幅度见表9－9。

表9－9　　　　　　　　　　　　交易保证金及涨跌停板规则

	代码	单位	品种名称（吨）	交易所（%）	公司（%）	停板（%）
大连	A	10	黄大豆	5	8	4
	B	10	黄豆2号	5	7	4
	C	10	玉米	5	7	4
	M	10	豆粕	5	8	4
	Y		豆油	5	8	4
	P	10	棕榈油	7	10	5
	I	5	聚乙烯	7	10	5
	V	· 5	聚氯乙烯	7	10	5
上海	CU	5	铜	8.5	12.5	5
	AL	5	铝	7	10	5
	ZN	5	锌	7.5	10.5	5
	FU	10	燃油	8	11	5
	RU	5	天胶	8	11	5
	AU	1000	黄金	7	10	5
	RB	10	螺纹钢	8	11	5
	WR	10	线材	8	11	5
郑州	WS	10	强麦	5	8	3
	WT	10	硬麦	5	8	3
	ER	10	早籼稻	5	8	3
	CF	5	棉花	5	8	4
	SR	10	白糖	6	9	4
	TA	5	PTA	6	9	4
	RO	5	菜籽油	6	9	5

保证金有初始保证金、维持保证金和追加保证金。

（1）初始保证金，是交易者新开仓时所需交纳的资金。它是根据交易额和保证金比率确定的。用公式表式为：

初始保证金 = 交易金额 × 保证金比率。

例如，大连商品交易所的大豆保证金比率为5%，如果某客户以2700元/吨的价格买入5手大豆期货合约（每手10吨），那么，他必须向交易所支付6750元（即2700 × 5 × 10 × 5%）的初始保证金。

交易者在持仓过程中，会因市场行情的不断变化而产生浮动盈亏（结算价与成交价之差），因而保证金账户中实际可用来弥补亏损和提供担保的资金就随时发生增减。

浮动赢利将增加保证金账户余额，浮动亏损将减少保证金账户余额。

（2）维持保证金，是保证金账户中必须维持的最低余额。维持保证金比率 K，在我国通常为 0.75。

（3）追加保证金，当保证金账面余额低于维持保证金时，交易者必须在规定时间内补充保证金，使保证金账户的余额等于结算价×持仓量×保证金比率，否则在下一交易日，交易所或代理机构有权实施强行平仓。这部分需要新补充的保证金就称追加保证金。

仍按上例，假设客户以 2700 元/吨的价格买入 50 吨大豆后的第三天，大豆结算价下跌至 2600 元/吨。

由于价格下跌，客户的浮动亏损为 5000 元 ［（2700 − 2600）×10×5 = 5000］，客户保证金账户余额为 1750 元（6750 − 5000 = 1750），由于这一余额小于维持保证金（2700×50×5%×0.75 = 5062.5），客户需将保证金补足至 6750 元（2700×50×5% = 6750），需补充的保证金 5000 元（6750 − 1750 = 5000）就是追加保证金。

当会员或客户的交易保证金不足并未在规定的时间内补足，或者当会员或客户的持仓量超出规定的限额时，或者当会员或客户违规时，交易所为了防止风险进一步扩大，实行强行平仓的制度。

8. 商品特殊化

期货交易范围有限制。期货交易品种较少，主要有农产品、石油、金属、一切初级原材料和金融商品。如图 9 − 1 所示。

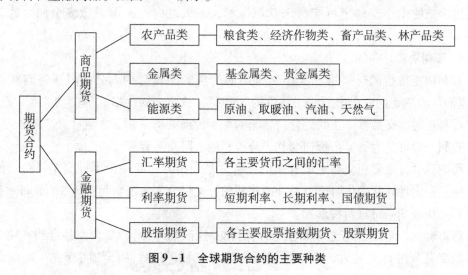

图 9 − 1 全球期货合约的主要种类

9. 每日无负债结算制度

期货交易通过每日结算制度进行风险控制，这不仅有效地保证资金安全，而且可

以随时兑现投资者的投资。

三、期货的功能

1. 套期保值

套期保值就是买入（卖出）与现货市场数量相当、但交易方向相反的期货合约，以期在未来某一时间通过卖出（买入）期货合约来补偿现货市场价格变动所带来的实际价格风险。

套期保值的类型又可分为买入套期保值和卖出套期保值。买入套期保值是指通过期货市场买入期货合约以防止因现货价格上涨而遭受损失的行为；卖出套期保值则指通过期货市场卖出期货合约以防止因现货价格下跌而造成损失的行为。

2. 价格发现

价格发现是指买卖双方在给定的时间和地方对一种商品的质量和数量达成交易价格的过程。它涉及市场结构、市场行为、市场信息、期货市场和风险管理。价格发现并不一混同于一般意义上的价格决定。是期货市场的一个重要的经济功能，也是期货市场存在和发展的基础。

3. 投机获利

投机者可以"买空"，也可以"卖空"。投机的目的很直接，就是获得价差利润。但投机是有风险的。根据持有期货合约时间的长短，投机可分为三类：第一类是长线投机，此类交易者在买入或卖出期货合约后，通常将合约持有几天、几周甚至几个月，待价格对其有利时才将合约对冲；第二类是短线投机，一般进行当日或某一交易节的期货合约买卖，其持仓不过夜；第三类是逐小利投机，又称"抢帽子者"，他们的技巧是利用价格的微小变动进行交易来获取微利，一天之内他们可以做多个回合的买卖交易。

4. 套利功能

套利功能是指同时买进和卖出两张不同种类的期货合约。交易者买进自认为是"便宜的"合约，同时卖出那些"高价的"合约，从两合约价格间的变动关系中获利。在进行套利时，交易者注意的是合约之间的相互价格关系，而不是绝对价格水平。

套利一般可分为三类：跨期套利、跨市套利和跨商品套利。

跨期套利，是套利交易中最普遍的一种，是利用同一商品但不同交割月份之间正常价格差距出现异常变化时进行对冲而获利的，又可分为牛市套利（Bull Spread）和熊市套利（Bear Spread）两种形式。

跨市套利，是在不同交易所之间的套利交易行为。当同一期货商品合约在两个或更多的交易所进行交易时，由于区域间的地理差别，各商品合约间存在一定的价差关系。

跨商品套利，指的是利用两种不同的、但相关联商品之间的价差进行交易。这两种商品之间具有相互替代性或受同一供求因素制约。跨商品套利的交易形式是同时买进和卖出相同交割月份但不同种类的商品期货合约。例如金属之间、农产品之间、金属与能源之间等都可以进行套利交易。

交易者之所以进行套利交易，主要是因为套利的风险较低，套利交易可以为避免始料未及的或因价格剧烈波动而引起的损失提供某种保护，但套利的赢利能力也较直接交易小。

四、期货交易流程

期货交易的一般流程如图 9 - 2 所示。

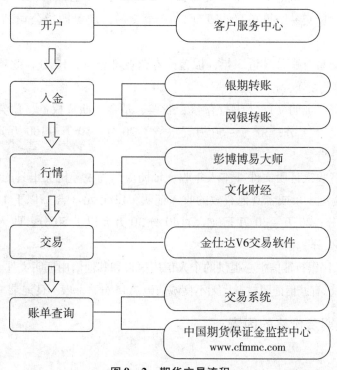

图 9 - 2　期货交易流程

1. **一般期货开户要点**

自然人客户携带身份证原件，亲自到期货营业部办理开户手续并在具有期货结算资格的银行开立银行账户。

2. **股指期货开户要点**

我国的股指期货建立了投资者适当性制度，要求投资者参与股指期货必须满足三个硬性要求：

（1）投资者开户的资金门槛为 50 万元以上。

（2）拟参与股指期货交易的投资者需通过股指期货知识测试。

（3）投资者必须具有累计 10 个交易日、20 笔以上的股指期货仿真交易成交，或者三年内具有 10 笔以上的商品期货交易成交记录。

除以上三项硬性要求外，投资者还须进行一个反映其综合情况的评估，投资者必须在综合评估中拿到 70 分以上，才能算作"合格"。对于存在不良诚信的投资者，期货公司将根据情况在该投资者综合评估总分中扣减相应的分数，扣减分数不设上限。

具体需要的资料和评分标准如下所示：

（1）身份证（年龄 10～22 岁 1 分，22～60 岁 10 分，60～70 岁 1 分）。

（2）银行卡（中农工建交，50 万元存款）。

（3）学位证、学历证（硕士及以上 5 分，本科 4 分，大专 3 分，大专以下 1 分）。

（4）股指仿真交易记录（10 个交易日，20 笔以上）（必须）。

（5）商品期货交易结算单（近 3 年，10 笔交易，加盖期货公司结算章；12 分），可替代第（4）项。

（6）股票交易对账单（近 3 年，加盖证券营业部公章，10 分，此项与商品期货交易结算单取最高得分）。

（7）金融资产证明文件［银行存款、股票、基金、期货权益、债券、黄金等金融类资产 30 万元以下 1 分；30 万～50 万元（含）20 分；50 万～100 万元（含）40 分；100 万元以上 50 分］。

（8）投资者收入证明文件［本人年收入证明应当为税务机关出具的收入纳税证明、银行出具的工资流水单或者其他有效的收入证明，12 万元（含）以下 1 分；12 万～20 万元（含）20 分；20 万～30 万元（含）40 分 30 万元以上 50 分，收入证明和资产证明总分不超过 50 分］。

（9）中国人民银行征信中心提供的个人信用报告和其他信用证明文件（各地人民银行已开设专门窗口，有诚信证明材料且无不良诚信记录 15 分，一般不良记录一次扣 0.5 分）。

五、影响期货价格的因素

（1）供求关系。

（2）经济周期。

（3）政府政策。

（4）政治因素。

（5）社会因素。

（6）季节性因素。

（7）心理因素。

（8）金融货币变动因素。

 阅读材料 1

震惊中外的 327 国债风波：一场资本大鳄与官方的生死博弈

"327"是"92（3）国债 06 月交收"国债期货合约的代号，对应 1992 年发行

1995 年 6 月到期兑付的 3 年期国库券，该券发行总量是 240 亿元人民币。兑付办法是票面利率 8% 加保值贴息。由于保值贴息的不确定性，决定了该产品在期货市场上有一定的投机价值，成为当年最为热门的炒作素材，而由此引发的 327 案，也成了中国证券史上的"巴林事件"，民间则将 1995 年 2 月 23 日称为中国证券史上最黑暗的一天。

1. 背景

1992 年时中国国债发行极难。1990 年以前，国库券一直是靠行政分配的方式发行的。国债的转让流通起步于 1988 年，1990 年才形成全国性的二级市场。个人投资者普遍把国债作为一种变相的长期储蓄存款，很少有进入市场交易的兴趣。

通过多次国际考察，决策者对国际金融市场有了较多的了解，感觉应当有金融工具的创新。在当时的体制框架内和认识水平上，搞股票指数期货是不可能的，而国债的发行正在受到国家的大力鼓励。借鉴美国的经验，1992 年 12 月 28 日，上海证券交易所首次设计并试行推出了 12 个品种的期货合约。

国债期货试行的两周内，交易清淡，仅成交 19 口。1993 年 7 月 10 日，情况发生了历史性的变化，这一天，财政部颁布了《关于调整国库券发行条件的公告》，公告称，在通货膨胀居高不下的背景下，政府决定将参照中央银行公布的保值贴补率给予一些国债品种的保值补贴。国债收益率开始出现不确定性。国债期货市场的炒作空间扩大了。

所谓保值贴息指的是，由于通货膨胀带来人民币贬值，从而使国债持有者的实际财富减少。为了补偿国债持有人的这项损失，财政部会拿出一部分钱作为利息的增加，称之为保值贴息。从经济学的角度来看，保值贴息应该与通货膨胀率的实际值相等，而在国际惯例上，大多数国家（包括 2012 年的中国）已经取消了这一补贴，原因在于，国债购买者在购买时应当自行预见金融产品收益的不确定性。

2. 概述

国债期货走向火暴的因素主要有两个。一是 1994 年年初，一些券商根据实际利率比国债利率高的情况，违规超计划卖出非实物国债，以套用社会资金牟利。当国务院宣布查处这类券商时，他们为了补足计划外卖出的这部分非实物券，纷纷买入流散在社会上的实物券，使国债现货市场人为制造出供小于求的局面。二是为了配合新国债发行，财政部根据当时物价水平较高的客观情况，对 1992 年 3 年期和 5 年期利率比较低的券种实行保值补贴。一时间，国库券炙手可热。

20 世纪 90 年代中期，国家开放了国债期货交易试点，采用国际惯例，实行保证金制度，虽然大大地高出了 1% 的国际标准，但 2.5% 的保证金制度仍然把可交易量扩大到了 40 倍，即国债期货开户保证金只要 1 万元，每手保证金只要 500 元，浮盈还可以再开新仓；一些散户满仓带透支，一路死多头，可由几万元翻到几十万元，再由几十万元翻到几百万元。

由于期货价格主要取决于相应现货价格预期。因此，影响现货价格的因素也就成

了期货市场的炒作题材。影响 1992 年三年期国债现券价格的主要因素有：

基础价格：92（3）现券的票面利率为 9.5%，如果不计保值和贴息，到期本息之和为 128.50 元。

保值贴补率：92（3）现券从 1993 年 7 月 11 日起实行保值，因而，其中 1995 年 7 月到期兑付时的保值贴补率的高低，影响着 92（3）现券的实际价值。

贴息问题：1993 年 7 月 1 日，人民币三年期储蓄存款利率上调至 12.24%，这与 92（3）现券的票面利率拉出了 2.74 个百分点的利差，而 1994 年 7 月 10 日财政部发布的公告仅仅规定了 92（3）等国债品种将与居民储蓄存款一样享受保值贴补，并未说明 92（3）现券是否将随着储蓄利率的提高进行同步调整。因此，92（3）现券是否加息成为市场一大悬念，直接影响 92（3）现券的到期价值。

1995 年新券流通量的多寡也直接影响到 92（3）期券的炒作，由于上海证交所采用混合交收的制度，如果新券流通量大，且能成为混合交收的基础券种，那么，空方将有更多的选择余地，市场将有利于空方，如果相反，则对多方有利。

这些价格的不确定因素，为 92（3）国债期货的炒作提供了空间。

3. 发展

1995 年，国家宏观调控提出三年内大幅降低通货膨胀率的措施，到 1994 年年底、1995 年年初的时段，通胀率已经被下调了 2.5% 左右。众所周知的是，在 1991—1994 年中国通胀率一直居高不下的这三年里，保值贴息率一直在 7%～8% 的水平上。根据这些数据，时任万国证券的总经理管金生预测，"327"国债的保值贴息率不可能上调，即使不下降，也应维持在 8% 的水平。按照这一计算，"327"国债将以 132 元的价格兑付。因此当市价在 147～148 元波动的时候，万国证券联合辽宁国发集团，成为市场空头主力。

而另外一边，1995 年的中国经济开发信化投资公司（简称中经开），隶属于财政部，总经理是财政部前副部长。它当时预测财政部将上调保值贴息率。因此，中经开成为多头主力。

万国（指没被申银合并前的万国）证券作为空方代表，联合了包括辽国发等 6 家机构进行做空，依据为 1995 年 1 月通货膨胀已经见顶，因此不会贴息。而中经开为首的 11 家机构由于预测国宝要进行保值贴补，因此坚决做多，不断推升价格。万国等机构当时是以自己的势力与对于中经开展开了政策博弈。

中经开大约于 1994 年 4 月 15 日入场做多。先是炒作 313 品种，至 5 月 27 日，该品种上涨了 3.30 元。期间财政部与中国证监会于 5 月 20 日发出通知，要求严厉查处国库券卖空行为，迫使空方不得不大量回补国库券现货。

1994 年 9 月 19 至 23 日，多空双方在 314 品种上再度开战。由于双方动辄数十万口大笔吞吐，上交所于 9 月 20 日发出加强国债期货交易风险管理的紧急通知，进而又作出不开新仓、双方平仓的决定，此时多方未获其利，而空方稍占上风。

4. 疯狂：震惊中外的最后八分钟

1995 年 2 月 23 日，财政部发布公告，1992 年期国库券保值贴补的消息终于得到证实。多空双方围绕 327 国债展开了激烈的争夺战。

2 月 23 日，多空短兵相接，多方基本控制着主动权，先以 80 万口在前日的收盘价的基础上提高到 148.50 元，接着又以 120 万口攻到 149.10 元，再以 100 万口改写 150 元的记录。盘中出现过 200 万口的空方巨量封单。

2 月 23 日下午，空方主力阵营中辽国发临阵倒戈，突然空翻多，使 327 品种创出 151.98 元天价。16 时 22 分，离收盘还有 8 分钟。正当许多人都以为当天大涨格局已定时，风云突变，万国突然先以 50 万口将价位打到 150 元，接着连续以几个数十万口的量级把价位再打到 148 元，最后一笔 730 万口的巨大卖单令全场目瞪口呆，把价位封死在 147.50 元（730 万口当时约合人民币 1460 亿元。在这一时间内万国共抛出 1056 万口卖单，面值达 2112 亿元，而所有的 327 国债总额只有 240 亿元。也就是说，万国卖空的数额超过了该品种总额的 7.8 倍。多方顿时兵败如山倒。若按收市价 147.50 元结算，意味着一大批多头将一贫如洗，甚至陷于无法自拔的资不抵债泥坑。当日开仓的多头将全部爆仓。

5. 善后：判定万国证券违规

当晚上交所宣布：23 日 16 时 22 分 13 秒之后的交易是异常的，经查是某会员公司为影响当日结算价而蓄意违规，故 16 时 22 分 13 秒之后的所有 327 品种的交易无效，该部分成交不计入当日结算价、成交量和持仓量的范围，经过此调整当日国债成交额为 5400 亿元，当日 327 品种的收盘价为违规前最后签订的一笔交易价格 151.30 元。如果按照上交所定的收盘价 151.3 元当日交割，万国将惨赔 60 亿元人民币。

第二天，万国证券公司门口发生挤兑。2 月 27 日和 28 日，上交所开设期货协议平仓专场，暂停自由竞价交易。在财政部发布贴息公告后，327 国债价格上升 5.4 元，其他市场上 327 的价格在 154 元以上，而上交所前周末的收盘价为 152 元。多空双方意向相差较大，协议平仓困难重重。27 日，协议平仓只成交了 7000 多口，而 327 持仓量高达 300 多万口。

2 月 28 日，上交所再次强调：对超规定标准持仓的将采取强行平仓，平仓价将参照 27.28 日场内协议平仓的加权平均价来确定，在 151 元左右，致使平仓交易开始活跃，28 日平仓 140 万口，327 国债占 85% 以上。3 月 1 日又延期一天进行协议平仓，当天平仓量达到 80 万口。3 月 2 日虽然不设平仓专场，但 327 品种平仓仍达到 25 万口。经过几天的平仓使持仓量大幅减少。

6. 后记

5 月 17 日，中国证监会鉴于中国当时不具备开展国债期货交易的基本条件，作出了暂停国债期货交易试点的决定。至此，中国第一个金融期货品种宣告夭折。

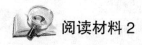 **阅读材料2**

株冶期货锌事件

株洲冶炼厂于1956年成立，曾在中国大型国有企业五百强中排列132名，年利润过亿元。该厂为中国三家在伦敦金属期货交易所挂牌上市企业之一、全球五大铅锌冶炼生产厂家之一。

1995年，株洲冶炼厂利用进出口权便利，开始在境外从事锌期货投资业务，最初以套期保值名义操作，获得一定收益，株洲冶炼厂进口公司经理、锌期货操盘手权力逐渐扩大，株洲冶炼厂对其从事的外盘期货交易却放松了监管。1997年3月世界金属期货市场价格上扬，锌市走俏，株洲冶炼厂进口公司见有利可图，开始在每吨1250美元的价位上向外抛售合同，此时株洲冶炼厂每吨锌的成本仅1100美元，如果做套期保值，每吨在以后按期交割现货可获利150美元，也可避免市场价格下跌造成的损失。后来锌价上涨到1300美元，株洲冶炼厂进口公司开始做空（卖空），即抛出了远远大于株洲冶炼厂年产量的供货合同，目的是通过抛出大量供货合同打压市场价格，预测锌价跌至抛出价格以下时再大量买入合同平仓，保留高价位的卖出合同如期交割获利。但由于对锌价走势判断错误以及交易对家逼仓，锌价并没有如预期下跌，而是一路攀升到1674点。

按伦敦金属期货交易所规定，买卖双方须缴纳合同金额一定比例的保证金，株洲冶炼厂进口公司支付保证金的资金大部分来源于银行贷款，在1997年3~7月，株洲冶炼厂进口公司因无法支付保证金，多次被逼平仓。面对巨大的空头头寸和过亿美元的损失，株洲冶炼厂进口公司不得不向株洲冶炼厂报告，当时已在伦敦卖出了45万吨锌，相当于株洲冶炼厂全年总产量的1.5倍。虽然国家出面从其他锌厂调集了部分锌进行交割以减少损失，但是终因抛售量过大，株洲冶炼厂为了履约只好高价买入合约平仓，形成1.758亿美元（14.6亿元人民币）的巨额亏损。

第三节 股指期货

一、交易策略

1. 套期保值

股指期货套期保值和其他期货套期保值一样，其基本原理是利用股指期货与股票现货之间的类似走势，通过在期货市场进行相应的操作来管理现货市场的头寸风险。

（1）空头保值，由于股指期货的套利操作，股指期货的价格和股票现货（股票指数）之间的走势是基本一致的，如果两者步调不一致到足够程度，就会引发套利盘介入，在这种情况下，如果保值者持有一篮子股票现货，预测当前股票市场可能会下跌，若直接卖出股票，他的成本会很高，于是选择在股指期货市场建立空头，当股票市场下跌的时候，股指期货可以获利，以此弥补股票现货出现的损失。

（2）多头保值，一个投资者预期要几个月后投资股票市场，但他觉得如今的股票市场很有吸引力，要等上几个月的话，可能会错失建仓良机，于是他可以在股指期货上先建立多头头寸，等到未来资金到位后，股票市场确实上涨了，建仓成本提高了，但股指期货平仓获得的盈利可以弥补现货成本的提高，于是该投资者通过股指期货锁定了现货市场的成本。

2. 投机交易

股指期货提供了高风险的投机机会。其中一个简单的投机策略是预测市场走势利用股指期货以获取利润。若预期市场价格回升，投资者便购入期货合约并预期期货合约价格将上升，相对于投资股票，其低交易成本及高杠杆比率使股指期货更加吸引投资者。投资者也可考虑购入那个交易月份的合约或投资于恒生指数或分类指数期货合约。

另一个比较保守的投机方法是利用两个指数间的差价来套利，若投资者预期地产市道将回升，但同时希望降低市场风险，他们便可以利用地产分类指数及恒生指数来套利，持有地产好仓而恒生指数淡仓来进行套利。

类似的方法也可利用同一指数但不同合约月份来达到。通常远期合约对市场的反应是较短期合约和指数为大的。若投机者相信市场指数将上升但不愿意承受预测错误的后果，他可购入远期合约而同时沽出现月合约；但需留意远期合约可能受交投薄弱的影响而出现低变现机会的风险。

利用不同指数做分散投资，可以降低风险但同时也降低了回报率。一项保守的投资策略，最后可能在完全避免风险的情况下得不到任何的投资回报。

股指期货也可作为对冲股票组合的风险，即该对冲可将价格风险从对冲者转移到投机者身上。这便是期货市场的一种经济功能。对冲是利用期货来固定投资者的股票组合价值。若在该组合内的股票价格的涨跌跟随着市场价格的变动，投资一方的损失便可由另一方的获利来对冲。若获利和损失相等，该类对冲叫作完全对冲。在股市指数期货市场中，完全对冲会带来无风险的回报率。

事实上，对冲并不是那么简单。若要取得完全对冲，所持有的股票组合回报率需完全等于股指期货合约的回报率。

因此，对冲的效果受以下因素决定：

（1）该投资股票组合回报率的波动与股指期货合约回报率之间的关系，这是指股票组合的风险系数（beta）。

（2）指数的现货价格及期货价格的差距，该差距叫作基点。在对冲的期间，该基点可能是很大或是很小，若基点改变（这是常见的情况），便不可能出现完全对冲，越大的基点改变，完全对冲的机会便越小。

现行市场唯一提供的是指定股票指数期货。投资者手持的股票组合的价格是否跟随指数与基点差距的变动是会影响对冲的成功率的。

基本上有两类对冲交易：沽出（卖出）对冲和揸入（购入）对冲。

沽出对冲是用来保障未来股票组合价格的下跌。在这类对冲下，对冲者出售期货合约，这便可固定未来现金售价以及将价格风险从持有股票组合者转移到期货合约买家身上。进行沽出对冲的情况之一是投资者预期股票市场将会下跌，但投资者却不愿意出售手上持有的股票；他们便可沽空股指期货来补偿持有股票的预期损失。

购入对冲是用来保障未来购买股票组合价格的变动。在这类对冲下，对冲者购入期货合约，例如，基金经理预测市场将会上升，于是他希望购入股票；但若用作购入股票的资金未能及时筹集，他便可以购入股指期货，当有足够资金时便出售该期货并购入股票，期货所得便会抵销以较高价格购入股票的成本。

3. **套利**

指股指期货与股指现货之间、股指期货不同合约之间的不合理关系进行套利的交易行为。股指期货合约是以股票价格指数作为标的物的金融期货和约，期货指数与现货指数（沪深300）维持一定的动态联系。但是，有时期货指数与现货指数会产生偏离，当这种偏离超出一定的范围时（无套利定价区间的上限和下限），就会产生套利机会。利用期指与现指之间的不合理关系进行套利的交易行为叫无风险套利（Arbitrage），利用期货合约价格之间不合理关系进行套利交易的交易行为叫价差交易（Spread Trading）。

股指期货与现货指数套利，指投资股票指数期货合约和相对应的一揽子股票的交易策略，以谋求从期货、现货市场同一组股票存在的价格差异中获取利润。

一是当期货实际价格大于理论价格时，卖出股指期货合约，买入指数中的成分股组合，以获得无风险套利收益。

二是当期货实际价格低于理论价格时，买入股指期货合约，卖出指数中的成分股组合，以获得无风险套利收益。

第一，当预测股市将上涨时，可买入股票现货增加持仓，也可以买入股票指数期货合约。这两种方式在预测准确时都可盈利。相比之下，买卖股票指数期货的交易手续费比较便宜。

第二，当预测股市将下跌时，可卖出股票现货，也可卖出股指期货合约。卖出现货是将以前的账面盈利变成实际盈利，是平仓行为。而卖出股指期货合约，是从将来的正确预测中获利，是开仓行为。由于有了卖空机制，当股市下跌时，即使手中没有股票，也能通过卖出股指期货合约获得盈利。

第三，对持有股票的长期投资者，或者出于某种原因不能抛出股票的投资者，在对短期市场看淡的时候，可通过出售股指期货，在现货市场继续持仓的同时，可以锁定利润、转移风险。

与股票现货交易不同，股指期货交易实行保证金制度。

例如，2013年11月1号，A股大盘点位是2150点，股指1311合约点位是2390，因为股指标的物是沪深300只权重股，所以股指1311合约点位比A股大盘点位高240点。2013年11月5日股指最高2398点，最低2366点，波动32个点，如果能从低点2366买进高点2398卖出，那么1手股指就可以赢利32点×300元/点=9600元，买一手股指所需的资金8万元，2013年11月5日的股指期货赢利超过10%，现实中能把握

2013 年 11 月 5 日的波动 70% 就是很不错了，即 20 多点 6000 多元收入。

二、交易原则

（1）顺势交易，右侧交易。

（2）资金管理。

（3）做好止损。

（4）心态是关键。

（5）严守纪律。

（6）保持开放的思维。

 阅读材料

股指期货套利案例

在 2007 年 3 月 5 日 13 点 40 分沪深 300 指数期货合约 0703 的点数是 1604.1 点，沪深 300 指数的点数是 2431 点，二者之间的价差高达 170.4 点，每点价格是 300 元，相当于通过期货现货之间的套利可以获得 $170.4 \times 300 = 51120$ 元的收益。

具体的操作方法是：卖出沪深 300 指数期货合约 0703，同时买入 ETF 组合（相当于买入沪深 300 指数的现货），实盘操作中，由于期货合约 0703 的价格有小幅度的上升，所以期货建仓时 0703 以 2604 点的价格成交，同时买入了 729900.4 元的上证 50ETF 和深圳 100ETF 组合，这样锁定的套利利润空间是 51329.6 元，与预期的套利收益基本相一致。

实际操作中需要的资金量，卖空沪深 300 指数期货合约 0703 需要的保证金为 62498 元，同时买入 ETF 组合需要冻结的资金为 729900.4 元，这样进行套利完成建仓任务总共需要冻结的资金为 792398.8 元，建仓时套利的交易成本是 465 元，因此完成建仓交易需要的资金为 792864 元。

按照中国金融期货交易所的规定，沪深 300 指数期货合约的最后交易日为到期月的第三个星期五。如 IF0607 合约，该合约最后交易日为 2006 年 7 月 21 日。同时最后交易日也是最后结算日。这天收盘后交易所将根据交割结算价进行现金结算。沪深 300 指数期货合约 0703 到期日为 2007 年 3 月 16 日，如果持有到期日将获得的利润约为 5 万元，历时 11 日。

由于在 3 月 6 日 14:36 时沪深 300 指数期货合约 0703 与现货（ETF 组合，同时将组合转化成点数与期货合约进行比较）之间的差价降低为 81.22 点，考虑到此时平仓历时两日就可以获得 90 点，相当于 27000 元的收益，收益率为 3.3%，折合成月收益率为 50%。因此决定平仓。

在 3 月 6 日 14:36 时，进行平仓操作，即以 2607 点买入沪深 300 指数期货合约 0703 进行期货平仓，同时卖出上证 50ETF 和深圳 100ETF 组合进行现货平仓，现货方

面以757734元完成交易。平仓时期货和现货的交易成本是479元。

至此完成了整个套利的交易过程，套利的净利润是26020元，套利交易需要冻结的资金为792863元，净利润率为3.3%，历时两日，折合成月收益率为50%。

实验十五　期货模拟交易

实验内容：

1. 了解我国主要期货市场交易品种及交易规则。
2. 使用期货模拟软件进行模拟交易。
3. 了解影响期货价格的因素。
4. 掌握保证金证制、强制平仓和杠杆效应。

实验报告十五

1. 目标期货品种简介。

2. 目标期货品种交易规则。

3. 模拟交易明细。

4. 交易评价。

第十章 黄金投资

第一节 黄金市场概述

一、黄金概述

贵金属主要指金、银和铂族金属（钌、铑、钯、锇、铱、铂）等 8 种金属元素。这些金属大多数色泽美丽，对化学药品的抵抗力相当大，在一般条件下不易引起化学反应。

金，又称黄金，化学元素符号为 Au，是一种带有黄色光泽的金属。黄金具有良好的物理属性，稳定的化学性质、高度的延展性及数量稀少等特点，因此常被应用于电子电器、航空航天、医疗、首饰等领域。同时在 20 世纪 70 年代以前，还是世界货币，目前依然在各国的国际储备中占有一席之地，是一种同具时货币属性和金融投资属性的特殊商品。

黄金的传统作用，可以分为以下四种：有国家的国际储备、资产投资保值的工具、美化生活的首饰和工业、医疗领域的原材料。

二、黄金投资特点

1. 价值稳定，是对抗通胀的最理想武器

（1）股市：1969—2010 年，道琼斯指数 1000 ~ 12000 点的水平，40 年 12 倍回报。

（2）黄金：1970—2010 年，官价 35 ~ 1700 美元/盎司，40 年超过 48 倍回报。

2. 公信度高，认可度高、馈赠转让抵押最好的品种

（1）房产抵押：抵押率 30% ~ 70%。

（2）黄金：抵押率 90% 左右。

3. 财富传承、合理避税

4. 市场成熟，被操纵的可能性比较小

目前，多种数据分析表明，黄金市场每日成交量超过万亿美元水平，不存在内幕交易以及庄家操纵。

5. 黄金市场是全球市场如图 10 - 1 所示

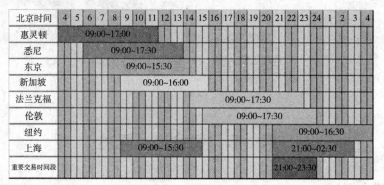

北京时间	4	5	6	7	8	9	10	11	12	13	14	15	16	17	18	19	20	21	22	23	24	1	2	3	4
惠灵顿		09:00~17:00																							
悉尼				09:00~17:30																					
东京					09:00~15:30																				
新加坡						09:00~16:00																			
法兰克福												09:00~17:30													
伦敦													09:00~17:30												
纽约																		09:00~16:30							
上海						09:00~15:30												21:00~02:30							
重要交易时间段																		21:00~23:30							

图 10 - 1　全球黄金市场交易时间

全球黄金市场主要分布在欧、亚、北美三个区域。欧洲以伦敦、苏黎世黄金市场为代表；亚洲主要以香港为代表；北美主要以纽约、芝加哥和加拿大的温尼伯为代表。

黄金市场是一个全球性的市场，可以 24 小时在世界各地不停交易。黄金很容易变现，可以迅速兑换成任何一种货币，形成了黄金、本地货币、外币三者之间的便捷互换关系，这是黄金在当代仍然具备货币与金融功能的一个突出表现。

三、影响黄金价格的因素

1. 美元汇率
黄金价格一般与美元汇率走势相反。当美元贬值时，金价往往上涨，反之亦然。

2. 通货膨胀率
黄金历来是防止通货膨胀的一种手段。如果通货膨胀率高，则金价上涨。

3. 利率
由于黄金不能生息，如果货币利率较高，则投资黄金的机会成本较高，相对于其他生息资产，黄金的吸引力就削弱了。

4. 政治因素
黄金还是一种防止战乱等天灾人祸的手段。因此当国际政治局势紧张时，人们往往会投资黄金。

5. 经济因素
由于黄金主要用来加工首饰，当经济情况好时，首饰需求旺盛，带动了对黄金的需求，因此，有利于黄金价格的上涨。

第二节　黄金交易品种

一、实物金

实物金买卖包括金条、金币和金饰等交易，以持有黄金作为投资。一般的金饰买入及卖出价的差额较大，视作投资并不适宜，金条及金币由于不涉及其他成本，是实金投资的最佳选择。但需要注意的是持有黄金并不会产生利息收益。

金币有两种，即纯金币和纪念性金币。纯金币的价值基本与黄金含量一致，价格也基本随国际金价波动，具有美观、鉴赏、流通变现能力强和保值功能。纪念金币，对于普通投资者来说较难鉴定其价值，因此对投资者的素质要求较高，主要为满足集币爱好者收藏，投资增值功能不大。

黄金现货市场上实物黄金的主要形式是金条和金块，也有金币、金质奖章和首饰等。金条有低纯度的砂金和高纯度的条金，条金一般重 400 盎司。市场参与者主要有黄金生产商、提炼商，中央银行，投资者和其他需求方，其中黄金交易商在市场上买卖，经纪人从中搭桥赚佣金和差价，银行为其融资。黄金现货报盘价差一般为每盎司 0.5～1 美元，如纽约金市周五收盘报 297.50/8.00 美元，此前某日收盘报 299.00/300.00。盎司为度量单位，1 盎司相当于 28.35 克。

黄金现货投资有两个缺陷：须支付储藏和安全费用，持有黄金无利息收入。于是通过买卖期货暂时转让所有权可免去费用并获得收益。每口期货合约为 100 盎司。中央银行一般不愿意通过转让所有权获得收益，于是黄金贷款和拆放市场兴起。

二、纸黄金

"纸黄金"交易没有实金介入，是一种由银行提供的服务，投资者无须通过实物的买卖及交收而采用记账方式来投资黄金。由于不涉及实金的交收，交易成本可以更低。值得留意的是，虽然它可以等同持有黄金，但是户口内的"黄金"一般不可以换回实物，如想提取实物，只有补足足额资金后，才能换取。最低投资 10 克起，交易无手续费。

三、黄金保证金

保证金交易品种：Au（T+5）、Au（T+D）。

Au（T+5）交易是指实行固定交收期的分期付款交易方式，交收期为 5 个工作日（包括交易当日）。买卖双方以一定比例的保证金（合约总金额的 15%）确立买卖合约，合约不能转让，只能开新仓，到期的合约净头寸即相同交收期的买卖合约轧差后的头寸必须进行实物交收，如买卖双方一方违约，则必须支付另一方合同总金额 7% 的违约金，如双方都违约，则双方都必须支付 7% 的违约金给黄金交易所。

Au（T+D）交易是指以保证金的方式进行的一种现货延期交收业务，买卖双方以一定比例的保证金（合约总金额的 10%）确立买卖合约，与 Au（T+5）交易方式不同的是该合约可以不必实物交收，买卖双方可以根据市场行情的变化，买入或者卖出以平掉持有的合约，在持仓期间将会发生每天合约总金额万分之二的递延费（其支付方向要根据当日交收申报的情况来定，例如，如果客户持有买入合约，而当日交收申报的情况是收货数量多于交货数量，那么客户就会得到递延费，反之则要支付）。如果持仓超过 20 天则交易所要加收按每个交易日万分之一的超期费（目前是先收后退），

如果买卖双方选择实物交收方式平仓，则此合约就转变成全额交易方式，在交收申报成功后，如买卖双方一方违约，则必须支付另一方合同总金额7%的违约金，如双方都违约，则双方都必须支付7%的违约金给黄金交易所。

四、黄金期货

一般而言，黄金期货的购买者、销售者，都在合同到期日前出售和购回与先前合同相同数量的合约，也就是平仓，无须真正交割实金。每笔交易所得利润或亏损，等于两笔相反方向合约买卖差额。这种买卖方式，才是人们通常所称的"炒金"。黄金期货合约交易只需10%左右交易额的定金作为投资成本，具有较大的杠杆性，少量资金推动大额交易。所以，黄金期货买卖又称"定金交易"。

世界上大部分黄金期货市场交易内容基本相似，主要包括保证金、合同单位、交割月份、最低波动限度、期货交割、佣金、日交易量、委托指令。

合约单位。黄金期货和其他期货合约一样，由标准合同单位乘合同数量来完成。纽约交易所的每标准合约单位为100盎司金条或3块1千克的金条。

最低波幅和最高交易限度。如同目前证券市场上的涨停和跌停。最低波幅是指每次价格变动的最小幅度，如每次价格以10美分的幅度变化；最高交易限度是指每次价格变动的最高幅度，如纽约交易所规定每天的最高波幅为75美分。

期货交付。购入期货合同的交易商，有权在期货合约变现前，在最早交割日以后的任何时间内获得拥有黄金的保证书、运输单或黄金证书。同样，卖出期货合约的交易商在最后交割日之前未做平仓的，必须承担交付黄金的责任。世界各市场的交割日和最后交割日不同，投资者应加以区分。如有的规定最早交割日为合约到期月份的15日，最迟交割日为该月的25日。一般期货合约买卖都在交割日前平仓。

当日交易。期货交易可按当天的价格变化，进行相反方向的买卖平仓。当日交易对于黄金期货成功运作来说是必需的，因为它为交易商提供了流动性。而且当日交易无须支付保证金，只要在最后向交易所支付未平仓合约时才支付。

指令。指令是顾客给经纪人买卖黄金的命令，目的是为防止顾客与经纪人之间产生误解。指令包括：行为（是买还是卖）、数量、描述（即市场名称、交割日和价格与数量等）及限定（如限价买入、最优价买入）等。

五、黄金期权

期权是买卖双方在未来约定的价位，具有购买一定数量标的的权利而非义务。如果价格走势对期权买卖者有利，会行使其权利而获利。如果价格走势对其不利，则放弃购买的权利，损失只有当时购买期权时的费用。由于黄金期权买卖投资战术比较多并且复杂，不易掌握，目前世界上黄金期权市场不太多。

六、黄金股票

所谓黄金股票，就是金矿公司向社会公开发行的上市或不上市的股票，所以又可以称为金矿公司股票。由于买卖黄金股票不仅是投资金矿公司，而且还间接投资黄金，因此这种投资行为比单纯的黄金买卖或股票买卖更为复杂。投资者不仅要关注金矿公司的经营状况，还要对黄金市场价格走势进行分析。

七、黄金基金

黄金基金是黄金投资共同基金的简称，所谓黄金投资共同基金，就是由基金发起人组织成立，由投资人出资认购，基金管理公司负责具体的投资操作，专门以黄金或黄金类衍生交易品种作为投资标的的一种共同基金。由专家组成的投资委员会管理。黄金基金的投资风险较小、收益比较稳定。

八、黄金凭证

黄金凭证，又叫黄金管理账户，是指经纪人全权处理投资者的黄金账户，属于风险较大的投资方式，关键在于经纪人的专业知识和操作水平及信誉。一般来讲，提供这种投资的企业具有比较丰富的专业知识，收取的费用不高。同时，企业对客户的要求也比较高，要求的投资额比较大。

黄金凭证是国际上比较流行的一种黄金投资方式。银行和黄金销售商提供的黄金凭证，为投资者提供了免于储存黄金的风险。发行机构的黄金凭证，上面注明投资者随时提取所购买黄金的权利，投资者还可按当时的黄金价格将凭证兑换成现金，收回投资，也可通过背书在市场上流通。投资黄金凭证要对发行机构支付一定的佣金，一般而言佣金和实金的存储费大致相同。

投资黄金凭证的优点是该凭证具有高度的流通性，无储存风险，在世界各地可以得到黄金保价，对于大机构发行的凭证，在世界主要金融贸易地区均可以提取黄金。

缺点是购买黄金凭证占用了投资者不少资金，对于提取数量较大的黄金，要提前预约，有些黄金凭证信誉度不高。为此，投资者要购买有当地监管当局认可证书的机构凭证。

案例：工商银行积存金

积存金业务是客户在工行开立积存金账户，并签订积存协议，采取定期积存（约定每月扣款金额）或主动积存的方式，按确定金额购入工行以黄金资产为依托的黄金资产权益（积存金），该权益可以赎回或兑换贵金属实物产品。

由于投资者采取定期积存可长期分批小额买入黄金，因而可降低在不当时候做出大额投资的风险。投资者可于合约期（通常最少一年）内任何积存金交易日，或在结束账户时，选择兑换贵金属实物产品，若投资者决定出售积存金，便可在交易日内按当日积存金价格变现。

九、我国黄金投资渠道（见表 10－1）

表 10－1　　　　　　　我国黄金投资渠道

交易场所	上海黄金交易所	商业银行柜台/网站	上海期货交易所	现货黄金电子交易平台
交易品种	Au（T＋D）（现货延期）	纸黄金、实物金、积存金	黄金期货	现货黄金
交易时间	9:45～11:30 13:30～15:30 21:15～23:30	营业时间/24 小时	9:00～11:30 13:00～15:00	24 小时
交易方向	双向	单向	双向	双向
手续费	0.3%	0.8 元/克		
按金（杠杆）	15%	100%	11%	1%
最小交易量	1000 克	10 克/200 元（积存金）/1g（纸黄金）	1000 克	10 盎司（311.04 克）

实验十六　工商银行贵金属交易品种

实验内容：

1. 了解工商银行贵金属交易品种。

2. 工商银行贵金属行情及交易费用。

实验报告十六

1. 工商银行贵金属交易品种、最小投资额、交易规则、手续费。

2. 以上各品种价格走势。

实验十七　上海黄金交易所模拟交易

实验内容：

1. 了解上金所交易品种及交易规则。

2. 模拟交易。

实验报告十七

1. 上金所交易品种及交易规则。

2. 模拟交易。

实验十八　上海期货交易所黄金模拟交易

实验内容：

1. 了解上海期货交易所黄金期货合约。

2. 了解近期黄金期货价格走势。

3. 模拟交易。

实验报告十八

1. 上海期货交易所黄金期货合约交易规则。

2. 黄金期货主要价格及走势。

实验十九　黄金交易平台模拟交易

实验内容：

1. 了解黄金交易品种。

2. 学习交易软件使用。

3. 分析行情，模拟交易。

实验报告十九

1. 黄金交易平台交易规则。

2. 模拟交易。

第十一章　外汇投资

第一节　外汇市场概述

一、外汇品种

目前市场上最主要的外汇品种有：美元（USD）、英镑（GBP）、欧元（EUR）、日元（JPY）、瑞士法郎（CHF）、加拿大元（CAD）、澳大利亚元（AUD）、新西兰元（NZD）。

其他主要交易币种有人民币（RMB）、港币（HKD）、俄罗斯卢布（SUR）、新加坡元（SGD）、韩国元（KRW）、泰铢（THB）等。

二、外汇汇率

1. 汇率（Foreign Exchange Rate）

汇率又称"汇价""外汇汇率""外汇行市""外汇价格"，是指一国货币兑换另一国货币的比率或比价，或用一国货币单位来表示另一国货币单位的价格。

（1）直接标价法，又叫应付标价法，是以一定单位的外国货币为标准来计算应付出多少单位本国货币。就相当于计算购买一定单位外币所应付多少本币，所以就叫应付标价法。在国际外汇市场上，包括中国在内，世界上绝大多数国家目前都采用直接标价法。

（2）间接标价法又称应收标价法。它是以一定单位的本国货币为标准来计算应收若干单位的外国货币。

（3）美元标价法又称纽约标价法，是指在纽约国际金融市场上，除对英镑用直接标价法外，对其他外国货币用间接标价法的标价方法。

2. 外汇汇率的"点"（point）

在外汇市场上汇率多以 5 位数表示，例如，GBP/USD1.4750；对日元的报价通常是小数点后 2 位，如 USD/JPY97.04。

从右边向左边数过去，第一位称为"X 个点"，它是汇率变动的最小单位。

例如：1 欧元 = 1.1011 美元；1 美元 = 120.55 日元，欧元兑美元从 1.1010 变为 1.1015，称欧元兑美元上升了 5 点，美元兑日元从 120.50 变为 120.00，称美元兑日元下跌了 50 点。

3. 点差（差价）

与其他金融商品一样，外汇交易中有买入价（卖方要价）和卖出价（买方出价）。

买入价和卖出价之间的差额就称之为"点差（差价）"。差价有特定形式来表示，例如，GBP/USD＝1.5545/50 就意味着 1GBP 的买方出价是 1.5545 USD，而卖方要价为 1.5550 USD。当中的点差（差价）为 5 个点。

4. 交叉汇率

在国际市场上，几乎所有的货币兑美元都有一个兑换率。一种非美元货币对另外一种非美元货币的汇率，往往就需要通过这两种对美元的汇率进行套算，这种套算出来的汇率就称为交叉汇率。交叉汇率的一个显著特征是一个汇率所涉及的是两种非美元货币间的兑换率。

5. 直盘和交叉盘

主要交易货币 USD、GBP、EUR、JPY、CHF、AUD、CAD、NZD 可以组合成多种货币对，外汇交易总是以货币对的形式来表示的（如 GBP/USD、GBP/JPY、EUR/USD、USD/JPY 等）。

在外汇交易的货币对中，凡是跟 USD 兑换的称为"直盘"，例如，EUR/USD、GBP/USD、USD/JPY、USD/CHF 等。

在货币对中没有 USD 的称为"交叉盘"，例如，EUR/GBP、GBP/JPY、EUR/JPY、EUR/CAD 等。

6. 基础货币

在所有货币对中（如 GBP/USD、USD/JPY 等）前面的货币通常称为"基础货币"；后面的货币通常称为"对应货币"。

例如，GBP/USD＝1.7200 时买入 10 万 GBP，就是卖出（或支付）17.2 万 USD，买进（持有）10 万 GBP 的意思。

7. 现钞和现汇

现钞主要指的是由境外携入或个人持有的可自由兑换的外国货币，是个人持有的外国钞票。现汇是指外国汇入或由境外携入、寄入的外币票据和凭证，如境外汇款或旅行支票，它是账面上的外币金额。

8. 买入汇率、卖出汇率

买入汇率又称买入价，是银行从客户或同业买入外汇时所使用的价格（汇率）；卖出汇率又称卖出价，是银行向客户或同业卖出外汇时所使用的价格（汇率）。

银行外汇买入价和卖出价之间有一定差价，一般为 0.1%～0.5%，作为银行买卖外汇业务的收益。外汇银行所报的两个汇率中，在直接标价法下，前者是银行买入价，后者是银行卖出价；在间接标价法下，前者是银行卖出价，后者是银行买入价。

例如，某日巴黎外汇市场和伦敦外汇市场的报价如下：

巴黎　　　　USD1＝FRF7.2785～7.2895

（直接标价法）　　（买入价）　　（卖出价）

伦敦　　　　GBP1＝USD1.4405～1.4420

（间接标价法）　　（卖出价）　　（买入价）

9. 中间价和现钞价

买入价与卖出价的平均数是中间汇率，又称为中间价；现钞价是银行买入外币现钞的汇率，又称现钞买入价。

练习

按表 11 - 1 汇率报价计算：

1. 客户需要兑换 1000 英镑，应支付多少人民币？

2. 如果客户突然接到通知不去英国，他手中的 1000 镑兑换回人民币，是多少钱？

表 11 - 1　　　　　　　　　　外汇牌价示例

货币名称	现汇买入价	现钞买入价	卖出价	基准价	中行折算价	发布时间
英镑	1487.58	1456.21	1499.53	1492.21	1492.21	11:56:35
港币	98.77	97.98	99.15	99	99	11:56:35
美元	772.05	765.86	775.15	773.86	773.86	11:56:35
瑞士法郎	632.37	619.03	637.44		635.9	11:56:35
新加坡元	504.77	494.13	508.82		507.09	11:56:35
瑞典克朗	109.34	107.04	110.22		109.81	11:56:35
丹麦克朗	136.25	133.38	137.34		136.86	11:56:35
挪威克朗	124.55	121.93	125.55		125.12	11:56:35
日元	6.6186	6.4791	6.6718	6.6816	6.6816	11:56:35
加拿大元	654.38	640.59	659.64		656.9	11:56:35
澳大利亚元	598.07	585.46	602.87		600.6	11:56:35

10. 基本汇率、套算汇率

基本汇率是指一国货币对关键货币的比率；套算汇率是指两种货币通过各自对第三种货币的汇率计算出的汇率。

11. 远期汇率

买卖双方为未来约定办理交割的外汇商定的汇价。

直接报价法即直接将各种不同交割期限的期汇的买入价和卖出价表示出来，与现汇报价相同。日本、瑞士等国银行采取这种方法。

远期差价或掉期率报价，即报出期汇汇率偏离即期汇率的值或点数。英、美、德、

法等国采用此法。如表 11 - 2 所示。

表 11 - 2 远期外汇报价示例

币种	即期汇率	1 个月	2 个月	3 个月	6 个月	12 个月
英镑 GBP	1.6180/90	39/36	81/77	123/119	248/243	448/438
德国马克 DEM	1.9698/08	52/50	95/92	134/131	234/229	425/415
瑞朗 CHF	1.7575/80	35/32	65/61	95/91	187/180	370/350
荷兰盾 NLG	22195/10	50/48	93/90	132/128	240/230	435/420
法郎 FRP	6.6680/30	62/57	115/105	140/130	230/210	375/325
日元 JPY	138.75/85	59/57	112/110	163/161	304/300	565/555
欧元 EUR	1.0588/98	11/12	17.5/19.5	22/24	23/28	24/23

远期差价有升水、贴水、平价三种形式：

（1）升水表示期汇比现汇贵。

（2）贴水表示期汇比现汇便宜。

（3）平价表示期汇等于现汇。

在直接标价法下：远期汇率 = 即期汇率 + 升水或远期汇率 = 即期汇率 - 贴水

在间接标价法下：远期汇率 = 即期汇率 - 升水/或远期汇率 = 即期汇率 + 贴水

例 1：在巴黎外汇市场上，美元即期汇率为 USD1 = FRF5.1000，三个月美元升水 500 点，六个月美元贴水 450 点。则三个月期美元汇率为：

$$USD1 = FRF（5.1000 + 0.0500）= FRF5.1500$$

六个月期美元汇率为：

$$USD1 = FRF（5.1000 - 0.0450）= FRF5.0550$$

例 2：在伦敦外汇市场上，美元即期汇率 GBP1 = USD1.5500，一月期美元升水 300 点，二月期美元贴水 400 点。

则在间接标价法下，一月期美元汇率为 GBP1 = USD（1.5500 - 0.0300）= 1.5200

二月期美元汇率为：

$$GBP1 = USD（1.5500 + 0.0400）= 1.5900$$

在实际外汇交易中，也要报出远期外汇的买入价和卖出价。

在直接标价法下，如远期外汇为升水，则报出的远期差价形如"小数～大数"。如远期外汇为贴水，则为"大数～小数"。

例 3：某日香港外汇市场外汇报价如下

即期汇率：USD1 = HKD7.7800～7.8000

一月期 USD 升水　　　　30～50（小数～大数）

三月期 USD 贴水　　　　45～20（大数～小数）

则远期汇率的买卖价分别是

直接标价法　银行买入价　银行卖出价

即期汇率：　　　　USD1 = HKD 7.7800 ~ 7.8000

升水（＋）　　　　　　0.0030 ~ 0.0050

一月期远期汇率：USD1 = 7.7830 ~ 7.8050

贴水（－）　　　　　0.0045 ~ 0.0020

三月期远期汇率：USD1 = 7.7755 ~ 7.7980

在间接标价法下，如远期外汇为升水，则报出的远期差价形如"大数 ~ 小数"；如远期外汇贴水，则报出的远期差价形如"小数 ~ 大数"

例4：某日纽约外汇市场外汇报价为

即期汇率：　　　　USD1 = FRF7.2220 ~ 7.2240

六月期 FRF 升水　　　200 ~ 140（大数 ~ 小数）

九月期 FRF 贴水：　　100 ~ 150（小数 ~ 大数）

则远期汇率分别为：

六月期升水：　　　7.2020 ~ 7.2100

九月期贴水：　　　7.2320 ~ 7.2390

三、汇率变动影响因素

1. 经济因素

（1）通货膨胀率的差异，通货膨胀是导致汇率变动的主要的、长期的并且有规律的因素；

（2）国际收支状况，国际收支是某一国对外经济活动的综合反应，它对该国货币汇率有着直接的影响；

（3）经济增长率的差异；

（4）利率差异，利率的高低会影响一国金融资产的吸金能力；

（5）外汇储备的高低；

（6）财政收支状况；

（7）经济数据。

2. 心理预期因素

在外汇交易市场上，人们买卖某种货币跟他们对今后汇率变动的心里预期有很大的关系。假如投资者认为某种货币的汇率可能下降，为了获利或者避免损失，就会大量抛出此货币，反之则会大量买入。

3. 信息因素

信息因素对汇率变动具有较强的影响，由于各国金融市场紧密联系，市场上任何微小的盈利机会都会诱发资金大规模的移动。

4. 政府干预因素

政府对外汇市场的干预主要有四种途径：

（1）直接在外汇市场上买卖外汇；

（2）调整国内财政政策和货币政策；

（3）在国际范围内发表一些表态性言论来影响市场；

（4）与其他国家合作，直接干预或者通过政策协调间接干预外汇市场。

5. 市场情绪因素

市场情绪是指在证券市场中，大多数投资者共同的情绪。一般有下几种表现：

（1）乐观情绪；

（2）谨慎乐观；

（3）悲观情绪；

（4）观望情绪。

6. 技术因素

（1）支撑位；

（2）阻力位；

（3）盘整；

（4）回调节。

四、外汇市场

世界外汇市场是由各国际金融中心的外汇市场构成的，是一个国际化的市场。最重要的有伦敦、纽约、东京、悉尼、惠灵顿、中国香港等。这些外汇市场分别在不同的时区，在时间上互相延续，形成24小时不间断的全球外汇市场。

世界主要外汇市场开市时间（北京时间）如表 11-3 所示。

表 11-3　　　　　世界主要外汇市场开市时间（北京时间）

外汇市场	开市时间
惠灵顿	04:00～13:00
悉尼	06:00～15:00
东京	08:00～14:00
中国香港	09:00～17:00
新加坡	09:00～17:00
巴林	14:00～22:00
法兰克福	15:00～23:00（冬令时间 16:00～00:00）
伦敦	15:30～23:30（冬令时间 16:30～00:30）
纽约	20:20～03:00（冬令时间 21:20～04:00）

每年四月的第一个星期的周一是为夏令时间的开始；每年十月最后一个星期的周一是为冬令时间的开始。伦敦市场与纽约市场同时营业的几个小时是一天中外汇交易的高峰期。

悉尼外汇市场是每天全球最早开市的外汇交易市场之一。通常汇率波动较为平静，交易品种以澳元、新西兰元和美元为主。

东京外汇市场的交易品种较为单一，主要集中在日元兑美元和日元兑欧元。日本作为出口大国其进出口贸易的收付较为集中，因此具有易受干扰的特点。

伦敦外汇市场交易货币种类众多，经常有三十多种，其中交易规模最大的为英镑兑美元的交易，其次是英镑兑欧元、瑞郎和日元等。

纽约外汇市场是重要的国际外汇市场之一，其日交易量仅次于伦敦。目前占全球90%以上的美元交易最后都通过纽约的银行间清算系统进行结算，因此纽约外汇市场成为美元的国际结算中心。除美元外，各主要货币的交易币种依次为欧元、英镑、瑞郎、加元、日元等。

中国香港外汇市场，中国香港是自由港，是远东地区重要的国际金融中心。在香港外汇市场中，美元是所有货币兑换的交易媒介。港币与其他外币不能直接兑换，必须通过美元套购，先换成美元，再由美元折成所需货币。

其他外汇市场，如法兰克福外汇市场，巴黎外汇市场，新加坡外汇市场。

第二节　外汇交易

一、即期外汇交易

即期外汇交易是指在外汇买卖成交后，原则上在两个工作日内办理交割的外汇交易。即期交易采用即期汇率，通常为经办外汇业务银行的当日挂牌牌价，或参考当地外汇市场主要货币之间的比价加一定比例的手续费。

1. 即期汇率套算

由于国际外汇市场的报价大都采用美元标价法，因此就产生了其他国家货币之间的汇率需要通过美元进行套算的问题。

（1）美元为基准货币。

例：1 美元 = 1.2680/1.2690 瑞士法郎

1 美元 = 7.7920/7.7940 港币

问：瑞士法郎对港币的汇率，港币对瑞士法郎的汇率。

解：瑞士法郎的买入汇率：　　　　7.7920/1.2690 = 6.1403

瑞士法郎的卖出汇率：　　　　7.7940/1.2680 = 6.1467

1 瑞士法郎 = 6.1403/6.1467 港币

港币的买入汇率：　　　　1.2680/7.7940 = 0.1627

港币的卖出汇率：　　　　　　　　1. 2690/7. 7920 = 0. 1629

1 港币 = 0. 1627/0. 1629 瑞士法郎

（2）美元为标价货币。

例：1 英镑 = 1. 5080/1. 5090 美元

1 加元 = 0. 7280/0. 7285 美元

问：英镑对加元的汇率

加元对英镑的汇率

解：第一步：换算成美元为基准货币的格式

1 美元 = （1/1. 5090）／（1/1. 5080）英镑

1 美元 = （1/0. 7285）／（1/0. 7280）加元

第二步：套算汇率

英镑买入汇率：（1/0. 7285）／（1/1. 5080）= 2. 0700

英镑卖出汇率：（1/0. 7280）／（1/1. 5090）= 2. 0728

1 英镑 = 2. 0700/2. 0728 加元

加元买入汇率：（1/1. 5090）／（1/0. 7280）= 0. 4824

英镑卖出汇率：（1/1. 5080）／（1/0. 7285）= 0. 4831

1 加元 = 0. 4824/0. 4831 英镑

（3）美元即为标准货币，也为标价货币。

例：1 英镑 = 1. 5080/1. 5090 美元

1 美元 = 1. 2680/1. 2690 瑞士法郎

问：英镑对瑞士法郎的汇率

解：1 美元 = （1/1. 5090）／（1/1. 5080）英镑

1 美元 = 1. 2680/1. 2690 瑞士法郎

英镑的买入汇率：1. 2680/（1/1. 5080）= 1. 9121 瑞士法郎

英镑的卖出汇率：1. 2690/（1/1. 5090）= 1. 9149 瑞士法郎

1 英镑 = 1. 9121/1. 9149 瑞士法郎

2. 即期交易结算日

进行资金交割的日期称为交割日或起息日（Value Date）。在这一天，交易双方互相支付对方所购买的货币。

根据起息日的不同，即期外汇交易可分为以下三种：

（1）标准即期起息交割（Value Spot，VAL SP）：起息日为交易日后的第二个工作日。

（2）翌日交割（Value Tomorrow，VAL TOM）：起息日为交易日后的第一个工作日。

（3）即日交割（Value Today，VAL TOD），起息日为交易日当天。

例：英镑兑美元的交易，若按标准即期起息交割，成交日为 8 月 1 日，交割日应为 8 月 3 日。但是，假如在 8 月 3 日这一天，英国或美国为休息日，则交割延至 8 月 4 日。如果在 8 月 4 日，两国中至少有一国休息，交割日再顺延，直至两国都营业为止。

二、套汇交易

套汇交易是指交易者利用不同地点、不同货币种类、不同的交割期限现在的汇率差异，进行贱买贵卖从中牟利的交易行为。套汇可分为两角套汇和三角套汇（利用交叉汇率）。套汇具有无风险、金额大、用电汇方式等特性。

（1）两角套汇（Two Points Arbitrage），又叫直接套汇（Direct Arbitrage），是指利用两个市场的汇率差，将资金由一个市场调往另一个市场，即由一个市场贱买到另一个市场贵卖的外汇交易。

具体做法：已知两地存在汇率差，在套汇前先计算电传、佣金等套汇费用，如果套汇利润大于套汇费用，就可套汇，否则无利可图。

例：同一时间内，伦敦和纽约外汇市场汇率如下：

伦敦市场：GBP/USD1.8230～1.8240。

纽约市场：GBP/USD1.8260～1.8270。

套汇者可在纽约外汇市场用 100 万英镑买过美元 182.6 万，立即通知在伦敦的分行卖出 182.6 万美元，得到 182.6/1.8240＝100.1096 万，如果套汇费用是 1000 英镑，那么套汇赚取 96 英镑。

套汇者也可在伦敦外汇市场用 182.4 万美元买进 100 万英镑，在纽约外汇市场卖出，得到 182.6 万美元，可赚取 2000 美元，若套汇费用为 1824 美元，则净利 176 美元。

规律：将两个市场的汇率牌价统一为直接标价法或间接标价法，将前两个牌价相乘，将后两个牌价倒数相乘，乘积大于 1 即为套汇机会。若一个为直接标价法一个为间接标价法，则后一个牌价若小于另一个的前一个牌价则有套汇机会。无论是直接标价法还是间接标价法，第一个牌价都为客户卖出第一个货币的价格。

（2）三角套汇（Three Points Arbitrage）也叫间接套汇（Indirect Arbitrage），是指利用三个不同地点外汇市场汇率的差异，同时在这三个市场上贱买贵卖，以赚取汇率差额的外汇交易。

例：在同一时间内有如下两种情况，是否存在套汇机会？

伦敦市场 GBP/USD1.8200

法兰克福 GBP/EUR1.3800

纽约市场 EUR/USD1.3280

判断原则：将三个或更多个市场上的汇率转换成用同一标价方法直接标价或间接标价法来表示，然后将得到的数值相乘，如果乘积为 1，则不存在套汇机会，若乘积不为 1，则存在套汇机会。

上述情况下，存在套汇机会：可在法兰克福外汇市场用 100 万英镑买进 138 万欧元；其次，在纽约外汇市场卖出 138 万欧元，买进 183.264 万美元；最后，在伦敦外汇市场卖出 183.264 万美元，买回英镑 100.6945 万，转瞬赚了 6945 英镑。

三、远期外汇交易

是指外汇买卖成交后，货币交割（收、付款）在两个工作日以后进行的交易。外汇市场上的远期外汇交易最长可以做到一年，1～3 个月的远期交易是最为常见的。远期交易又可分为有固定交割日的远期交易和择期远期外汇交易。

1. 特点

远期外汇交易是一种预约交易，所以买卖双方必须签订合同。双方签订合同时，需详细载明买卖者姓名、商号、约定汇率、币种、金额、交割日期和地点。银行与普通私人或信誉不熟悉的企业等客户进行期汇交易时，一般还要求客户提供一定的保证金（交易额的 10%），一旦汇率变动造成的损失超过了保证金，银行还将通知客户增加保证金，至于客户交的押金，银行通常支付存款利息。

2. 远期交易结算日

（1）远期外汇交易的交割按即期交易交割日后的整月或整月的倍数计算。

例：如 4 月 23 日达成 3 个月的远期交易，因为即期交易的交割日是 4 月 25 日，所以 3 个月的远期交易的交割日是 7 月 25 日。

（2）"顺延"的惯例。

例：7 月 8 日达成交易，如果是即期交易，则是 7 月 10 日交割；若是 1 个月期的远期交易，则是 8 月 10 日交割，巧遇 8 月 10 日是节假日，则推迟到下一个营业日交割。

（3）"回推"的惯例，如果远期交易的交割是当月的最后一天，又遇到假日，则交割日回推到前一营业日。

例：3 个月远期交易的交割日是 9 月 30 日，如果这天是星期天，则回推到 9 月 28 日交割，绝对不能推到下个月。

（4）最后一个营业日的结算惯例，如果即期交割日是当月的最后一个营业日，那么即期成交日发生的所有远期交易日也都是相应月份的最后一个交易日。

例：发生于今天的即期交易的交割日是 3 月 28 日，而这一天恰好是三月份的最后一个营业日，那么发生在同一天的两个月远期交易的交割日也应是 5 月的最后一个营业日。如果 5 月 31 日是最后一个营业日，则 5 月 31 日为交割日而非 5 月 28 日。

3. 影响远期升贴水因素

（1）供求因素。

（2）利息率的差异。

在正常的市场条件下，远期汇率的升贴水主要取决于两国的利率水平，并大致与两国的利率差保持平衡。这主要是因为银行在为客户进行远期外汇交易时有可能因两国的利率差而蒙受损失，损失的大小即相当于利差的收益。

例：英国伦敦外汇市场的即期汇率是 1 英镑 = 1.8600 美元，英镑的年利率为 9.5%，美元的年利率为 7%。客户从英国银行买入三个月远期 18600 美元。签约后三个月银行届时必须拿出美元给客户。为了这笔交易，英国银行是买即期美元存放还是到时再买美元？

根据经营外汇业务的原则，英国银行卖出远期美元，就应拿出一定数量的英镑购买相应数量的现汇美元。因此，为了这笔交易，英国银行只能用 10000 英镑购买即期美元存放在美国纽约的银行，以备三个月后向顾客交割。银行损失利息 10000 英镑 × (9.5% - 7%) × 3/12 = 62.5 英镑。对于损失，银行会理所当然地把它转嫁到客户身上，即客户要支付 10062.5 英镑，才能买到三个月远期 18600 美元，而不能像购买即期外汇那样，只支付 10000 英镑。那么，英国银行向客户出卖三个月远期美元的价格应该是 10062.5 英镑 = 18600 美元，即 1 英镑 = 1.8484 美元。即伦敦外汇市场三个月远期美元的汇率应该是 1 英镑 = 1.8484 美元，比即期汇率贴水 1.16 美分。

4. 升贴水的计算

升（贴）水 = 即期汇率 × 两货币年利率差 × 月数/12

利率高的货币，远期汇率是贴水，利率低的货币远期汇率是升水。

例：若即期 1 美元 = 7.7700 人民币，美国年利率为 6%，中国年利率为 3%，则纽约市场三个月期美元对人民币汇率标价是 7.7700 × (6% - 3%) = 0.2331，人民币升水 0.2331。纽约市场 1 美元 = 7.7700 - 0.2331 = 7.5369 人民币。

5. 远期外汇买卖应用

（1）商业远期外汇买卖指进出口商为了避免贸易业务中汇率变动的风险，与外汇银行进行的远期外汇交易。

例：某澳大利亚商人从日本进口商品，需在 6 个月时支付 5 亿日元。签约时即期汇率 AUD/JPY = 75.0000/10，6 月远期差价为 500/400。若付款日即期汇率为 72.0000/10。如果澳商不进行保值性远期外汇交易，将受到多少损失？

澳商立即买进 6 月期日元，支出可固定为 671.14 万澳元（5 亿/74.5 = 671.14 万）。

如果不进行远期交易，6 个月后购入即期，需花费 5 亿/72.0 = 694.44 万。

不进行远期外汇交易，该澳商将损失 23.3 万澳元（694.4 - 671.14）。

（2）金融性远期外汇买卖指外汇银行为避免国际金融业务中汇率变动的风险，相互间进行的远期外汇买卖。

例：纽约某银行存在外汇暴露，3 月期欧元超买 500 万，合约规定的远期汇率是 EUR/USD = 1.3000，若 3 月欧元交割日的即期汇率为 1.2800，那么该行听任外汇暴露存在，其盈亏状况如何？

为履行 3 月欧元合约，该行支出 650 万美元（500 × 1.3000 = 650 万），按即期汇率卖出 500 万欧元该行收入 640 万美元（500 × 1.2800 = 640 万）。听任 3 月欧元暴露，该行亏损 10 万美元（650 - 640 = 10 万美元）。

四、套利交易

套利交易是指利用两个国家之间的利率差异，将资金从低利率国家转向高利率国家，从而牟利的行为。可分为无抛补套利（没有外汇抛补交易，套利收益缺乏保障）和抛补套利（利用不同货币的利率差异，通过远期外汇买卖，消除汇率波动风险，获取无风险套利收益）。

1. 非抵补套利

非抵补套利也叫不抛补套利，是指将资金由低利率货转向高利率货币，从而谋取利差，但不同时进行反向交易轧平头寸的套汇方式。

例：美国的年存款利率为12%，英国的年存款利率为8%，在这样的情况下，资金就会从英国流向美国，牟取高利。英国投资者可以年息8%的利率借入资金，购买美元现汇，存入美国银行，做三个月的短期投资。

如果投资金额100万英镑，通过套利他可获得100万（12% – 8%）×3/12 = 10000英镑，但这是假定美元和英镑之间的汇率在这三个月之内不变的情况下的结果。

如果即期汇率为GBP/USD为1.8，三个月后的汇率为GBP/USD为1.9，那么投资者三个月后可收入投资本息100×1.8×（1 + 12% × 3/12）= 185.4万美元，按GBP/USD为1.9折算约为97.9750万英镑，扣除成本100×（1 + 8% × 3/12）= 102万英镑，投资者反而亏损4.025万英镑。

由此可知，不抵补套利要承受高利率货币贬值的风险。

2. 抵补套利

抵补套利也叫抛补套利，实际上是将套利和调期相结合，既谋取两种货币利率差异与调期成本之间的差额，同时又不承担汇率风险的一种外汇交易。具体来讲，是指套利者在把资金从低利率地区调往高利率地区的同时，在外汇市场上卖出远期高利率货币，以避免汇率风险。

因此套利前必须计算套利成本即高利率货币的贴水率，只有贴水率小于两币的利率差时，才有可能进行抵补套利。

例：瑞士法郎三个月定期存款利率为4%，美元同期定期存款利率为7.5%。

苏黎世外汇市场　即期 USD/CHF1.24 00/10

三个月　　　　　　　　　　　　　　67/50

所以远期汇率为 USD/CHF1.2333/60

瑞士一名套利者欲进行抵补套利，为此需先计算美元的贴水率：

（1.2410 – 1.2333）/1.2410 × 12/3 = 2.5% <（7.5% – 4%）

所以可以进行抵补套利。

该套利者便以124.1万瑞士法郎买美元100万存入美国银行，预计三个月后本利和为101.875万美元，与此同时卖掉三个月远期美元101.875。三个月后套利者可以稳当获取1.2333×101.875 – 1.241000×（1 + 4% × 3/12）= 0.3014375万瑞士法郎利息差额。除了需从中支出一些套汇费用外，美元如何下跌，都对它无妨。

五、掉期交易

掉期交易是指买卖双方在一段时间内按事先规定的汇率相互交换使用另一种货币的外汇买卖活动，通常包含两个方向相反的交易。可分为即期对远期互换（即买进或卖出一笔现汇的同时，卖出或买进一笔期汇）、即期对即期互换（采用隔日互换，使市场上的参与者轧平外汇头寸以及管理外汇资金）和远期对远期互换（对不同交割期限的期汇双方作货币金额相同而方向相反的两个交易）。其特点是买卖同时、货币同种、数额相同、期限不同。

掉期外汇交易的类型有以下几种。

1. 依照是否为同一对手，可分为两大类

纯粹的掉期外汇买卖，即同时向同一对手买进或卖出不同交割期的等额的同种外汇交易。掉期率即升贴水率是双方直接协商的，一旦双方达成协议后，即按约定的即期汇率和远期汇率成交。

分散的掉期外汇买卖，指掉期交易中同种货币的买卖与不同的对手分别进行，即包括两个交易行为和两个交易对手。

2. 按交易的方式，可分为三种类型

即期对远期外汇交易、即期对即期掉期外汇交易、远期对远期外汇交易。

六、外汇期货交易

外汇期货交易是一种交易双方在有关交易所内通过公开叫价的拍卖方式，买卖在未来某一日期以既定汇率交割一定数量外汇的期货合同的外汇交易。

外汇期货主要包括以下几个方面内容：外汇期货合约的交易单位、交割月份、通用代号、最小价格波动幅度、每日涨跌停板额。如图 11-1 所示。

货币名称	合约单位	100 倍保证金	200 倍保证金	每点约值	日均波幅
欧元 EUR	EUR100 000	EUR1000	EUR500	USD10	80~250 点
英镑 GBP	GBP100 000	GBP1000	GBP500	USD10	80~300 点
纽币 NZD	NZD100 000	NZD1000	NZD500	NZD10	50~200 点
澳元 AUD	AUD100 000	AUD1000	AUD500	AUD10	50~200 点
加元 CAD	USD100 000	USD1000	USD500	USD8	50~200 点
瑞郎 CHF	USD100 000	USD1000	USD500	USD8	50~200 点
日元 JPY	USD100 000	USD1000	USD500	USD9	50~200 点

图 11-1　外汇期货报价图

点值 = 标准合约价值 × 1P（点）/汇率

七、外汇互换交易

外汇互换交易是指交易双方通过远期合约的形式约定在未来某一段时间内互换一系列的货币流量的交易。

八、外汇期权交易

外汇期权又叫货币期权，是一种选择契约，其持有人即期权买方享有在契约届期或之前以规定的价格购买或销售一定数额某种外汇资产的权利，而期权卖方收取期权费，有义务在买方要求执行时卖出（或买进）该种外汇资产。期权的买方获得的是一种权利而不是义务，可以使其到期作废，损失的只是预付的期权费。

实验二十　外汇模拟交易

实验内容：

1. 使用外汇模拟交易软件了解各主要货币行情。

2. 模拟交易，关注影响汇率变化的因素。

实验报告二十

1. 主要货币汇率走势。

2. 模拟交易。

3. 影响汇率的主要因素。

第十二章　房地产投资

第一节　房地产概述

一、房地产的定义

房地产市场是指从事房产、土地的出售、租赁、买卖、抵押等交易活动的场所或领域。

房产，是有一定的房屋所有权和使用权的房屋财产。狭义的房产，是指已经脱离了房屋生产过程的属于地上物业的房屋财产；广义的房产，是指房屋建筑物与宅基地作为一个统一体而构成的财产，亦包含相应的土地使用权在内。

地产，土地历来都是生产要素，因而从事土地买卖、租赁、抵押活动的地产市场，也是生产要素市场的组成部分。

房地产交易是房地产交易主体之间以房地产这种特殊商品作为交易对象所从事的市场交易活动。

二、房地产投资

1. 定义

房地产投资是指资本所有者将其资本投入到房地产业，以期在将来获取预期收益的一种经济活动。房地产投资形式多种多样，房地产开发企业所进行的房地产开发是一种类型；为了出租经营而购买住宅或办公楼也是一种类型；将资金委托给信托投资公司用以购买或开发房地产也是房地产投资；企业建造工厂、学校建设校舍、政府修建水库等，都是房地产投资。

尽管房地产投资表现形式各异，但都有一个共同的特点，"现在的某些利益"是指即期的、确定性的利益，但预期收益却要到未来才能实现，而且这种未来收益在时间和总量上都难以精确预测。所以，房地产投资决策中，估算总成本和利润的同时还应考虑时间因素。

2. 类型

住宅、商业地产、厂房等。

3. 收益来源

价差、租金。

三、房地产投资风险

（1）购买力风险。

（2）流动性和变现性风险。

（3）利率风险。

（4）经营性风险。

（5）财务风险。

（6）社会风险。

（7）自然风险。

四、房地产泡沫

是指房地产在一个连续的交易过程中陡然涨价，价格严重背离价值，这时在经济中充满了并不能反映物质财富的货币泡沫。

五、房地产需求实质

（1）使用价值。

（2）投资价值。

六、房地产增值的四种形态

（1）自然增长型。

（2）运营增长型。

（3）刚性需求型。

（4）炒作增长型。

七、投资房地产关注要点

（1）安全性。

（2）增长速度。

（3）增长空间：本地区最高价、项目定价与起价、地区成熟度、刚性需求潜力、周边地区房价、土地稀缺程度。

（4）地域优势。

（5）区位优势。

（6）政府支持与政策扶持。

（7）周边环境优势。

（8）交通优势。

（9）项目定位优势。

（10）楼盘的功能与发展潜力。

（11）投资的时机。

（12）项目的经营。

（13）项目的影响力。

（14）项目成熟度及挖掘潜力。

（15）项目定价及区域成熟度的匹配性。

八、二十种增值房产形态

（1）开发区房产：级别越高，潜力越大。

（2）主题房产：目标市场明确，有专属功能。

（3）闹市房产：增值比例大，抗风险性强。

（4）名校房产：易出租、出售。

（5）交通房产：因交通便利，促使房产价格稳中有升。

（6）潜力城市房产：因城市的快速发展而带动房产价格上升。

（7）公园房产：因休闲环境而受居住者青睐。

（8）综合体房产：因功能全、方便而受青睐，抗风险能力强。

（9）物业房产：因物业管理较好而受人瞩目。

（10）科技房产：因节能、健康、前卫而受人热爱。

（11）影响力城市房产：因影响力大而带动物流、人气的旺盛，最终带动房产的价格提升。

（12）低价房产：因价位低保证了它的升值空间。

（13）富人区房产：有消费能力，有文化吸引力。

（14）品牌房产：因品牌好，满足人们的自尊需求。

（15）人气房产：因人口多而保证了刚性需求。

（16）GDP 房产：随着城市 GDP 的快速上升，该地区房产价格势必上升。

（17）土地资源房产：因该地区土地资源稀缺而价格上升。

（18）办公区房产：因临近办公区，房产价格稳步上升。

（19）气候与自然环境房产：天然健康的自然环境。

（20）人文房产：因一个地区文化内涵较深，吸引力上升，而人口剧增，房产升值。

九、我国近几年房价（见表 12－1）

表 12－1　　　　　　　我国房价统计数据（2000—2013 年）

年份	2000	2001	2002	2003	2004	2005	2006
商品房平均销售价格（元/平方米）	2112.00	2170.00	2250.00	2359.00	2778.00	3167.66	3366.79
商业营业用房平均销售价格（元/平方米）	3260.38	3273.53	3488.57	3675.14	3884.00	5021.75	5246.62

续 表

年份	2007	2008	2009	2010	2011	2012	2013
商品房平均销售价格（元/平方米）	3863.90	3800.00	4681.00	5032.00	5357.10	5790.99	6237.00
商业营业用房平均销售价格（元/平方米）	5773.83	5886.00	6871.00	7747.00	8488.21	9020.91	9777.00

第二节　住房贷款

一、贷款类型

1. 住房公积金贷款

（1）条件

公积金贷款是按规定缴存住房公积金一定期限以上（各城市的期限不同，如长沙为 12 个月以上）的在职职工，为购建住房或翻建、大修自有住房资金不足时，即可申请公积金贷款。其贷款的条件是：单位在职职工签订劳动合同 3 年期以上（或连续 3 年签订 1 年期劳动合同）；正常连续按月缴存住房公积金一定期限以上；未超过法定退休年龄；借款人有稳定的经济收入和偿还本息的能力；借款人同意办理住房抵押登记和保险；提供当地住房资金管理中心及所属分中心同意的担保方式；同时提交银行要求的相关文件，如购房合同或房屋预售合同、房屋产权证、土地使用证、公积金缴存证明等。

（2）额度

大部分城市都规定了单笔住房公积金贷款的最高额度，例如成都个人单笔住房公积金贷款最高额度为 40 万元；广州市住房公积金贷款个人最高额度为 50 万元，申请人为两个或两个以上的最高额度为 80 万元。其次，住房公积金贷款额度最高不超过房款总额的 70%；申请公积金贷款还应满足月还款/月收入不大于 50%（其中：月还款包括已有负债和本次负债每月还款之和）。住房公积金贷款期限为 1～30 年，并不得长于借款人距法定退休年龄的时间；临近退休年龄的职工，在考虑其贷款偿还能力的基础上，可适当放宽贷款年限 1～3 年。

（3）利率

现行公积金贷款利率是 2015 年 9 月调整并实施的，五年以上公积金贷款利率 3.25%，月利率为 3.25%/12，五年及以下公积金贷款利率为年利率 2.75%。

2. 住房商业贷款

（1）利率

住房商业银行贷款利率是根据信用情况、抵押物、国家政策（是否首套房）等综合情况来确定贷款利率水平，如果各方面评价良好，不同银行执行的房贷利率有所差别，2011 年由于资金紧张等原因，部分银行首套房贷款利率执行基准利率的 1.1 倍或 1.05 倍。从 2012 年多数银行将首套房利率调整至基准利率。现在银行开始执行首套房贷利率优惠。部分银行利率最大优惠可享受 85 折。

基准利率为：①短期贷款六个月（含）5.6%；②六个月至一年（含）6%；③一至三年（含）6.15%；④三至五年（含）6.4%；⑤五年以上 6.55%。

3. 混合贷款：公积金＋商业贷款

二、还款方式

1. 等额本息还款法

等额本息还款，也称定期付息，是指借款人每月按相等的金额偿还贷款本息，其中每月贷款利息按月初剩余贷款本金计算并逐月结清。将按揭贷款的本金总额与利息总额相加，然后平均分摊到还款期限的每个月中。作为还款人，每个月还给银行固定金额，但每月还款额中的本金比重逐月递增、利息比重逐月递减。

2. 等额本金还款法

等额本金还款，是指贷款人将本金分摊到每个月内，同时付清上一交易日至本次还款日之间的利息。这种还款方式相对等额本息而言，总的利息支出较低，但是前期支付的本金和利息较多，还款负担逐月递减。等额本金还款法是一种计算简便，实用性很强的一种还款方式。基本算法是在还款期内按期等额归还贷款本金，并同时还清当期未归还的本金所产生的利息。方式可以是按月还款和按季还款。

三、房贷计算器（见图 12-1）

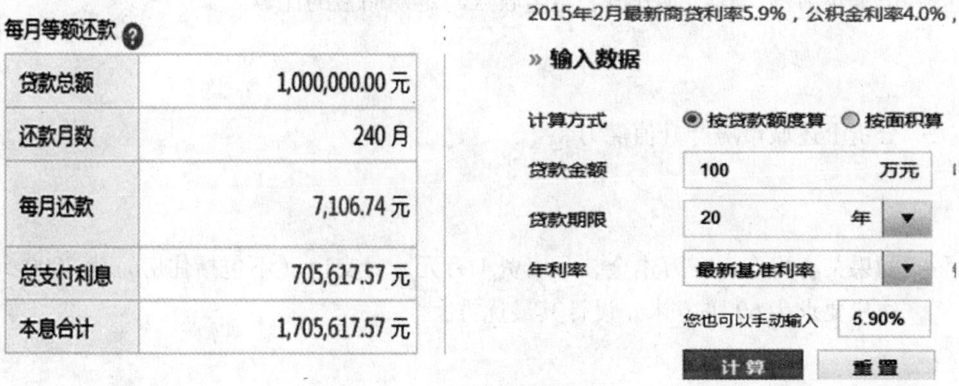

每月等额还款 ❓	
贷款总额	1,000,000.00 元
还款月数	240 月
每月还款	7,106.74 元
总支付利息	705,617.57 元
本息合计	1,705,617.57 元

2015年2月最新商贷利率5.9%，公积金利率4.0%，

» 输入数据

计算方式　◉ 按贷款额度算　◯ 按面积算

贷款金额　100　万元

贷款期限　20　年 ▼

年利率　最新基准利率 ▼

您也可以手动输入　5.90%

计算　重置

图 12-1　房贷计算器演示界面

实验二十一　房地产理财比较

实验内容：

1. 在一线城市/非一线城市各中选取一个城市，查找其平均住宅价格、写字楼

价格。

2. 以 100 万元为基准，计算在所选城市的住宅、写字楼价格升值、租金收入，并与银行储蓄做比较。

3. 分析一线/非一线城市的房产增值特点。

4. 如果某客户有 100 万元本金，月工资 1 万元，月支出（不包括住房）为 3000元，住房要求为 60 平方米。通过上述数据，在可以考虑贷款的条件下，分析以下哪种方案解决住房问题较优。

（1）100 万元购买住房。

（2）租房，100 万元储蓄（或银行理财）。

（3）100 万元购买写字楼，出租写字楼，自己租房。

实验报告二十一

1. 一线城市名称、平均住宅价格、平均写字楼价格。

　　非一线城市名称、平均住宅价格、平均写字楼价格。

2. 100 万元在上述城市可购买住宅、写字楼面积？相应租金水平？

　　以 1 年为例，其物业升值、租金收入与定期储蓄的比较。

3. 分析上述城市房产升值潜力。

4. 如果某客户有 100 万本金，月工资 1 万元，月支出（不包括住房）为 3000 元，住房要求为 60 平方米。设计其最优方案。

第十三章 艺术品投资

一、艺术品种类

艺术品指绘画作品、书法篆刻作品、雕塑雕刻作品、艺术摄影作品、装置艺术作品、工艺美术作品等及上述作品的有限复制品。

由于艺术家是人类精神世界的创作着,艺术家就变成社会最稀缺人,经过艺术家创作的作品就变得有价值。通过人们对财富的理解,越稀缺的东西越有财富价值。

二、我国艺术品市场概况

按西方社会的标准,艺术市场繁荣的重要标志是人均年收入达到 6000 美元。而以 2007 年中国上海、北京为例,GDP(国内生产总值)已超过 5000 美元。据文化部统计,我国艺术品收藏爱好者和投资者达 7000 万人,占全国总人口的 6%,从 2003 年开始年交易额在 40 亿美元左右,参与人员和成交额每年以 10%～20% 的速度递增。中国艺术品经营市场正处于导入阶段的上升期。

三、艺术品投资收益

最被人津津乐道的英国铁路养老基金会于 20 世纪 70 年代中期,以 1 亿美元投资于艺术品市场,在 1988—1999 年的运作期间,年均收益率为 13.1%。

原佳士得拍卖公司执行官菲利普·霍夫曼主持的美术基金,投资资本累计达到 3.5 亿美元,目前获利已达 1 亿美元,平均每年收益率达 10%～15%,而某些艺术品的投资回报甚至超过 1 倍。

伍劲,北京荣宝拍卖有限公司油画部经理,在工薪阶段投资艺术品,而且获得了成功。1996 年他是电视台记者,工作两三年后,开始购买同龄艺术家们的作品。第一个成功案例是投资女画家夏俊娜作品,那时候,夏俊娜的作品在 4000～5000 元,而今天她的作品价格已经在 60 万～80 万元了。

四、艺术品投资功能

(1)投资理财功能。

(2)合理避税功能。

(3)政府公关功能。

（4）市场营销功能。

（5）企业文化功能。

（6）社会地位塑造功能。

（7）利用艺术品进行外汇保值（对冲外汇风险）。

案例1：利用固定资产折旧进行纳税筹划

《中华人民共和国企业所得税法》第十一条规定："在计算应纳税所得额时，企业按照规定计算的固定资产折旧，准予扣除。"

S先生在1998年拍卖会上拍得一幅明朝宣德皇帝的楷书作品用于提升企业形象，当时成交价格是25万元。把这25万元计入"固定资产——艺术品"。在之后的五年中，这一艺术品逐年折旧20%，在企业所得税税前计入成本扣除，到了2004年已经折旧完毕，可以随意支配。这幅明朝宣德皇帝的楷书作品在五年后已经涨至200万元，假设他的企业销售额是几千万元，适用的企业所得税税率是33%。那么他买书画用的25万元本来就是来自企业的利润，计入经营成本后等于省下了8.25万元的企业所得税（25×33%=8.25），那幅书画的实际购入价仅为16.75万元（25-8.25=16.75）。如果不考虑资金投资、货币贬值等各种因素，这幅书画让S先生赚了183.25万元（200-16.25=183.25）。

案例2：政府公关案例

艺术品是一种特殊商品。艺术品的稀缺性、购买者的意愿、鉴赏能力，社会的潮流，人们的收入水平等，都对其价格产生影响。一件艺术品的价格很难说多少是合理的，只要交易成功，它的价格就是合理的。

某画廊以1万元价格卖给A领导/家属一副当代油画，并出具发票。半年后，B企业以20万元价格拍下A领导/家属送拍的油画，拍卖行扣除成交款3%的个人所得税及成交款10%的佣金，A领导/家属获得17.4万元艺术品投资收益（20×87%=17.4）。拍卖行向B企业出具一张服务业发票（目前中国还没有专门的艺术品拍卖发票）。

案例3：艺术品具有金融工具特性

艺术品具有全球流通属性，S先生在沿海做外贸生意，每月有大量的美元收入。S先生为对冲美元贬值风险，与××美术馆协商以30万美元（210万人民币）价格购买陈丹青作品（假设当前美元汇率为1:7），一年后，美元汇率为降为1:6，忽略艺术品增值及资元投资等因素，艺术品陈丹青作品价值35万美元。一流艺术家作品价格平均每年增值20%，一年后，陈丹青作品市场价值为252万元人民币，折合42万美元（假设一年后美元汇率为1:6）。综合外汇风险对冲及一流艺术品稳定增值两个因素，S先生投资收益率为40%。

案例4：在专业团队操作下，艺术品投资年回报率在15%~65%。2007年6月18日民生银行首发的艺术品投资1号理财产品的年收益率为0~18%。一流艺术家的作品，年增值率平均为200%。

五、艺术品投资形式

1. 个人收藏

2. 艺术品信托

艺术品信托是指委托人将自有的资金委托给受托人，受托人以自己的名义，按照委托人的意愿将该资金投资于艺术品市场，并由受托人具体负责艺术品投资事务，通过艺术品投资组合，在尽可能地控制风险的前提下，为投资者提供分享艺术品价值增长的投资收益。

3. 艺术品拍卖

艺术品拍卖是指将艺术品通过公开竞价的形式，转让给最高应价者的买卖方式。世界各大拍卖公司，主要以春秋两季举行大型拍卖会，也会定期举行专场小型拍卖。

拍卖形式有以下几种。

（1）通过大型拍卖公司

中国艺术品拍卖主要成交额是通过大型的拍卖公司进行交易的。因为大型拍卖公司信誉好、高端艺术品比较多，升值价格空间大。

（2）专场艺术品拍卖

拍卖公司每年都举行几场艺术品专场拍卖会。主要针对各个艺术品行业的收藏爱好者的。因为比较有针对性，而且某一类艺术品的可选择性大，所以这种艺术品拍卖方式很受欢迎。

（3）网络艺术品拍卖

通过网站在线拍卖艺术品、线上线下结合拍卖艺术品。

4. 艺术品交易所

以天津文化艺术品交易为例，文交所从事的创新业务主要是文化艺术品的"份额化"，即以对文化艺术品实物严格的鉴定、评估、托管和保险等程序为前提，发行并上市交易拆分化的、非实物的艺术品份额合约。在交易所上市的文化艺术品包括书画类、雕塑类、瓷器类、工艺类等国家管理部门允许并批准市场流通的文化艺术品。文化艺术品份额合约挂牌交易后，投资人通过持有份额合约分享文化艺术品价值变化带来的收益。

六、世界主要拍卖行

1. 苏富比

苏富比（又名索斯比）办事处遍布达 40 个国家，总共 90 个地方；每年全球范围共 10 个拍卖场举行约 250 场拍卖会；涵盖的收藏品超过 70 种。

2. 佳士得

佳士得拍卖行（CHRISTIE′S，旧译克里斯蒂拍卖行），拍品汇集了来自全球各地的

艺术品、名表、珠宝首饰、汽车和名酒等精品。现在，佳士得所设立的办事处分布于全球共90个主要城市，并在全球16个地点定期举行拍卖会，此外还提供与拍卖有关的服务，包括艺术品储存及保安、教育、艺术图片库及物业等方面。

3. 香港恒丰集团拍卖有限公司

香港恒丰集团拍卖有限公司坐落于亚洲金融之都香港，自创立以来始终追求专业化服务，遵守行业规则，倡导规范自律，积极推动香港特区文化艺术产业发展。是香港艺术品拍卖公司中正规、极具实力，买卖家资源雄厚的拍卖公司之一，专业操作古董艺术品展览拍卖的专业公司。

4. 英国大维德拍卖

英国大维德拍卖（DAVID´S）成立于20世纪初，是世界著名艺术品拍卖公司之一，拍品汇集全球各地艺术珍藏。成立之初大维德拍卖依托于基金会（由斐西瓦乐·大维德爵士创立）内世界级艺术珍藏赢得广泛关注。馆内以中国陶瓷尤为突出，涵盖近千年历史，被华人学者认为是世界最佳陶瓷珍藏。现在，大维德拍卖设立办事处分布于全球50个主要城市，总部设立在英国伦敦，依托于英国并在全球数十个地点地区举办拍卖会，此外还提供与拍卖有关的其他服务，包括艺术品储藏、保全、艺术品资料库等方面。多年来世界各地博物馆、收藏家、艺术品交易商和国家政府都给予大维德充分信任。随着艺术品市场的进一步发展及中国艺术品市场兴起，大维德拍卖正式进驻中国市场，并建立首家艺术品征集单位（上海境策展览展示服务有限公司），针对大陆艺术品市场开展服务。

5. 中国保利

北京保利国际拍卖有限公司是保利集团直属子公司，于2005年7月1日正式成立；秉承保利集团的优良品质，并依托雄厚的专家队伍和遍及海内外的业务关系网络，以诚信、专业、敬业的精神，为广大收藏家提供最优质的服务。依托中国保利集团雄厚的资金实力和产业链条以及前瞻性的战略发展思路，北京保利国际拍卖有限公司拍卖会汇集近现代、当代画坛大家、名家力作千余件；"中国近代书画"专场推出齐白石、吴昌硕、徐悲鸿、林风眠、李可染、黄胄、吴冠中以及京津派、海派、新金陵画派等专题；"中国当代书画"专场展现当代画家的精品力作；"中国油画"专场涵盖了百余年中国油画发展史上各流派代表画家的作品，颜文梁、林风眠、关良、赵无极、吴冠中、罗中立、杨飞云、陈逸飞等中国名家名作也成为收藏家追捧的精品上呈之作；北京保利国际拍卖有限公司"现当代艺术陶瓷"已推出，2011年10月13日在北京人民大会堂荣获中国陶瓷设计艺术大师的易武精品力作，受到广大收藏家极力赞赏和追捧。

6. 中国嘉德

中国嘉德国际拍卖有限公司成立于1993年5月，是以经营中国文物艺术品为主的综合性拍卖公司，总部设于北京。每年定期举办春季、秋季大型拍卖会，以及"嘉德四季"拍卖会。公司设有上海、天津、中国香港、中国台湾、日本办事处及北美联络处。截至 2005 年，中国嘉德已成功举办了三百多场国际性文物艺术品专场拍卖会，拍品总数十六万三千余件。中国嘉德首创为普通大众收藏服务的"周末拍卖会"在成功举办了八十四期之后，于 2005 年变更为"嘉德四季"拍卖会，单场拍卖成交额逾亿元，拍品档次亦大幅提高。中国嘉德常设文物艺术品拍卖项目包括：中国书画、瓷器、工艺品、油画雕塑、古籍善本、碑帖法书、邮品、钱币、铜镜、珠宝翡翠、钟表等大类，各项目不断有突破区域性以及世界性艺术品拍卖成交最高价的纪录，诸多国宝级的珍品如"翁氏藏书""宋徽宗写生珍禽图""唐摹怀素食鱼帖""宋高宗手书养生论""朱熹春雨帖"和"出师颂"等重要拍品，亦通过中国嘉德的努力，或从海外回归大陆，或从民间流向重要收藏机构。

7. 菲利普斯

1796 年自立门户。1999 年 11 月被法国路易·威登的老板伯纳德·阿尔诺出资 7000 万英镑买下。阿尔诺利用两大拍卖行丑闻缠身的机会，给菲利普斯投入巨资。菲利普斯主攻印象派作品、现当代艺术品和家具拍卖。

8. 德国纳高

德国纳高（Nagel）拍卖公司创建于 1922 年，总部设在德国的斯图加特，是德国四大拍卖公司之一，其业务主要集中于欧洲，也是欧洲著名的老牌艺术品拍卖公司之一，1978 年，罗宾加入纳高拍卖公司，并于 1990 年买下了纳高拍卖行，成为新的掌门人。纳高拍卖公司先后在德国的莱比锡、以色列的海法、比利时的布鲁塞尔、意大利的维罗纳、奥地利的维也纳、中国的香港和北京设立分部和代表处。纳高是首家在欧洲拍卖而在中国预展的欧洲拍卖公司。

9. 邦瀚斯

邦瀚斯（Bonhams）是一所私人全资拥有的英国拍卖行，邦瀚斯由托马士·多德（Thomas Dodd）于 1793 年创立，是现时伦敦少数仅存的源自乔治时代的拍卖行。最初以拍卖书籍而驰名，跟书籍拍卖专家和沃尔特·邦瀚斯（Walter Bonhams）紧密合作。至 1850 年，公司扩大发展，拍卖古董物品式式具备，包括珠宝首饰、瓷器、家具、武士盔甲和兵器，及上乘佳酿。

实验二十二　主要拍卖行拍品种类及行情

实验内容：

1. 拍卖行拍品种类。

2. 拍品行情。

3. 近年高价拍品案例。

实验报告二十二

1. 选定目标艺术品种类。

2. 近年此类拍品价格走势。

3. 此类拍品高价案例。

第十四章　税收筹划

第一节　税收筹划概述

一、税收筹划定义

税收筹划是指纳税人在符合国家法律及税收法规的前提下，按照税收政策法规的导向，事前选择税收利益最大化的纳税方案，处理生产、经营和投资、理财活动的一种筹划行为。

二、税收筹划特征

（1）事前性原则。

（2）合法、合理性原则。

（3）风险可控原则。

（4）全局性原则。

（5）成本效益原则。

第二节　个人税收筹划

一、个人所得税

1. 个人所得税

个人所得税指以个人（自然人）取得的各项所得为征税对象所征收的一种税。

2. 征收对象

（1）法定对象：我国个人所得税的纳税义务人是在中国境内居住有所得的人，以及不在中国境内居住而从中国境内取得所得的个人，包括中国国内公民，在华取得所得的外籍人员和港、澳、台同胞。

（2）居民纳税义务人：在中国境内有住所，或者无住所而在境内居住满1年的个人，是居民纳税义务人，应当承担无限纳税义务，即就其在中国境内和境外取得的所得，依法缴纳个人所得税。

（3）非居民纳税义务人：在中国境内无住所又不居住或者无住所而在境内居住不满一年的个人，是非居民纳税义务人，承担有限纳税义务，仅就其从中国境内取得的所得，依法缴纳个人所得税。

3. 征税内容

（1）工资、薪金所得。是指个人因任职或者受雇而取得的工资、薪金、奖金、年终加薪、劳动分红、津贴、补贴以及与任职或者受雇有关的其他所得。即个人取得的所得，只要是与任职、受雇有关，不管其单位的费用列支渠道或以现金、实物、有价证券等形式支付的，都是工资、薪金所得项目的课税对象。

（2）个体工商户的生产、经营所得。个体工商户的生产、经营所得包括四个方面：①经工商行政管理部门批准开业并领取营业执照的城乡个体工商户，从事工业、手工业、建筑业、交通运输业、商业、饮食业、服务业、修理业以及其他行业的生产、经营取得的所得。②个人经政府有关部门批准，取得营业执照，从事办学、医疗、咨询以及其他有偿服务活动取得的所得。③其他个人从事个体工商业生产、经营取得的所得，即个人临时从事生产、经营活动取得的所得。④上述个体工商户和个人取得的生产、经营有关的各项应纳税所得。

（3）对企事业单位的承包经营、承租经营所得。是指个人承包经营、承租经营以及转包、转租取得的所得，包括个人按月或者按次取得的工资、薪金性质的所得。

（4）劳务报酬所得。是指个人从事设计、装潢、安装、制图、化验、测试、医疗、法律、会计、咨询、讲学、新闻、广播、翻译、审稿、书画、雕刻、影视、录音、录像、演出、表演、广告、展览、技术服务、介绍服务、经济服务、代办服务以及其他劳务取得的所得。

（5）稿酬所得。是指个人因其作品以图书、报刊形式出版、发表而取得的所得。这里所说的"作品"，是指包括中外文字、图片、乐谱等能以图书、报刊方式出版、发表的作品；"个人作品"，包括本人的著作、翻译的作品等。个人取得遗作稿酬，应按稿酬所得项目计税。

（6）特许权使用费所得。是指个人提供专利权、著作权、商标权、非专利技术以及其他特许权的使用权取得的所得。提供著作权的使用权取得的所得，不包括稿酬所得。作者将自己文字作品手稿原件或复印件公开拍卖（竞价）取得的所得，应按特许权使用费所得项目计税。

（7）利息、股息、红利所得。是指个人拥有债权、股权而取得的利息、股息、红利所得。利息是指个人的存款利息（国家宣布 2008 年 10 月 8 日次日开始取消利息税）、货款利息和购买各种债券的利息。股息，也称股利，是指股票持有人根据股份制公司章程规定，凭借股票定期从股份公司取得的投资利益。红利，也称公司（企业）分红，是指股份公司或企业根据应分配的利润按股份分配超过股息部分的利润。股份制企业以股票形式向股东个人支付股息、红利即派发红股，应以派发的股票面额为收入额计税。

（8）财产租赁所得。是指个人出租建筑物、土地使用权、机器设备车船以及其他财产取得的所得。财产包括动产和不动产。

（9）财产转让所得。是指个人转让有价证券、股权、建筑物、土地使用权、机器设备、车船以及其他自有财产给他人或单位而取得的所得，包括转让不动产和动产而取得的所得。对个人股票买卖取得的所得暂不征税。

（10）偶然所得。是指个人取得的所得是非经常性的，属于各种机遇性所得，包括得奖、中奖、中彩以及其他偶然性质的所得（含奖金、实物和有价证券）。个人购买社会福利有奖募捐奖券、中国体育彩票，一次中奖收入不超过10000元的，免征个人所得税，超过10000元的，应以全额按偶然所得项目计税（截至2011年4月21日的税率为20%）。

（11）其他所得。除上述十项应税项目以外，其他所得应确定征税的，由国务院财政部门确定。国务院财政部门，是指财政部和国家税务总局。截至1997年4月30日，财政部和国家税务总局确定征税的其他所得项目有：

①个人取得"蔡冠深中国科学院院士荣誉基金会"颁发的中国科学院院士荣誉奖金。

②个人取得由银行部门以超过国家规定利率和保值贴补率支付的揽储奖金。

③个人因任职单位缴纳有关保险费用而取得的无偿款优待收入。

④对保险公司按投保金额，以银行同期储蓄存款利率支付给在保期内未出险的人寿保险户的利息（或以其他名义支付的类似收入）。

⑤股民个人因证券公司招揽大户股民在本公司开户交易，从取得的交易手续费中支付部分金额给大户股民而取得的回扣收入或交易手续费返还收入。

⑥个人取得部分单位和部门在年终总结、各种庆典、业务往来及其他活动中，为其他单位和部门的有关人员发放现金、实物或有价证券。

⑦辞职风险金。公司为避免员工辞职而收取的现金，如扣押一个月工资。这一个月工资就可以叫作辞职风险金。

⑧个人为单位或者他人提供担保获得报酬。

4. **适用税率**

个人所得税根据不同的征税项目，分别规定了三种不同的税率：

（1）工资、薪金所得，适用七级超额累进税率，按月应纳税所得额计算征税。该税率按个人月工资、薪金应税所得额划分级距，最高一级为45%，最低一级为3%，共七级。

（2）个体工商户的生产、经营所得和对企事业单位适用五级超额累进税率。适用按年计算、分月预缴税款的个体工商户的生产、经营所得和对企事业单位的承包经营、承租经营的全年应纳税所得额划分级距，最低一级为5%，最高一级为35%，共五级。

（3）比例税率。对个人的稿酬所得，劳务报酬所得，特许权使用费所得，利息、股息、红利所得，财产租赁所得，财产转让所得，偶然所得和其他所得，按次计算征收个人所得税，适用20%的比例税率。其中，对稿酬所得适用20%的比例税率，并按应纳税额减征30%；对劳务报酬所得一次性收入畸高的，除按20%征税外，应纳税所

得额超过 2 万~5 万元的部分，依照税法规定计算应纳税额后再按照应纳税额加征五成；超过 5 万元的部分，加征十成。

5. 计算方法

（1）工资、薪金所得。

应纳个人所得税税额 = 应纳税所得额 × 适用税率 - 速算扣除数

扣除标准 3500 元/月（工资、薪金所得适用），如表 14 - 1 所示。

应纳税所得额 = 扣除三险一金后月收入 - 扣除标准

表 14 - 1　　　　　**2011 年 9 月 1 日起调整后的七级超额累进税率**

全月应纳税所得额	税率	速算扣除数（元）
全月应纳税所得额不超过 1500 元	3%	0
全月应纳税所得额超过 1500 ~ 4500 元	10%	105
全月应纳税所得额超过 4500 ~ 9000 元	20%	555
全月应纳税所得额超过 9000 ~ 35000 元	25%	1005
全月应纳税所得额超过 35000 ~ 55000 元	30%	2755
全月应纳税所得额超过 55000 ~ 80000 元	35%	5505
全月应纳税所得额超过 80000 元	45%	13505

（2）劳务报酬所得。如表 14 - 2 所示。

应纳税额 = 每次收入额 × （1 - 20%） × 适用税率 - 速算扣除数

表 14 - 2　　　　　**劳动报酬所得税率**

级数	每次应纳税所得额	税率（%）	速算扣除数
1	不超过 20000 元部分	20	0
2	20000 ~ 50000 元	30	2000
3	超过 50000 元	40	7000

二、个人所得税减免项目

1. 下列各项个人所得，免纳个人所得税

（1）省级人民政府、国务院部委和中国人民解放军军以上单位，以及外国组织、国际组织颁发的科学、教育、技术、文化、卫生、化育、环境保护等方面的奖金；

（2）国债和国家发行的金融债券利息；

（3）按照国家统一规定发给的补贴、津贴；

（4）福利费、抚恤金、救济金；

（5）保险赔款；

（6）军人的转业费、复员费；

（7）按照国家统一规定发给干部、职工的安家费、退职费、退休工资、离休工资、离休生活补助费；

（8）依照我国有关法律规定应予免税的各国驻华使馆、领事馆的外资代表、领事官员和其他人员的所得；

（9）中国政府参加的国际公约、签订的协议中规定免税的所得；

（10）经国务院财政部门批准免税的所得。

2. 有下列情形之一的，经批准可以减征个人所得税

（1）残疾、孤老人员和烈属的所得；

（2）因严重自然灾害造成重大损失的；

（3）其他经国务院财政部门批准减税的。

案例 1：

某教授到外地企业讲课，关于讲课的劳务报酬，该教授面临两种选择：一种是企业给教授支付讲课费 50000 元，往返交通费、住宿费、伙食费一概由教授自己负责。另一种是企业支付教授讲课费 40000 元，往返交通费等共 10000 元全部由企业负责。该教授应如何选择？

方案一：应纳税 $= 50000 \times (1 - 20\%) \times 30\% - 2000 = 10000$（元）

教授税后收入 $= 50000 - 10000 = 40000$（元）

教授实收 $= 40000 - 10000 = 30000$（元）

方案二：应纳税 $= 40000 \times (1 - 20\%) \times 30\% - 2000 = 7600$（元）

教授实收 $= 40000 - 7600 = 32400$（元）

案例 2：

在设计员工激励机制时，究竟股票期权和提高工资薪金待遇何者更优？

方案一：通过直接提高工资的方式，月工资定为 2.5 万元，并发放年终奖 15 万元。

每月工资所得税：$(25000 - 3500) \times 25\% - 1005 = 4370$（元）

全年工资所得税：$4370 \times 12 = 52440$（元）

奖金所得税：$(150000 \div 12) = 12500$，对应 25% 税率，1005 速算扣除数

$150000 \times 25\% - 1005 = 36495$（元）

所以纳税人全年税后收入 $(150000 + 25000 \times 12) - (52440 + 36495) = 361065$（元）

方案二：将员工工资定为每月 2.5 万元，并授予管理层股票期权，约定可以在 1 年内以每股 20 元的价格购买公司股 1500 股，假定行权时股票市价为 120 元。

工资所得税为 52440 元

行使股票期权应缴税：$[(120 - 20) \times 1500 \div 12 \times 25\% - 1005] \times 12 = 25440$（元）

税后收入：$[25000 \times 12 + (120 - 20) \times 1500] - (52440 + 25440) = 372120$（元）

参考文献

［1］柴效武．个人理财［M］．北京．清华大学出版社，2012.

［2］吴中华．理财学入门［M］．北京：立信会计出版社，2004.

［3］杨福明．个人理财与金融产品［M］．北京：中国市场出版社，2010.

［4］杨林枫．银行理财理论与实务［M］．北京：中国财政经济出版社，2010.

［5］中国证券业协会．证券市场基础知识［M］．北京：中国财政金融出版社，2009.

［6］高翔，左晨光．股票投资分析与策略［M］．北京：经济管理出版社，2008.

［7］侯书森，马玉荣．基金投资知识全书［M］．北京：中国商业出版社，2007.

［8］曲玉刚．外汇投资学［M］．北京：清华大学出版社，2005.

［9］罗伯特·清崎．富爸爸，穷爸爸［M］．北京：世界图书出版公司，2000.

［10］九州书源．电脑家庭理财［M］．北京：清华大学出版社，2011.